民营经济
内生发展模式研究

周 霖 著

On Endogenous Development
Pattern of Private Economy

ZHEJIANG UNIVERSITY PRESS
浙江大学出版社

图书在版编目(CIP)数据

民营经济内生发展模式研究/周霖著. —杭州：浙江
大学出版社，2009.9(2019.8重印)
　ISBN 978-7-308-06988-5

　Ⅰ. 民… Ⅱ. 周… Ⅲ. 私营经济—经济发展—经济模
式—研究—台州市 Ⅳ. F127.553

　中国版本图书馆CIP数据核字（2009）第150978号

民营经济内生发展模式研究

周　霖　著

责任编辑	吴伟伟
封面设计	俞亚彤
出版发行	浙江大学出版社
	（杭州市天目山路148号　邮政编码310007）
	（网址：http://www.zjupress.com）
排　　版	杭州大漠照排印刷有限公司
印　　刷	虎彩印艺股份有限公司
开　　本	710mm×1000mm　1/16
印　　张	14
字　　数	259千
版 印 次	2009年9月第1版　2019年8月第2次印刷
书　　号	ISBN 978-7-308-06988-5
定　　价	42.00元

序

　　周霖博士的《民营经济内生发展模式研究》是在他博士学位论文基础上修订完善后成书的。据我所知，这是国内第一篇系统研究台州民营经济发展模式的博士论文。

　　"内生发展"理论区别于"内生增长"理论。内生发展模式的核心内容有四：一是本土化的企业家资源；二是本土化的成长型企业；三是本土企业的市场影响要跨出当地的地理空间；四是当地形成的经济结构要基于当地资源并形成比较优势。"内生发展"理论的基本内涵是指区域发展基于当地的发展需求和发展潜力，自主决定发展的模式。这种发展模式不仅指导经济发展，还包括地方治理、生态环境、社会资本，以及生态文化多样性的统一。"内生发展模式"以培养区域内部的发展能力为目的，强调当地人主导开发建设和社会治理、社会组织建设与传统生态文化多样性并存的发展目标。

　　目前，国内理论界对内生发展模式的研究处于初始阶段。事实上，内生发展模式在强调依靠当地民众实现内部均衡发展的同时，并不排斥外部资源和外部市场，而是为了消除外源式发展的不足。基于内生式发展模式的项目已在国际、国内取得了一定的成功。特别是目前在以人为本、全面小康的战略思想指导下，研究内生发展模式下民营经济发展经验，对国内发展民营经济、坚持区域自主发展具有重要的借鉴意义。显然，台州发展民营经济的道路最具有内生发展模式的经济和文化特征。

　　本书以台州民营经济内生发展的机制研究为主线，认为台州民营经济内生发展模式就是民间与政府协同推进的民营企业成长、区域经济发展与体制机制构建的内生发展历史过程，其中"民间主体、市场主导、政府增进、制度规范"构成了民营经济"内生发展模式"的经济发展逻辑,基于价值规律的市场制度成为台州经济运行的平台,民间主体与地方政府的增进式博弈构成了台州经济发展的基本动力。民营经济内生发展模式本质特征是民间力量和政府力量互动合作推动区域发展的有效经济制序。

周霖把民营经济内生发展模式的基本内涵描述为:自由的市场准入,各种经济主体能自由地参与市场;有适应本土企业家的产生和成长的市场环境和制度平台;有相对完善的法律和市场制度,保证市场的基本公平和公正;经济决策机制科学透明,抑制垄断,尤其是行政垄断。在市场化和民营经济内生发展进程中,企业成长与企业家更需要的是自由和开放的经济政策和发展环境。他认为民营经济内生发展模式的机制包括两个方面:一方面,是参与市场竞争的民间主体进行各自独立的决策能够以最高的效率生提供产品和服务,数量众多的分散决策主体能促进市场秩序始终保持有序运行,经济增长和结构转型也体现为以众多的民间主体以互惠的方式解决配置资源问题。另一方面,是经济决策的分散化使市场经济需要一个具有调控能力的地方政府。经济民主化培育了既需要自由市场竞争又需要政府行政调控的社会中产阶层。经济增长所创造的社会剩余可以转化为培养市民阶层的资源,即有修养、有知识的市民阶层。

事实上,内生发展模式中政府非市场化激励是有局限性的。一方面,在内生发展过程中,市场化初期的政府的政治激励是以放松管制为基本特征的,以政策中"不可为而之"的方法,通过反复多次的"试错—纠错"机制,让民间获得放松管制壁垒之后的经营机会,使民间主体较早进入市场化发展路径,并走上率先发展的道路。另一方面,以基本资源国有控制为前提的经济结构中,政府必然要利用可分配的稀缺资源来实施激励。同时,这种激励机制之外,在投资作为经济发展基本动力之后,创新加入了经济发展动力行列之后,地方政府为鼓励区域发展相应进行了地方性的制度创新,以弥补单纯资源分配激励的有限性和寻租现象。

台州民营经济的内生发展模式发展正步入发展方式转型、政府职能转型这种"双转型"的新阶段,经济发展转型意味着发展动力的转换,即浙江民营经济的发展动力将从投资扩张为主转向创新发展为主。创新发展体现在两个方面:一方面,技术创新推动产业结构升级和劳动力结构的升级,创业队伍也将经历代际传承的转换,从第一代农民企业家向新一代知识企业家转换,现代产业将进入加快发展的新阶段;另一方面,政府职能转型主要体现在制度创新推动发展,即以制度创新推动政府职能转变,使政府调控经济发展的职能在新的制度平台上获得更加有效的实现方式。可以认为,市场体制机制的完善是政府职能转变的前提,政府职能转变又成为经济发展方式转变的前提。

　　本书的研究结论认为,在不完善的制度环境中,民间主体的分散决策决定了市场秩序不可能实现自我维护。台州地方政府作用的突出特点是既保护民间活力,又维护市场秩序,借助市场之手把民间的自利行为转化为共同发展的社会福利。民间的互惠式经济关系与政府的生产性政治关系构成了台州发展的核心制序。在这种制序中的民营企业家不仅善于发现市场机会,也善于发现管制壁垒后的经营机会,市场竞争与政府干预的双重激励成就了一批具有政治智慧的企业家。台州的经验说明:有效的市场机制的功能不仅能配置资源、调节供求和促进竞争,还能促进民间力量与政府力量之间建立有效的合作制序,市场经济制序是政府职能明晰的前提和基础。关于市场作用的新观点认为,市场不仅只有发现价格、配置资源、促进竞争的功能,还有能够促进民间与政府的有效合作机制。这些研究结论反映了当前民营经济研究领域的最新进展,表明这一领域的研究正在不断深化。

　　本书作为研究地方民营经济的前沿成果,所涉及的问题非常广泛和复杂,既有理论层面的问题,也有操作层面的问题,许多问题都还有进一步深入研究探讨的空间。周霖同志2003年随我研究台州民营经济,他对经济学有很好的领悟力,对经济问题有很好的敏感性,他做研究非常细致,也很用功。在他的博士论文出版之际,我很乐意为此作序言,相信这本著作的出版会在台州民营经济研究领域产生积极的影响,同时也希望他在今后的研究中能够更加努力,有更多的台州民营经济研究的新成果问世。

史晋川

2009 年 7 月 22 日

摘　要

A bstract ....

　　本书是关于改革开放 30 年来浙江台州地方政府创新与民营经济发展的"台州内生发展模式"案例研究。区域经济发展是经济理论应用研究的一个主题,本书以台州地方政府与民营经济发展的历史为主线,剖析了台州民营经济的组织结构,勾勒了由"产业集群、专业市场、民间金融"构成的台州民营经济体系。"台州内生发展模式"的形成是民间与政府协作共同推动民营经济发展的过程,是经济发展与制度成长的历史过程,其中"民间主体、市场主导、政府推动、制度规范"构成了"台州内生发展模式"的经济发展逻辑。基于价值规律的市场制度成为台州经济运行的平台,民间主体与地方政府的增进式博弈构成了台州经济发展的基本动力。"台州内生发展模式"本质特征是民间力量和政府力量互动合作推动区域发展的有效经济制序。

　　经济学研究必须考虑到经济活动的多样性和其间的关联。在"台州内生发展模式"中,产业集群使制造业企业的空间集聚构成了具有分工协作功能的专业化产业链。这个产业链扩张了中小企业的生产能力,强化了地方中小企业的根植性和内在成长性。专业市场是把数量多、规模小的家庭工业生产与社会大需求连接起来的产业组织,其所产生的规模效应弥补了家庭工业规模小的缺陷,强化了集群的产业功能,而且其自身也发展成为具有创造价值和分工职能的产业部门。民间金融把民间个人财产转化为民营企业的金融资源,不仅解决了小规模企业的融资来源,还实现了民间货币资产的增值。民间金融市场极大地弥补了正规金融体系的缺陷。产业集群、专业市场、民间金融的市场绩效是通过企业家的行为选择体现出来的。台州人所表现出来的企业家资源禀赋和创新能力是区域发展的表面现象。从本质上说,企业家禀赋的差异是由市场制度的充分和完善程度决定的。也就是说,区域经济体中并不缺少企业家资源,而是缺少发现企业家资源的市场制度。

民间主体的分散决策决定了市场秩序不可能实现自我维护。台州地方政府干预的突出特点是既保护民间活力,又维护市场秩序,借助市场之手把民间的自利行为转化为共同发展的社会福利。民间的互惠式经济关系与政府的生产性政治关系构成了台州发展的核心制序。在这种制序中的民营企业家不仅善于发现市场机会,也善于发现管制壁垒后的经营机会。市场竞争与政府干预的双重激励成就了一批具有政治智慧的企业家。台州经济的前途有赖于政府与民间的有效合作。随着市场主体的不断成熟和市场经济体系的不断完善,台州地方政府开始探索改善政府职能服务地方经济发展的道路。台州的经验说明,有效的市场机制的功能不仅只是配置资源、调节供求和促进竞争,还能促进民间力量与政府力量之间建立有效的合作制序。完善的市场经济体系是政府职能转变的前提和基础。

Abstract ······································

This book provides a complete and clear explanation for Taizhou endogenous development pattern (TEDP). Regional economic development is a staple among the applications of economic theory. During the past 30 years of reform and opening, the local government innovation and private economic development play a vital role in economic development of Taizhou, Zhejiang province. Through the analysis of organization structure of the private economy in Taizhou, the book has concluded that the private economic system is mainly composed of industry clusters, specialized markets and private financing. TEDP is considered as the result of economic development, which is caused by owing to cooperation between the private sectors and the local government. The rise of TEDP is also thought as a historical process of economic growth and institutional change. The key features of TEDP are private economy, market system, government improvement and institutional regulation. The market system based on the law of value is a platform of economic activities in Taizhou. The game between private enterprises and the local government adds the major power to regional economic development in Taizhou. The essence of TEDP is the institutional development of regional economy promoted by interactive cooperation between private powers and government forces.

In TEDP, lots of complementary enterprises concentrated in a certain space, manufacturers & distributors & suppliers develop into organized and interconnected industrial chains, which expand the production capabilities, strengthen rootedness, and provide an aid for accelerating the endogenous development of SMEs. Local clusters of enterprises insert themselves into the business networks, it is called Industry Clusters. Specialized markets, linking the large number of small-scale household manufacturers with enormous purchaser, develop into a new industrial organization, which can produce economy of scale. Increasing returns to scale make up for the deficiencies of small-scale household manufacturers, and also strengthen the product function of industry clusters. Moreover, specialized markets develop itself into an industry sector with the function of creating value and division of labor. Private financing, which converses personal property to financial resources of private enterprises, does not only aid the small-scale enterprises with financial sources, but also represents high added value of personal assets. The private financial market also makes up for significant shortcomings of the formal financial system. Views on market performance of industry clusters, specialized markets, and private financing, the central issue is whether entrepreneurial action occurs. In Taizhou, the resource endowment of entrepreneurs and their innovation capacity are only a surface of regional development, in nature, differences of the resource endowment of entrepreneurs between regions are determined by whether the market system is adequate and appropriate and how the market system functions. In other words, the market system can discover the resource of entrepreneurs, regional economic development lacks adequate and appropriate market system rather than resource of entrepreneurs.

Because making decisions separately, private enterprises go their own way so that the market cannot create a mechanism for self-maintenance. In Taizhou, government intervention protects the vitality of private enterprises and maintains the market system. With the help of market forces, the local government transforms the selfishness of private acts into common social welfare. Both the economic relations among private sectors and the productive political relations between private sectors and the local government constitute the core of the development institution in Taizhou. Due to such an institution, private entrepreneurs can be good at both discovering market opportunities and finding business opportunities behind the barriers of the government regulation. Market competition integrated with government intervention produces a galaxy of private entrepreneurs with political wisdom. Taizhou's economy future depends upon the increased cooperation between the local government and private sectors. As private enterprises grow and market systems improve in Taizhou, the local government tries to transform its function into serving the enterprises in order to enhance local economic development. The experience of Taizhou has shown that the function of the effective market mechanism does not only include allocating resources in free market, regulating the relationship between supply and demand, and promoting competition, but also advancing the effective cooperative system by integrating private sectors and the local government. A perfect market system will be the prerequisite and foundation for transformation of government function.

目 录
C *ontents* ....

1 绪 论

1.1 课题研究背景

本书所讨论的民营经济特指我国改革开放以后各地发展起来的民营经济。根据其发生的源流,可以分为来自国有和集体企业改制的民营企业和民间自发成长的民营企业两大类。改革开放政策实施30年来,自发成长的民营经济因其具有原生性、自主性和良好的发展态势而备受关注。浙江台州的民营经济就是其中的典型案例。改革开放以来,台州民间与政府通过互动式合作,成功探索了具有区域特色的工业化、城市化发展道路;在实现区域经济高速发展的同时,台州还探索了地方政府与民营企业之间互动与互惠的经济发展模式,成为国内以民间力量为主体实现区域发展的典型案例,被称为"台州内生发展模式"。目前,发展民营经济已成为国内共识,研究民营经济的热度也与日俱增。本书探讨台州如何通过构建内生的互惠式经济关系和生产性政治关系成功实现发展转型,为实现区域经济的多样化发展提供借鉴。

内生发展理论曾经昙花一现,不期今又重来。事实上,中国是内生发展模式的最早实践者。20世纪50年代,中国发展社会主义经济,提出了"独立自主,自力更生"的发展思路,主张依靠中国人民自己的力量建设一个工业发达、繁荣昌盛的社会主义新中国。70年代,联合国鉴于在外源发展理论指导下、以外部力量推动区域发展实践的不成功,对外源发展理论的模型进行修正和补充,提出了"内生发展"理论。内生式发展的内涵就是以区域内的资源、技术、产业、文化和机制为社会资本,以区域内居民的自主创新为主要动力,以提高本地居民生活质量为目标,实现区域的经济效益、社会治理和人文精神协调发展的发展模式。日本社会学家鹤见和子[①]认为内发式发展是公众参与、由区域内的各部分系统协同的过程。外源式发展是国家主导的"经济增长型"模式。内生式发展表现为政府与市民互动的"社会发展"模式。近年来,国内外理论界关于内生发展理论和发展模式的研究重新受到关注,特别是国内许多地方政府在跨地区大规模招商引资无法得到普遍满足的背景下,重新关注本地的内生性发展动力。以民营企业和本土发展为典型特征的浙江温州、台州地区,基于市场化和民营化的发展模式和演化过程被解释为内生式发展模式,被很多学者解释为代表中国经济发展的方向。

外源式发展更多地代表了社会精英主导的一种发展路径,而内生发展模式则更多地体现为普通民众共同参与的渐进式发展路径。浙江台州的发展故事就是当地民间力量与地方政府协同走工业化、市场化和国际化发展道路的内生发展典型案例。

1.1.1 特定研究对象:台州内生发展模式

台州工业化的起点非常低,既缺少发展经济所必需的资金和资源,也缺少区域经济活动的历史积累,区域内没有中心城市且远离中心城市,对外交通和通达能力很差,没有区位优势。1952—1982 年,国家累计在台州投资只有 4.6 亿元,其中 42%用于农业基础设施。1975 年,台州的人均地区生产总值为 154 元,同年浙江省人均地区生产总值为 235 元,全国人均 GDP 则是 324 元。台州的发展水平不及全国平均水平的 1/2。改革开放以后,在政府的市场化和工业化政策目标影响下,台州民营经济高速发展,民营经济总量占台州全部经济总量的97%。到 2008 年,台州实现地区生产总值 1965.27 亿元、人均地区生产总值34374 元(约 4949 美元);三次产业结构为 6.8∶52.8∶40.4,规模以上工业企业6262 个,规模以上工业产值 3060.86 亿元(其中重工业占 63.4%);外贸进出口138.11 亿美元,其中自营出口总额 117.64 亿美元;城镇居民人均可支配收入22738 元,农村居民人均可支配收入 9180 元。

台州民营经济内生发展的主体是由制造业产业集群、专业市场和民间金融三大产业部门组成,本土企业家和地方发展型政府两大发展主体构成。以汽车摩托车及配件制造业、船舶制造业、家电制造业、缝制设备制造业、塑料及模具制造业、医药化工业等集群式支柱产业在 2008 年的规模工业总产值 1602.72 亿

---

① 鹤见和子:《内发的发展论》,日本藤原书店 1997 年版,第 522 页。

元。太阳能电池和太阳能产品制造业、液晶面板制造业、数控机床等是新兴产业群。专业市场不仅为家庭工业提供了原料来源和销售途径,还促进了民营制造业发展成为专业化产业区。民间金融市场灵活、便捷、高效的融资服务把个人财产资本化,为集群化的民间制造业提供资金来源。民间金融是台州民营企业普遍接受的一种融资方式,为当地人所熟悉的各种民间借贷方式在经济活动中被大量运用。当正规金融不能满足民营企业对资金的需求时,这个市场空间就由民间金融来弥补,它以高效和便捷成为银行贷款的"替代品"。当银行贷款供给不足时,它被大量运用,成为台州民营经济内生发展模式的主要组成部分。台州民营经济是基于制造业、民间金融、专业市场和专业合作共同构成台州民营经济的基本格局。在日益完善的民营经济体系中,台州民营企业家在市场与政府的增进式博弈之间,表现出既善于发现市场机会的能力,也善于消解管制壁垒的能力,成为既具有市场智慧又具备政治智慧的企业家。

在民间力量成长的基础上,台州地方政府在确立民间主体、维护市场活力方面成为一个"有为政府"。台州地方政府在推进民营经济发展的同时,尝试建立政府与民间积极的互动合作模式,进行改善政府服务环境和提高政府服务能力的探索,特别是在"乡镇基层民主恳谈"、"为民办事全程代理制"、"参与式预算改革"、"行业工资集体协商"等领域的探索在民众中产生了积极反应,这些草根式民主治理与当下的市场化水平相一致并取得了初步成功。实践证明,市场体系和市场机制的完善是政府转变职能的前提。

1.1.2 目的与意义

"台州内生发展模式"展示了民间力量与政府行为在互动与合作中创建的一个有效推动经济发展的新价值体系。人们在讨论民间与政府的经济行为时,往往倾向于肯定民间的经济行为,而对政府的经济行为存有疑虑。人们对政府经济行为的认识往往存在两个误区:一是把注意力集中在中央政府、局限于从国家经济的视角来讨论政府的产业政策和发展导向,而忽视地方政府对地方经济的积极行为;二是把政府定位在先知式"圣人政府"——秉公动机和社会福利最大化——有远见卓识的先知先觉的政府,没有把政府看成"试错—纠错"过程的实践者。"试错"可以试出最合理有效地促进经济发展的办法,台州地方政府的实践就是不断"试错"和"纠错"的过程。"台州内生发展模式"并不孤立于中国现代化建设,在相类似的"温州模式"、"泉州模式"中,地方政府也经历了"试错—纠错"的历程。"错"并不要紧,重要的是利用"纠错"机制实现了地方民营经济的发展。

　　"台州内生发展模式"的不俗表现令政府、学者着迷,其中充满生机和活力的台州民营企业更是备受关注。人们关注台州发展,不仅关注"台州内生发展模式"对欠发达地区实现自主发展的借鉴意义,更加关注地方政府在地方经济发展过程中扮演的角色和发挥的作用。全国各地的民营经济考察团怀揣各自的发展愿望,先后来到台州学习发展民营经济的经验,但基本上属于"东施效颦"。"台州内生发展模式"并没有在异地被复制,简单模仿的学习效果并不明显。一些理论研究也陷入误区,对发展民营经济的经验、方法和路径进行先入为主式的总结,对民营经济的地位和作用、民营企业和政府作用的关系等问题的研究结论也歧义互见。一方面,对于民营企业在经济发展中的作用有过度夸张的成分,似乎发展区域经济可以"不'民'则已、一'民'惊人";另一方面,对于地方政府在发展民营经济中的作用往往视而不见,误认为地方经济发展的真谛是地方政府"无为而治",等等。产生这种错位认识的原因除了所借鉴的理论未经检验之外,与研究者对于"台州内生发展模式"缺乏历史考察和深刻认识有关。

　　鉴于此,本书对"台州内生发展模式"的研究,基于国内已有研究成果,把研究重点放在"台州内生发展模式"的核心环节,即基于市场制度的民间主体与政府行为的良性互动机制方面,从较长的历史时段回顾民间与政府的互动过程,借鉴历史分析、比较分析、实证分析、制度分析和案例分析等方法,从剖析台州民营经济的构成体系入手,找出台州民营经济发展的真谛,揭示民间力量与政府力量之间积极有效的互动合作机制。研究"台州内生发展模式"的目的不仅仅是在学术层面上揭示民营经济的发展机理,以民间主体、市场制度、政府行为等核心概念来总结民营经济的生成与成长机制,民营经济与地方政府的合作型经济制序,建立基于区域案例的民营经济分析框架和解释体系。更重要的是,"台州内生发展模式"作为中国特色社会主义建设与实践的一个组成部分,为其他地区的人民和政府在欠发达条件下如何激发民间活力、创造性发挥政府发展经济的积极性和主动性,实现真实发展提供借鉴。

1.2　课题研究的相关回顾

　　围绕国内经济改革的研究热点——国有企业改制、乡镇企业和民营企业,研究者最后把关注点集中在非公有制经济上,尤其是对非公有制经济的发展动力、企业成长、产业升级、产权保护、制度变迁、发展转型、政府行为等领域给予极高的研究热情,研究重点先后经历了"辨是非"、"论模式"、"析奥秘"、"探出路"四个阶段。本书以已有的研究成果为学术背景,以发展动力、市场制度和政府行为为观察民营经济的主要切入点,以台州民营企业成长的历史事实为分析对象,从结构上描述台州民营经济发展的理论逻辑,进而解读民营经济机制的实质。

1.2.1　资源约束、思想传承、政府政策与民营企业的启动条件

资源决定论的代表人物张仁寿把民营企业发生的动力归结为外部资源环境约束所致。由于人地关系紧张迫使人们外出谋生,然后对各地的市场有了深刻了解,这种路径依赖决定了温州市场导向的经济特征。①韩征顺从沿海的地理独特性角度认为,沿海居民长期在大风大浪中从事海洋捕捞,形成了坚忍不拔、敢打敢拼的精神,而正是这种精神成为沿海地区居民创业的动力,同时沿海居民从海洋中得到的渔业资源又为工业化提供了资金来源。②此类观点虽难以证实,但某种程度上验证了科斯的说法,当人们"发现他们不能分析真实世界里发生的事情时,他们就用一个他们把握得了的想象世界来替代"。③ 这也是加尔布雷斯所说的学术"传统智慧"④的谬误,因为这不是真实世界中的普遍答案。例如,环境论者可以解释当时温、台居民外出创业,却无法解释"闯关东"、"走西口"人群中为什么没有产生民营经济。事实上,温、台沿海居民中从事海洋渔业的只是少数,民营企业的创业者绝大多数源自普通农民。

思想决定论。北宋哲宗元祐二年(1087)到任两浙路台州天台县知郑至道是福建人,他在任期间写了七篇整肃风化的文章,其中第七篇叫《重本业》:"古有四民:曰士,曰农,曰工,曰商。士勤于学业则可以取爵禄、农勤于田亩则可以聚稼穑、工勤于技巧则可以易衣食、商勤于贸易则可以积财货。此四者,皆百姓之本业。自生民以来,未有能易之者也。"⑤这一思想比明末清初思想家黄宗羲提出的"工商皆本"思想早约 600 年。郑至道作为一个台州地方官员,提出了与"重农抑商"主流思想有很大不同的治世观。虽然这一思想影响面不大,但在台州历史上长期得到认同,"四业皆本"作为治世观收录台州历代地方志,在台州经济史上

---

①　张仁寿、李红:《温州模式研究》,中国社会科学出版社 1990 年版,第 26—27 页。

②　韩征顺:《国人性格的地域差异及其商业文化表征》,《商业时代》2006 年第 12 期。许多中西部领导干部来台州挂职后的体会文章常提到这一点,如 2005 年湖北省南漳县县长程宝清的《感受台州》,2006 年安徽省宿州市环保局副局长王伟的《感受台州》。

③　周其仁:《研究真实世界的经济学——科斯研究经济学的方法及其在中国的实践》,中国社会科学季刊(香港)1997 年版,春夏季卷:第 18—19 页。

④　科斯和加尔布雷斯所说的"传统智慧"(conventional wisdom)是指有些观点在现实中未必有充足的依据,但有地位、有权威的人普遍持有这些观点后,这些观点就成为真理。

⑤　[宋]陈耆卿:《赤城志》(卷 37)《重本业》。

具有积极的意义。台州商帮至少在明朝中期已经形成。明中期,台州商人外出经商,主要集中在东南诸省,"远而业商者,或商于广,或商于闽,或商于苏杭,或商于留都。嵊县以上载于舟,新昌以下率负担运于陆,由闽广来者间用海舶。"①可以看出,那时的台州商人已经活跃在长三角地区和东南沿海各省。宁志新认为东南沿海地区的历史文化比中原地区逊色得多,但由于天高皇帝远,封建统治相对薄弱,思想禁锢相对松弛,主张"义利双行"的永嘉学派能在那里产生并发展起来,以重商趋利为特征的海商文化也能在那里形成并流传下来,所以改革开放年代的东南沿海地区能抢占先机,在发展上走在全国的前列。② 蔡克骄则认为,沿海地区的居民在思维方式、价值观念、生活方式和行为方式上都有自己的地方特色,这种差异性影响了当地居民的创业行为和区域经济与社会的发展。③ 一个在历史上昙花一现的学术支系是如何跨越千年、并借改革开放政策的东风来激活人们的创业思想?这种发展先念论使人们产生一种似是而非的结论:人文精神决定经济发展。显然,把浙江工业化、城市化和现代化成果都归结为祖先"重商思想"的历史遗产,是不切实际地放大了学术思想的现实意义。

民间主导论者认为民众的内生性发展冲动是民间企业缘起的动力。方民生把民间主动创业的过程描述为制度变迁过程:一开始是一部分个人冲破原有制度安排的束缚,自发地创造新制度安排,又通过一些群体的倡导、组织和实行,取得了成效,因而其他地方也逐步仿效和推行,这是人民群众的伟大创造过程,而地方政府只能起到"第二集团"的作用。④ 张仁寿则从分析经济发展的历史路径依赖入手,认为浙江温州、台州等地的农村能工巧匠众多,农民的冒险精神和竞争意识较强,于是形成了依靠民间与市场力量发展经济的发展道路。⑤ 史晋川理性地从区域人力资源的品质的深度来认识民间力量,认为浙江温州、台州和义乌等地的创业史既有当地人历史的从商传统,又具有敏锐的市场洞察力的市场品质,具备这种品质的当地人别无他念,善于直接参与市场交换获得利益。⑥ 民间主导论是本书深化研究的立足点和出发点。

---

① 嘉靖《太平县志》(卷3)《食货志·民业》,文中"留都"即现在的南京。
② 宁志新:《文化传统观念与区域经济发展》,《光明日报·理论版》2004年12月17日。
③ 蔡克骄:《温州人文精神剖析》,《浙江师范大学学报(社会科学版)》1999年第2期。
④ 方民生等:《浙江制度变迁与发展轨迹》,浙江人民出版社2000年版,第9页。
⑤ 张仁寿:《浙江农村经济变革的系统考察》,浙江人民出版社1999年版,第15页。
⑥ 史晋川在首届张培刚发展经济学优秀成果奖颁奖大会(2006年4月22—23日·武汉)上的讲演辞。

1.2.2 初始积累、成长路径、产权激励与民营企业的成长路径

西方的资本原始积累是在政府授权下通过圈地运动、海外贸易和殖民掠夺的方式完成的,这种初始积累已不可再现。新中国成立后,国家对浙江投资少、税负高。1952—1980 年间,浙江省全民所有制单位固定资产投资总额是 134 亿元,只占全国 1.56%,人均国有单位投资 411 元,是全国同期水平的 1/2,列全国最后一位。[①] 在浙江 134 亿元投资中,台州只占 4.6 亿元,其中 42% 是用于建设农业基础设施。在非常薄弱的工业基础上,台州的区域自主工业化的初始积累是如何形成的?

潘石认为,改革开放后城乡居民收入水平的提高为私营资本的产生和原始积累准备了足够数量的货币资金,而大量剩余劳动力使货币转变为资本成为可能。[②]浙江省工商联分别于 1995 年、1999 年两次组织对浙江省非公有制企业的调查,调查结果认为私营企业主的劳动积累和合法收入为主是私营企业初始投入的来源。[③]黄新生、张坤认为,个体经营者早期创业时节衣缩食、风餐露宿所积累的"血汗钱"是构成以后民间投资的资本来源。[④]持民营企业"原罪"观者认为,民营企业早期资本原始积累来自投机倒把、贩买贩卖、买空卖空、制假卖假、偷税漏税、走私、贩毒、欺诈、行贿等等,并从经典作家著作中找到了"原罪"的理论依据。潘石、孙世强分析了"原罪"的理论渊源和历史过程,认为现代民营企业不存在"原罪"的基础,应该以历史唯物主义和辩证唯物主义的观点来认识"原罪",即要把劳动所得和非法所得区别开来,不加分析地确认"原罪"否定了勤劳致富,而否定"原罪"会导致通过经济犯罪和黑暗势力积累的财富被"洗白"。[⑤]吴敬琏提出要警惕把"原罪"论引向社会仇富心理的方向,其实人们痛恨的是"仇腐"而不是"仇富"。[⑥]

当经商办厂代替农业承包成为农民的首选时,民营企业的产业路径也是研究者关注的热点。民间企业最初普遍选择低技术门槛的制造业和商贸业,即"前

---

① 国家统计局:《全国各省、自治区、直辖市历史统计资料汇编(1949—1989 年)》,中国统计出版社 1990 年版,第 394 页。

② 潘石:《当代中国私营资本原始积累的历史必然性及现实基础》,《当代经济研究》2006 年第 7 期。

③ 浙江省工商联:《浙江省 1999 年私营企业抽样调查脸庞数据分析》,《浙江学刊》2000 年第 5 期。

④ 黄新生、张坤:《私营资本的原始积累、效率和二次创业》,《江西社会科学》2003 年第 10 期。

⑤ 潘石、孙世强:《中国私营资本原始积累"原罪"说辨析》,《江汉论坛》2006 年第 6 期。

⑥ 吴敬琏:《分清仇富与仇腐:民企原罪论不合适》,《经济界》2004 年第 4 期。

店后厂",费孝通把这种现象总结为"小商品、大市场"。[①]这种发展经验与罗斯托的"五阶段理论"的经验总结基本一致。[②]当时的国有、集体企业为民间企业早期投资提供了现实示范,后来发展起来的民营企业和专业化产业区,其初始行业路径的选择都与当时当地的已有的国有、集体企业有关;另一类行业进入路径与供销员和劳动力外出所获得的市场信息有关。[③]张仁寿、李红认为温州早期家庭工业的产生主要靠四个路径:一是传统手工技术,二是能人带动下群众模仿,三是个体商户的带动,四是社队企业的瓦解和转化。[④]浙江改革开放初期兴起的专业市场对相关产业的兴起起到引导作用,这也印证了希克斯曾说的"新时代的起点是商业的专门化"。[⑤]

　　制度经济学派高度肯定政府对产权保护的职能以及这种保护行为对经济增长的激励,但希克斯说:"我并不认为保护财产不受暴力侵犯的要求十分重要,虽然这种看法很流行。"[⑥]田国强从产权界定与资源有效配置的关系出发,断定明晰产权通常是资源有效配置的充分条件,却不一定是必要条件。在市场经济中,激励来源于占有财产和获取分配,并不只有私有产权才会产生高度激励。很多情况下,资源的有效配置并不取决于产权的明确界定。[⑦]卓勇良认为浙江温州、台州地区的人们在早期创业过程中忽略了个人的财产权利,并不是他们不重视产权,而是他们经历了先"产"后"权"的渐进过程,早期创业者更加重视"产"而不是"权"。[⑧]斯蒂格利茨(Stiglitz)在详细考察了中国经济改革过程后认为,乡镇企业早期的成功案例表明激励机制的改进向相关行为主体提供了有力的激励。例如,随着企业生产率水平的提高,经理人员的收益不断增加;乡村居民生活状况得到改善;同时地方政府也可以获得企业所创造的大部分税收和利润。[⑨]

　　事实上,产权问题是理论分析和制度设计的逻辑起点,在我国从计划体制向市场体制转型发展的历史条件下,政府放松管制壁垒是民营企业迫切愿望,对民

---

① 费孝通:《小商品、大市场》,《浙江学刊》1986 年第 3 期。

② 罗斯托的"五阶段论"是指传统社会阶段、起飞前夕阶段、起飞阶段、趋向成熟阶段、高额消费阶段。

③ 周霖:《区域产业集群的成长机制与学习路径》,《中共浙江省委党校学报》2004 年第 4 期。

④ 张仁寿、李红:《温州模式研究》,中国社会科学出版社 1990 年版,第 46—47 页。

⑤ 约翰·希克斯:《经济史理论》,厉以平译,商务印书馆 1987 年版,第 25 页。

⑥ 约翰·希克斯:《经济史理论》,厉以平译,商务印书馆 1987 年版,第 33 页。

⑦ 田国强:《中国乡镇企业的产权结构及其改革》,《经济研究》1995 年第 3 期。

⑧ 卓勇良:《挑战沼泽》,中国社会科学出版社 2004 年版,第 203 页。

⑨ 萧好:《外国经济学家斯蒂格利茨认为——新企业的创建是中国改革的成功之处》,《中国中小企业》2000 年第 3 期。

间力量在初始创业时的激励并不是来自于产权,而是来自于机会。较之财产占有,早期创业者也更加重视创业机会。

1.2.3 市场制度、政府行为、合作制序与民营经济的制度环境

市场、政府与企业的关系既是一个经济制度和经济秩序问题,更是一个关于发展动力的制度设计问题。在西方国家,对政府与市场关系的学术研究是沿着"自由主义——市场失灵"、"凯恩斯主义——政府失灵"、"公共选择政府——政府职能转变"这样一个思想脉络展开的。20世纪30年代至60年代,凯恩斯主义因"大萧条"取代了传统自由主义的主导地位而盛极一时;20世纪80年代,公共选择理论因"滞胀"而修正凯恩斯主义重启自由市场。历史发展的结论是:自由主义因"自由市场"最终导致"市场失灵",凯恩斯主义因"政府干预"最终导致"政府失灵"。当公共选择学派提出有限政府和公共产品理论时,面对经济全球化的激烈竞争,"有限政府"还是"有为政府"成为公共选择学派的两难选择。在东亚国家,20世纪70年代以后实行政府全面干预获得经济成功,被总结为"东亚模式"。"东亚模式"的成功使政府的产业政策受到亚洲国家的高度肯定,但这种成功却为西方自由主义者所不屑,甚至把20世纪90年代的"亚洲金融危机"归结为"东亚模式"的遗产。

20世纪70年代末,中国在经济欠发达、国民收入低的历史条件下实施改革开放,中央政府无法为全国各地提供必要的发展资金,只有采取管理限权下放、财政分灶吃饭的办法激发各地发展经济的积极性,各地"八仙过海",出现了五花八门的经济发展初始模式,其中比较典型的有基于集体经济的"苏南模式"、基于外部市场的"珠江模式"、基于内生成长的"温台模式"、基于侨乡资源的"晋江模式"等,演绎了经济发展路径的多样性。

赵振华考察了浙江民间企业从改革开放以后20年的发展过程,认为政府对民间企业的政策经历了四大转变:第一个是由排斥市场和个体私营经济,到政策上认同市场和个体私营经济发展的转变;第二个是由简单认同市场和个体私营经济,到政策鼓励引导发展个体私营经济的转变;第三个是由被动接收审批到主动提供全方位服务的转变;第四个是从放开搞活、鼓励发展,到合理规划、规范市场的转变。[①]冯毅、孙毅认为放松对私有企业的限制、促进私人部门发展为目标的政策措施是近年来经济得以持续发展的重要因素,这也是中国西部落后于

---

① 赵振华:《浙江省政府职能的四大转变》,《浙江经济》2002年第5期。

东部的原因所在,政府应该为吸引私人投资创造良好的投资环境。①卓勇良倾向于肯定民间力量代表生产力发展方向,地方政府的政策试图在中央政策与基层群众之间找到一种既能满足群众要求、又能符合中央政策的平衡点。②始于20世纪80年代初期的台州股份合作制,到90年代初期成为上下都能够接受的一种制度创新,一度成为引导台州地区经济发展的主要制度平台,并成为向全国推广的发展模式。

对于地方政府发展经济的积极性,陈建军认为这是分权和分税的产物。分权和分税使地方政府有了自主的决策权和可以支配的经济利益,使地方政府的决策更接近基层生产力发展的诉求,地方政府也因此成为"经济人"。③陈建军也指出,地方政府不应该把"经济人"行为当成政府行为。对此,政治经济学家温加斯特曾说,有讽刺意味的是,经济学家要人们在经济决策时追求自我利益,在政治决策时则别这样。周业安认为改革和变迁的动力既有政府应有的作用,也有社会成员的自发创新行为,而地方政府更多地支持企业家活动,民间创新的领地逐步扩大。④毛寿龙以台州仙居县发展饮料酒行业为例指出,一些地方过于强调地方收入而片面地发展白酒、烟草行业,一方面导致地方政府为扩大财政收入而支持不良消费的消极效应;另一方面也导致各类酒厂过度消耗粮食,这不符合中国粮食国情。地方政府在引导地方经济发展的同时逆向运用中央政府的政策,而中央政府对此缺少有效制约,毛寿龙认为这是一种"乱象"。⑤

史晋川教授在深入研究台州发展的历史后,提出"民间主导+政府增进"的分析框架,在学术界首次推出"台州现象",认为台州地方政府在培育市场和发展民营经济、经济体制改革和城乡管理体制改革、空间产业集聚和建设中心城市、政府职能转换和基层民主建设方面,都对台州的区域发展和社会变迁起到了积极的作用,这是一个民间诱致性拉动与地方政府增进式干预两者之间的互动。他们认为,这种发展模式"对中国的经济体制改革和经济发展具有普遍意义"。⑥

---

① 冯毅、孙毅:《国有企业、私人企业和外商投资企业》,见《民营经济与中国发展》,北京大学出版社2006年版,第45—57页。

② 方民生、卓勇良:《浙江制度变迁与发展轨迹》,浙江人民出版社2000年版,第311—318页。

③ 陈建军:《中国高速增长地域的经济发展——关于江浙模式的研究》,上海人民出版社2000年版,第341—342页。

④ 周业安:《中国制度变迁的演进论解释》,《经济研究》2000年第5期。

⑤ 毛寿龙、李梅:《有限政府的经济分析》,上海三联书店2000年版,第300—307页。

⑥ 史晋川、钱滔:《政府在区域经济发展中的作用——从市场增进论视角对浙江台州的历史考察》,《经济社会体制比较》2004年第2期。

从理论逻辑来看,高效的市场是一种偏态,一般情况下,市场的信息不充分、竞争不完善,就导致市场的低效率,更不要说处于缺少市场经验的初级阶段,这时更需要政府的增进式干预。

至此,以发展动力、市场制度、政府行为作为分析工具,以民营经济为分析对象的学术框架开始明晰起来。人们已经观察到,对于民营企业的产生与成长来说,无论是历史经验,还是外部动力,都无法改变民营企业的主体地位和民营经济市场化、现代化前进的方向。需要指出的是,虽然我们的研究越来越多地集中在经验总结和对策研究上,但这并不意味着民营企业已不再具有理论价值。相反,对台州民营经济的研究需要打破一些理论俗见,如比较优势就是竞争力、市场只要自由就有效率、政府无为就是有治,等等。应该看到,只有自信的政府才会有改革和开放,放松管制的市场才会产生激励机制,民间力量与政府力量共同参与才会有经济发展,市场的本质就是民间力量与政府力量的自由互动、合作的有效经济制序。事实告诉我们,对民营企业的认知依然有缺陷,制度仍然有壁垒,理论依然面临挑战。

1.3　课题的研究方法

本书坚持历史唯物主义的理论方法,以人民群众的实践与创造为立足点和出发点,以唯物辩证法、实证分析法为基本分析方法,把经济学的方法与历史发展事实相结合,研究改革开放 30 年来台州民营经济的内生发展模式与制度成长的过程。

1.3.1　方法的选择

经济史是人类创造财富增量的历史,具体表现为经济增长与经济发展的历史演进过程,特定的经济现象就是对人类在特定历史时期经济活动特征的归纳。经济史学研究的对象是特定地区、特定人群的经济活动和经济关系的历史变革过程。对于历史学来说,经济史研究的深入同样是历史学科发展的重要组成部分,没有深入的经济史研究,历史学难以对人类历史发展作出深刻透彻的阐述和解释。

台州的民营经济不仅是一个彻底改变区域经济结构和经济体制的民间经济力量,地方政府也把地方治理和决策的出发点建立在促进民营经济发展的基础上,在发展目标上实现了民间与政府的一致,这是一个历史性的经济变革。因此,把历史学与经济学的分析方法结合起来研究台州民营经济的历史是本文研究方法的基本立足点。虽然经济史仍然作为经济学领域的一门边缘学科,但"没有经济史研究的深入和发展,经济学理论的研究也就失去了依据主方向"。[①] 研究人类经济活动及其历史演变具有重要意义,这也应该成为历史学研究和经济学研究的重要内容。经济学侧重于关注人类创造物质财富的增量,政治经济学则更加重视建立在物质财富之上的人与人之间的经济关系,而政府经济学把着眼点放在政府干预经济运行方面。

吴承明认为,任何伟大的经济学说在历史的长河中都会变成分析经济的一种方法。J. A. 熊彼特在他那部空前的《经济分析史》中极有远见地指出:"首先,经济学的内容,实质上是历史长河中的一个独特的过程。如果一个人不掌握历史事实,不具备适当的历史感或所谓历史经验,他就不可能指望理解任何时代(包括当前)的经济现象。其次,历史的叙述不可能是纯经济的,它必然要反映那些不属于纯经济的'制度方面的'事实:因此历史提供了最好的方法让我们了解经济与非经济的事实是怎样联系在一起的,以及各种社会科学应该怎样联系在一起。第三、我相信目前经济分析中所犯的根本性错误,大部分是由于缺乏历史的经验,而经济学家在其他条件方面的欠缺倒是次要的。当然,历史应该包括科学分工和专业化以来那些采用不同名称的学科。"[②]

台州民营经济的影响已经不局限在产业部门本身,还深入到市场制度、民间与政府的合作制序,特别是台州地方政府把改进政府服务与民间基层治理改善的问题,已经是经济与社会和谐发展问题。这些问题需要从历史视角用制度分析方法把历史进程与客观现实联系起来,用历史学研究与经济学研究结合的方法,使经济史的研究更加全面地体现区域现代化的历史发展进程。

1.3.2 研究方法概述

实证分析与规范分析相结合的方法。坚持理论联系实际,在深入一线企业、乡村、市场进行调查的基础上提出问题,分析问题。在理论与实践关系中坚持优先尊重实践总结,运用制度分析法,努力把实证分析与规范分析相结合、个案分析与一般分析相结合、总量分析与结构分析相结合、历史总结与逻辑推理相结合,对已有的历史事例进行理论分析,对结论进行检验。

---

① (英)M. M. 波斯坦等:《剑桥欧洲经济史》(第 7 卷上),"内容提要"部分,王春法译,经济科学出版社 2004 年版。

② J. A. 熊彼特:《经济分析史》(第 1 卷),商务印书馆 1991 年版,第 29 页。

经验归纳与逻辑推理相结合的方法。经济史的一个突出的分析方法就是经验归纳法与案例实证法相结合，把历史个案置于所处发展阶段的整体环境中进行认识，如把台州的民营经济置于国家工业化和改革开放的整体历史背景下来认识，那么对台州经验的归纳可以置于发展模式转型、经济体制转轨的路径上推导出台州经济必然走上市场化和国际化的道路。这种经验归纳可以说是对台州工业化和市场化现实事例的总结，它全面展示历史事实、深入揭示发展逻辑。

比较分析与差异分析相结合。发现问题是研究的起始点，把个案研究与相似的案例、差异个案进行对比，在对比中发现新问题，通过对比去伪存真。从历史条件、资源禀赋、政府能力、制度约束等角度进行对比，用民营经济典型个案相互验证。通过与异地进行对比可以发现差异，找出发展路径中的共性因素、不同发展路径的差异性因素，抽象出真正影响区域经济发展的内在逻辑。

1.4 课题的研究思路

本书以民间主体、市场制度、政府行为作为解释民营经济发展机理的核心概念，沿着历史、逻辑、制度作为研究思路和分析框架，研究重点集中在台州民营经济的主体结构、经济运行机制、政府干预模式，以互惠式经济关系和生产性政治关系为主脉，研究民间与政府的相互关系和互动模式，提出"台州内生发展模式"的核心就是"民间主体、市场主导、政府推进、制度规范"的内生型发展制序。

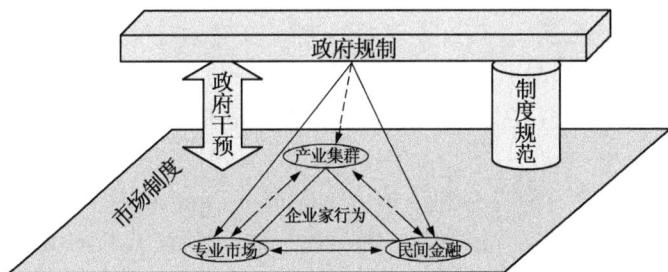

图 1-1 "台州内生发展模式"中产业、市场与政府之间的关系

1.4.1 基本概念界定

民间主体，即"民间市场主体"，是指进入市场参与交易活动的非官方组织和个人。民间主体所拥有的利益在获得道德的基础上获得道德权利（moral rights），然后在法制承认的基础上获得法制权利（legal rights）。人民对利益诉求的资格就是"民权"，这种确认来自道德体系和法律体系。民众获得经济利益是一种基本权利，民众有资格根据自己的意愿（will）参与平等的利益交换活动，成为"民间市场主体"。这种追求经济利益的市场主体可以是个人、或多种形式的联合体。计划经济体制限制民众拥有财富、参与经营。本书讨论的台州民间市场主体包括由民间资本组成的产业集群、专业市场、民间金融的各种组织形式。

民营企业，理论上的"民营企业"是就经营权而言的概念，是将民间的个人、私营和合作企业的经营机制引入国有企业或民有企业；"私营企业"是指民间人士投资并经营的企业，如个体、私营、合伙或合作性企业、有限公司、股份有限公司、企业集团有限公司等，也有人认为民间企业即非公有制企业。两者最根本的区别在于民营企业只强调经营机制，不管所有权属公还是属私；而民间企业既强调所有权属私，又强调经营机制的私营特点。把私营企业（private enterprise）称为"民营企业"最初是具有"红帽子"性质的政治面具，到后面人们约定俗成地把国内的私营企业称为"民营企业"。本文所指的"民营企业"即指财产权、经营权、分配权和处置权均属于台州民间的"私有企业"。

市场制度，指在自由、平等前提下，由产权、契约和交易制度构成的经济制度，政府和民间共为市场制度的主体。市场制度主要包括基于市场交换的经济运行机制、政府调控机制、民间合作机制。市场机制包括产品供求机制、价格发现机制、资源配置机制、公平竞争机制。政府通过市场组织社会生产、构建政府与民间的合作制序，使社会资源都得到最恰当的利用、使劳动创造更多的财富，市场制度是财富源泉，但自由市场并不是始终具有效率的经济"妙药"。

政府行为，指政府的管制和干预（government and involvement），本文仅限于讨论市场经济条件下的政府行为，即保护产权、维持法治和市场秩序等。政府是市场调控的主体之一，市场可以离开民主，但离不开政府规制。在市场配置资源的前提下，政府行为的逻辑起点是提高市场效率，在尊重市场秩序的前提下，政府调节市场的目标是促进就业增长、保持价格稳定、维护竞争秩序、实现经济增长，增强地方经济参与市场的竞争力。

1.4.2 "台州内生发展模式"的理论分析框架

民间力量的成长有赖于市场机会和提供机会的制度。在经济状态从贫穷向发达状态转型过程中，研究者往往以产品数量、增加值、人均收入和财政收入等指标来判断经济增长与社会进步。提高这些指标也成为政府追求的政绩目标，这是发展经济学所期望的结果。在经济生活中，个人贫穷是个人机会和能力缺失问题，而普遍贫穷是制度缺失问题。可以这样认为，真正的贫困不是财富贫困，而是制度贫困以及由此所导致的"机会"和"能力"的贫困。经济发展应该以民间普遍获得"市场机会"、市场形成"市场能力"为出发点，以民间的"能力导向"而不是"商品导向"来考察区域社会的真实进步。阿马蒂亚·森（Amartya Sen）就说："贫穷并不只是比社会上其他人穷多少这回事，而是没有争取物质富裕最基本的机会。"[①]台州不断成长和强大的民间力量成为区域经济结构转换的主要承担者和推进者，构建了一个以使民间普遍获得"机会"、构建市场制度的发展模式，他们大规模进入制造业、发展专业市场、组织民间金融，充分展示了企业家的创业精神。民间力量的成长需要有一个能够提供市场机会的内生市场制度，即开明的经济政策和自由的市场体系。

市场制度是制度约束下市场主体间的有效交易制度。市场主导配置资源的能力和引导经济增长的能力表现为市场能力（market ability）。自由市场一直被认为是配置资源、组织交换的理想制度，选择自由市场是民间与政府增进式博弈的结果。当市场能够提供更多的交易机会供人们选择、人们也可以自由进入市场参与交易时，市场呈现出繁荣的局面。但充满机会主义的自由市场常常导致市场秩序的混乱，历史经验说明，充分尊重个体自由的市场并不必然导致市场制度的完善，单纯追求个体利益的市场也不必然导致经济增长与发展。由于自由并不是市场制度中始终有效的运行机制，不是一个可以独立支持经济持续稳定发展的制度，这种局限性甚至会导致市场运行走向反面，出现"市场失灵"。因此，自由市场制度需要在市场与政府之间建立起互补性的沟通机制，这就是政府干预市场的现实依据。台州经验说明，当市场能力不足以引导企业开展正常的经济活动、不能促进市场扩大需求时，就需要一个有为的政府通过行政手段调控

---

①　阿马蒂亚·森（Amartya Sen）认为，多数人的贫穷不是真正的贫穷，而是制度化的贫穷。贫穷落后本身不能说明什么，而要看是不是真正的贫穷落后，要看处于贫穷落后状况中的人有没有"机会"和"能力"改变贫穷落后的状况。见杰拉德尔·M.梅尔、詹姆斯·E.劳赫：《经济发展的前沿问题》（第7版），黄仁伟、吴雪明译，上海人民出版社2004年版，第35页。

市场有效运行,特别是市场秩序混乱或市场活力不足时,以公共行政行为来弥补市场能力的不足就显得特别重要。作为市场有序运行的调节者,政府在实施行政调节并增进市场有效运行的事例在台州经济成长过程中屡见不鲜,说明有为政府行为也是台州区域经济增长的内生参数。

当企业、市场与政府的目标一致时,处于竞争状态中的地方政府不会仅仅满足于做一个在体制落后时的改革者、市场失灵时的调节者,还会主动以行政力量促进民间力量的成长,弥补市场在某些领域中的功能不足。当经济决策面临在市场力量和行政力量之间作选择时,台州地方政府一般选择服从市场要求。在经济发展和财富分配的过程,政府的干预行为应当被视为经济发展中的一个内在参与者,它可以运用的行政机制和管治机构以强制性手段排除障碍、配置资源并达到发展的目标。政府在决策过程的"试错"、"纠错"地位使政府表现出柔性化的特征。但是,这种相机抉择在实践中往往会放大权力,以个人承诺代替政策规制,甚至于意向性分配经济资源,结果把政府的公共资源转化为部分企业的"活力"或"阻力",实际上是以政府的机会不公平强化了市场制度中的竞争不公平,构建政府干预"陷阱"。

有效的发展机制是由企业、市场和政府在一定约束和相互激励制度的基础上共同协作并历史地形成的合作制序。历史经验和事实证明,市场力量太强、太弱时都会产生市场失灵;政府力量太强、太弱时也同样会出现政府失灵。"市场强+政府弱"的结果是过度投机、无序竞争;"市场弱+政府强"则导致活力不足、效率低下。在实现经济增长、结构转型和体制转轨,市场不只是发挥配置资源、创造财富的作用,更要促成基于市场的企业与政府共同构建的合作制序。这种制序包括平等开放的市场机会、合理的资源配置、有效的制度环境。市场的本质就是把经济资源、民间力量和政府行为整合为自由、合作的有效经济制序。

1.5 课题的研究框架

本书以中国特色社会主义的理论和方法为研究指南,以改革开放背景下浙江台州发展民营经济的成功经验为研究个案,试图阐释民营经济的内在结构和发展的内在机制,研究地方政府的创新行为与民营经济发展的内在关系。"台州内生发展模式"有比较完整和丰富的内涵。表现在三个方面:一方面是因为浙江台州从一个缺少发展所需的资源、经济积累非常薄弱、没有中心城市的农业地区,依靠民间力量发展成为一个市场化、工业化和城市化程度较高的沿海发达地区;另一方面因为浙江台州的地方政府较好地处理了政府与企业、市场的关系,使地方政府成为一个企业发展的推动者和市场效用的增进者;更为重要的是,台州地方政府开始尝试通过制度创新改进政府工作、建设服务型政府来更好地推动地方经济发展和社会进步的探索。

全书包括绪论、本论和结论三大部分,其中本论部分由第2章至第8章组成。本书第2章研究台州地方政府推动民营经济发展的创新行为;第3章、第4章、第5章分别从产业集群、专业市场和民间金融三个组成部分剖析台州的民营经济的发生、发展及其与地方政府的关系;第6章讨论企业家与企业的成长及其与地方政府的关系;第7章从历史路径和制度视角阐释民间力量、市场制度与政府行为的互动机制。

第2章:从消解管制壁垒到创新治理模式。本章系统回顾了台州地方政府在改革开放以来,在发展台州经济方面所进行的改革探索。包括两个阶段:第一阶段是地方政府通过制度创新使民营企业和集体企业成为市场主体,建立区域市场体系;第二阶段是地方政府创新治理模式,以党内民主和基层民主来提高地方政府的治理绩效,构建服务型政府。这个探索过程是让民间获得经营机会,继而提供制度保护,对企业和市场进行有序规范,并从基层政权的创新机制入手,尝试让民间力量参与地方治理,提高政府服务经济发展的能力。

第3章:政府发展导向与产业集群成长。本章以台州产业集群成长的历史过程和发展趋势为基本脉络,集中讨论了台州民营企业之所以能够"以小搏大"、以家庭工厂的规模挤入产业体系并参与市场竞争,一方面是民间力量构建了专业市场和民间金融的平台,以产业集群的模式发展制造业,构建互惠发展的产业链的组织形态;另一方面是政府针对产业集群的组织形态,创建了工业园区的平台,通过提供的"专业产业园区"、"综合产业园区"和产业升级的政策,发展成为专业化产业区,确立了汽车—摩托车及配件、家用电器、缝制设备、船舶制造、医药化工、塑料及模具等为台州支柱产业的产业格局,通过专业化提高了台州经济的区域竞争力。

第4章:政府干预与专业市场转型升级。本章以台州专业市场的发生、发展与转型为主脉,集群化发展的台州专业市场对当地经济的影响,一方面是专业市场的对当地民间制造业从家庭工厂发展成为中小企业的积极促进作用;另一方面当地主导产业的消长与专业市场群体的结构的变化相互关系。同时,也讨论了在专业市场发展过程中,通过村级集体和地方政府两种不同的主体所创办的不同市场的发展结果,以及地方政府对路桥、义乌、柯桥三个大型批发市场干预政策的不同结果,证明了地方政府对专业市场的政策导向对专业市场发展的积极作用,说明民间与政府博弈中有效干预对专业市场成长的重要作用。

第5章:民间金融的内生效率与制度转轨。本章主要回顾了台州民间金融与民营企业相互促进的发展过程,提示了民间金融市场的内在运行机制,以及民间金融市场从初级形态逐渐向现代银行转型的过程。台州民间力量首先是借助国家发展合作金融的政策建立了民营股份制金融组织,在国内严格控制且高壁垒管制的背景下,台州民间金融与民间制造业和专业市场互为一体,以中小企业的市场定位推动了民营经济快速发展。民间力量与地方政府合作,最终使金融管制部门放宽对台州民间金融的限制。台州民间资本组建了现代股份制商业银行,改善了台州金融市场结构,实现了民营金融与民营企业的完美结合。

第6章:企业家的生成机制与企业成长模式。主要讨论台州企业家资源形成的市场环境和民营企业成长的路径。在经济体制转轨的背景下,经济发展与企业成长不仅有赖于需要企业家资源,更需要政府放松行政管理的体制性壁垒,使企业能够在开放的环境下获得发展。本章通过对台州的邱继宝和飞跃集团、李书福和吉利集团这两个知名企业家和企业的成长案例的深度剖析,揭示了在台州民间市场体系有利于民营企业家从普通农民到现代企业家、企业从无到有的创业和发展路径。由此得出结论,区域经济落后并不是缺少企业家资源,而是缺少发现企业家资源的制度。企业家的成功与企业的成长不仅需要开明政治,更需要自由市场。

第7章:政府引导的农民专业合作制度对市场壁垒的消解。农户家庭经营要通过增产增收实现农业产业化面临着一系列市场进入壁垒。在土地家庭承包制和农产品市场流通体制不变、相关法律缺失的前提下,农民自发建立的专业合作经济组织在一定程度上消减了市场壁垒,并创造性地构建了以"股权+合作"为基础的合作框架,这种合作社的新型产权结构和治理结构提高了合作经济组织的稳定性和市场绩效,提高了农户在市场中的谈判力,也推进了专业合作模式向农村经济新兴产业领域延伸。地方政府积极引导农民专业合作社完善运行机制、确立合作规范。

第8章:市场、政府与制度的总结。从历史路径和制度视角阐释民间力量、政府行为和市场制度三者互构的民营经济内生发展机制,提出民间力量的成长既需要自主与开放的市场环境,也需要政府的规范和约束;政府干预是"有为"和"有限"的融合,既尊重市场规律又积极干预是民营经济成长的制度环境;市场需要自由开放却不是放任自流,自由开放是让民间力量进入市场,政府干预是市场有序和有效的前提。

结论部分,提出了台州民营经济内生发展的基本逻辑是民间主体的互惠式经济关系和地方政府的生产性政治关系,台州民营经济是"民间主体—市场主导—政府推动—制度规范"构建的内生型经济发展模式。市场制度能够引导企业发展,也能够增进企业与政府之间的有效合作。市场体系和市场机制的完善是政府职能转变的前提。

2 从消解管制壁垒到规范市场秩序

改革开放政策及其战略促进了民间力量的成长,民间力量与政府行为之间的互动促进了经济市场化。经济增长不仅是生产要素投入的直接市场绩效,也是与人文环境、政府规制和社会习俗等制度因素直接相关的。台州民间力量在市场化初期首先遇到的成长阻碍是政府的管制性壁垒,民间力量的不断成长推动着地方政府不断放松经济管制。政府的管制壁垒越松弛,就越能满足企业的需求,市场化进程也越快。当政府的制度供给能力对企业的制度需求处于均衡状态时,政府的政治资源会通过制度创新和推动竞争转化为企业的发展动力,即制度创新是实现经济发展方式转变的动力。就台州经验而言,地方企业的经营活力越足,地方政府的创新能力就越强,这构成了台州内生发展模式的核心价值,即地方政府构建了促进发展的生产性政治关系。

2.1 从机会到产权的政府激励

从传统经济向现代经济转变包括两个过程:一是经济市场化过程;二是管理制度化过程。经济市场化是现代经济发展的基本特征,管理制度化是现代化进程的普遍规律。改革开放初期,台州国民收入偏低,导致民间发展能力偏弱。在这种条件下,民间力量的发育与成长面对的主要障碍是政府特许、行业垄断、要素固化等制度性壁垒。改变这种僵化体制的路径就是经济市场化,由劳动力自由择业并相应地消解制度约束,才是民间力量发育的基本路径。

2.1.1 政府激励的理论来源

激励机制是研究经济发展不可回避的问题,但不同制度环境中的产生激励作用的来源是有所区别的。1997年,亚洲金融危机发生以后,国内文献开始更多地关注浙江民营经济发展的活力来源,认为经济发展主导权和财政收入支配权在中央和地方之间的分权构成了中央对地方政府发展经济积极性的全部激励。尤其是采取多种形式以发展业绩考核和官员晋升任免制度为政治激励的国家,经济分权伴随着政治集权,晋升激励使得地方政府官员有非常强的(政治)动力促进地方经济快速发展。①在改革开放初期的经济体系中,市场因素还很不充分,不可能形成有序的市场机制引导民营企业投资。在中央体制改革和发展经济政策的促进下,地方政府致力于"做对激励"(getting incentives right),即在中央的政策框架内,地方政府通过"试错—纠错"机制,不断地尝试采取既能迎合中央的方针政策,又能推动地方经济发展的有效政策。

格雷夫(Avner Greif)认为,对所有基本问题的考察最终都会集中在试图解释市场与非市场的制度(non-market institution)之间逻辑关系上,这才是经济史和制度分析的基本逻辑支点。格雷夫侧重于分析市场主体之间交易的动因、形成和演变模式。在格雷夫的理论框架中,相对于市场关系而言,政府制度约束是外生的。但是,在台州市场力量成长之前,计划经济制度却先于市场关系取得支配地位,在高管制经济体制下,地方政府的机会激励比制度激励更能促进民间力量的成长。我们讨论台州内生发展模式时,首先要重视地方政府的执政理念对当地经济和民间力量的影响。

改革开放之初,地方政府可以从地方经济的增长获得收益,也对官员个人产生收益。这种收益对地方政府及官员会产生双重激励机制:一是个人在经济增长中"搭便车"所获得的收益激励;二是经济增长被视为地方官员的政绩并产生的政治激励。这样,地方政治与经济增长构建成一种互惠关系。②因此,推进经济有效增长与城市化进程的制度设计就成为地方官员与民间力量相互结合的共同平台。

从本质上讲,"放权让利"不只是鼓励地方发展经济、成为地方利益的代表和

---

① 周黎安:《晋升博弈中政府官员的激励与合作》,《经济研究》2004年第6期。

② 生产性政治关系是指通过类似交换的生产性转让活动推动政治发展并获得相互间的社会福利的增加。见罗纳德·J.奥克森:《互惠:一种颠倒的政治发展观点》,国际经济增长中心编:《制度分析与发展的反思》,王诚译,商务印书馆1992年版,第110页。

利益主体,更重要的是通过"放权让利"使管理权限逐层下放,形成多层管理格局,产生了对一定行政区域内负有领导发展经济责任的责任政府,使各级地方政府成为具有一定自主权的决策主体。民间的发展选择会成为影响地方政府决策的重要参数。台州地方政府首先是尊重了民间的发展选择,顺应民间的发展要求,利用决策者的权力推动了地方经济市场化,探索具有生产性政治关系的制度设计,形成以经济增长为目标的地方性、多样化的制度模式,①成为当地经济市场化进程的政治演绎者和市场化改革的先行者。

2.1.2 机会激励与民间"地下工厂"

在"文革"期间,浙江沿海地区民间从事制造业的经营活动已经开始活跃起来。20世纪60年代末70年代初,在台州,芦蒲民间合股办企业、牧屿民间生产补鞋机、路桥民间出现小五金加工。在管制、产权和利益之间,民间优先选择经营机会,而不管企业属于什么性质和制度约束,这是台州民间从事自主经营的第一选择顺序。

20世纪60年代的台州,农业和工副业都是公社集体经营,社员在各生产队从事粮食种植业,收入很低,每个劳动力年终扣除粮款后,仅剩余几十元。同时,集体经济十分薄弱,80%生产队的集体工业是空白,有的生产队穷得连开大会用的灯油都买不起。即使在这种状况下,农民为谋生从事讨小海②、张小网的个人副业时,还要被当做资本主义来批判。在这种背景下,60年代末70年代初,台州民间兴起了以"打硬股"的方式从事制造业,并在一些区域发展蔓延。台州的路桥和玉环是民间"打硬股"集资办厂的典型地区。

台州民间的自主创业可以追溯到1967年玉环芦蒲的林某等6人以"打硬股"形式组建起来的"红卫仪表厂"、1968年玉环干江的下放知青叶善训自筹资金办"干江农机厂"、1971年路桥张小赧与24位农民集资合股办"卷桥卫生香厂",等等。③1967年3月,台州芦蒲公社分水村党支部书记林某、复退军人颜某和几个社员商定办仪表厂,由林某等人私下到温州购买旧车床,并提议采用"打硬股"的办法,由6个社员和"红卫八队"共合成7股,每股出资200元,7股共集

---

① 各地的创新模式有:以民间资本和家庭作坊为初始特征的"温台模式"、以农村集体组织为特征的"苏南模式"、以引进外资为特征的"珠江模式"、以依托海外亲缘资金为特征的"泉州模式"等。

② 近海渔民在滩涂捉蛤、摸蚶、钓沙蟹、捯蛏、拦网等海产品的活动,称为"讨小海"。

③ 该企业现在依然由张小赧经营,名为浙江三友集团,从事摩托车、电动车、服装、电子产品、塑料纱管等制造业和房地产项目投资,2006年产值5.2亿元。

资 1400 元作为企业资金,生产了一年多,到 1969 年被查封,机器被生产大队没收。①

"文革"两派武斗,许多工厂停工,一些正常开工的工厂仍需配套业务的支持,一些城市工厂转向农村社队企业寻求业务协作,使这一时期的农村社队企业获得了机会。20 世纪 70 年代初期,芦蒲的社员以合伙"打硬股"的办法办私人工厂的现象越来越多,②合股办厂都冠以公社、大队的名义,戴上社队企业的"红帽子"。1974 年,芦蒲公社有社队企业 13 家,其中民办"戴红帽"企业 11 家,职工 300 多人;到 1977 年底,"戴红帽"企业增加到 17 家,职工 750 多人,产值 103 万元。"戴红帽"企业的发展使玉环县的工业经济在"文革"时期实现了快速增长,1958—1962 年年均增长 3.3%,1963—1965 年年均增长 0.05%,而 1966—1976 年年均增长达到 14.14%,1976 年工业总产值达到 2635 万元,比 1965 年增长了 3.28 倍。

在严格管制的经济体系中,民间在经营活动中对机会诉求往往优于产权诉求,他们在经营之初把获得经营机会摆在优先考虑的位置。由于工业产品利益丰厚,投资人一般可以在当年收回投资,经营时间超过一年的企业,往往很快收回投资,获得收益。因此,在当时的历史条件下,投资人更加关注经营机会,经济利益是他们首先考虑的问题,只要允许经营,他们并不考虑产权问题。事实上,民间集资合股兴办的"戴红帽"企业在经营之初就没有完整产权和独立经营权,一些企业被公社接管的事情也时有发生。但是,创办人即便被"割尾巴"也不在乎,因为"割尾巴"不是每天发生的,而每天的经营活动就意味着经济收益。因此,在民营经济兴起之初,创业者认同了市场机会优于产权归属的原则。

2.1.3 利益激励与民间"戴帽"企业

新中国成立后,由于台州地处海防前线,国家资金对台州的投资数量极少,国有部门规模很小,1977 年全民所有制工业企业只有 292 家、产值 5.16 亿元;农民收入 74 元,几乎没有生产积累。民间要进入制造业面临着双重管制性壁

---

① 被没收的机器后来被用于办"红卫八队"农机厂,该农机厂于 1971 年 3 月被公社接管,成为"玉环县红卫仪表厂"。

② 1971 年有芦蒲工艺品厂,1972 年有玉环县芦蒲水泥厂、芦蒲尖山工艺厂、芦蒲饲料厂,1973 年有井头日用品厂、芦蒲泡沫塑胶厂、芦蒲轮胎翻修厂、芦蒲百丈塑胶厂、芦蒲塑胶垫片厂等"戴红帽"企业。1974 年,芦蒲有社队企业 13 家,职工 300 多人,其中 11 家是"戴红帽"企业。1981 年 5 月,《浙江日报》刊登《"好"还是"糟"——调查芦蒲公社社队企业后的感受》一文,引起全省对芦蒲镇发展"戴红帽"企业的大讨论。

垒,即资金来源的管制与经营许可的管制。农民要开展自主性经营活动,就只有农户自谋合作,通过民间"打硬股"筹集资金、"戴红帽"获得经营许可。1982年以后,虽然在企业审批和登记上有所松动,开始出现"合伙经营"、"合作经营"的企业,但有不少基层干部担心政治风险,不愿意直接支持个体、私营企业,认为"抓集体企业安全",让民营企业戴上集体企业的"帽子"。民间的股份合作和个体、私营企业也出于对"政治气候变幻"的考虑,愿意让企业戴上"帽子"。改革开放初期,台州民间合股经营的企业中有94%是以集体企业的名义开展经营。仙居县从1984年以后批出的企业均为"戴帽"集体企业。在资金管制和许可管制的政策环境中,民间企业戴上"集体企业"的帽子,对地方官员和企业主来说都是政治保护伞。①

改革开放之初,工农业产品价格体制存在"剪刀差",体制内的工业产品价格受到高门槛保护,使国有工业产品本小利厚。由于集体企业在税费减免、银行贷款、土地征用和社会信誉方面能给企业带来直接的利益和便利,对于当时的民间企业来说,"戴红帽"是一种现实而普遍的选择。台州民间敏锐地发现这种计划经济体制背后所蕴藏的利益空间,他们不惜自主承担投资风险,通过集资合股创办了许多制造类企业。为了让自己企业生产的产品有销路、寻找能够接入公有制经济体系的切入点,创业者选择了以"社队企业"名义开展经营活动。据台州乡镇企业局的资料,1993年,台州8个县、市有乡(镇)、村级集体工业企业5932家,其中挂靠集体的"戴红帽"企业4228家,比例高达71.3%。

但"戴红帽"是有代价的。20世纪70年代末,"戴红帽"企业的利润往往被公社、大队抽走,用于购买上级计划供给的农资,如化肥、农药、种子、拖拉机、变压器等农用物资,支持了当地农业发展。这客观上迎合了"以粮为纲"的政治纲领,抵消了私人投资办厂带来的政治压力,增强了民间办厂的信心。当时芦蒲公社就因为"戴红帽"企业和农业工作都成绩突出,被视为"家大业大问题大"的典型,常受表彰,也遭质疑。1978年初,芦蒲公社党委书记毛崇友起草了《关于芦蒲公社工业企业的若干规定》1号文件,成立"工业委员会"(由毛崇友担任工业委员会主任),以支持农业为由发展社队工业,为芦蒲的民间工业创造了政策环境。为了获得支持,毛崇友在社队工厂中安排了地方领导干部的子女到企业就业。

---

① 事实上,合股生产的集体帽子具有"伪装"和"保护"功能,即可以集体经济组织的合法形式存在。农民解决工业生产规模(资本)约束问题的途径是通过民间借贷,民间投资脱离了国家经济的约束,这种形式对传统的计划经济体制产生了直接的冲击。

2.1.4　产权激励与民间"联营"诉求

改革开放激励了民间的创业,但家庭规模经营已经不能满足市场发展的需要,为了解决扩大经营所需的资金问题,民间走上了联合的发展道路。这时,民间的"戴红帽"企业出现了"戴帽憋气、摘帽受气"的现象,民间选择了自主联合的发展模式,这就是后来被称为"股份合作制"企业的萌芽。1981年,台州温岭县岸头村有19户农民集资联办了一个红星草制品厂,因资金不足,无法接受大批量订货,生产受限制。1982年,草制品厂实行联营,大大提高了生产经营能力,更新了产品,当年的草制品销售额比上年增加了3.4倍,利润增加了3.3倍。

为满足这种制度需求,台州温岭县政府部门进行了大胆探索。1982年11月,原温岭县牧屿公社牧南大队社员陈华根与王华森合办"牧南工艺美术厂",他们希望企业的经营不要受到公社或大队的干预,要求不登记为当时流行的"戴帽"的集体企业。当时国家工商总局"工商企业登记管理条例"规模只有4类企业可以登记。① 1982年12月,原温岭县社队企业管理局经过反复研究,批复同意企业性质为"社员联营(集体)"。1983年1月,原温岭县工商局在无章可循的情况下给牧屿镇工艺品厂等4家企业核发了"社员联营(集体)"的营业执照,确认股份合作制企业的合法地位。"社员联营(集体)"更重要的意义是规避了挂靠集体企业必须集体资产占20%的政策限制,确立了社员对企业的产权关系。②温岭牧屿公社的农民办企业不要"戴红帽"的要求获得普遍认同,他们提出了明确产权的要求,要求确认企业的产权归属于社员,经营活动不受集体干预。这种以"社员联营(集体)"为经济性质进行注册的企业后来被广泛认同为股份合作制企业。

地方政府在无法规依据、无先例可循的条件下,通过"试错"机制尝试制度创新,对体制外的民间产权进行制度认同,为民间经济组织合法存在提供政策依

---

① 1982年8月9日,国务院颁布"工商企业登记管理条例",规定四类企业可以登记:一是国营工商企业;二是合作社营和其他集体所有制的工商企业;三是联营、合营的工商企业;四是铁道、民航、邮电通信部门及其他公用事业单位所属的工商企业。省、自治区、直辖市人民政府认为有必要办理登记的其他工商企业。

② 参见温岭县社队企业管理局1982年12月18日颁发的〔1982〕第74号文件,其中写到:同意建办温岭县牧屿牧南工艺美术厂,企业性质为"社员联营(集体)"。1983年1月15日,温岭县工商局登记该企业档案为:企业由陈××、王××两人组成,分成6股,每股1500元,企业注册资金9000元,职工12人,经营方式制造、加工。同时批复和登记的还有"温岭县塘下五金厂"、"温岭县塘下塑料厂"、"温岭县电器厂"等3家企业。见温岭县社队企业管理局1982年的〔1982〕第74号文件及"附件"。

据。通过确认民间企业的经营主体资格和产权归属关系,不仅实现了对民间企业的产权和利益的保护,客观上培育了产权与经营权统一的市场主体。由于政府是唯一合法的权力组织,这种生产性政治行为有利于民间资本获得发展机会。到1994年,台州股份合作制企业发展到23000多家,这种发展结果并不证明股份合作制的具有先进性,但说明股份合作制在当时历史条件下在民间具有适应性,企业数量的增长实质上是对地方政府提供政策保护的积极和正面的响应。

地方政府的政绩主要表现为经济繁荣和社会稳定。"改革开放"和"放权让利"使地方政府成为决策主体和创新主体,政府官员通过探索实践把政治性资源转化为生产性资源。这种有效探索和创新既能够增加地方政府领导发展经济的经验、增强领导发展的能力,又可以使地方官员因领导经济发展的成就而获得晋升激励。由于地方政府领导当地发展经济,政府行为就构成了当地经济增长的变量,成为区域制度变迁的政治环境。在地方政府获得更多投资自主权和利益分配权的同时,地方政府的发展经济功能也放大了。当地方经济增长由于制度稀缺而受到约束时,地方政府由于其新的权力主体的形成而成为地方经济增长所需的制度的供给者。

2.2 确立民间的市场主体地位

企业的自主和独立、市场的自由和开放是经济发展的两个基本前提,企业的自主和市场的自由也会使经济发展存在不确定性,因此,企业的自主和市场的自由都必须是有限的。这就需要由政府以第三方角色确保企业在市场中的主体地位,规范企业在市场中的经营行为。台州地方政府在确立和发展民间市场主体,从个体经营户、股份合作制企业和集体企业改制方面率先进行了积极有效的探索。

2.2.1 培育市场主体的制度创新

台州地方政府在民间市场主体的兴起和成长过程中扮演了积极的角色。在台州经济发展的若干阶段中,面对经济发展中行政行为与市场行为选择的问题上,台州地方始终选择了市场行为,即政府自身不介入市场,而是以增进者的身份推动市场发展。在台州市场主体的成长过程中,有在经济市场化初期重点培育"两户一体"的农村个体经营户,有既保护民间产权又维护民间利益的"社员联营"的制度创新,也有在全国率先进行拍卖乡镇集体企业的产权改革尝试,等等。

政府唯一合法的社会管理地位决定了政府在社会发展实践和认识过程中有

"试错"和"纠错"的机会。在市场经济发育过程中,地方政府的制度供给的态度是增进市场的作用。表现为两种:一是认同民间创业和市场导向,在没有成熟经验可供参考的情况下,台州地方政府首先选择认同当地企业的创业行为和市场导向。二是制度创新,即地方政府为推动地方经济增长而进行制度创新,制度创新在地方经济发展和经济运行中起着重要的导向作用。政府制度供给的主要表现为政府对民营企业提供制度上的法律认可,使民营企业获得合法化的制度激励,这种以合法性为目的的制度创新取决于地方政府官员对民间创业行为的认同。对民间创业者来说,获得制度认同就意味着既能避开政治风险,又能提高企业效率。因此,制度认同实际上是利用政府制定政策的资源为经济发展提供政治支持。对于当地企业和经济结构来说,政府的"试错"行为是政府所提供的外部性政治资源。

政府对当地企业提供的制度性政治资源是长期的持续性资源,它的制度安排和制度创新对区域经济的增长来说是一个长期变量。政府的制度供给越充分,当地经济运行的效绩也就越高,因此政府的制度供给能影响当地企业的活跃度和竞争力。这种具有区域性的制度安排使民间企业产生积极性和活力,区域经济形成竞争力。

企业发展需求与地方政府的有限权力会导致制度供求矛盾。制度供给能力和制度创新能力在促进经济增长和城市建设方面会有积极的推进作用。当地方经济发展对这一制度资源产生强烈需求时,地方政府的制度供给权限和制度创新能力的扩大就成了地方经济增长的重要变量,争取制度供给权限成为地方政府及官员的重要目标。当地方政府不能提供大于自己权限的制度供给,又不能从更高决策层那里获得更大的制度供给能力时,以双重身份角色出现的地方政府因自身权力有限而不能为当地企业提供更大的制度支持,当地企业的经营绩效就会受到限制。以浙江台州企业"走出去"求发展为例。企业境外发展项目需要经过从县级地方政府到中央有关部门逐级审批,时间长且手续繁。台州部分企业走出国门求发展时,地方政府在既有的权限范围内无法提供完全的制度供给,当地企业的市场发展空间受到制约。台州的中国日用品商城①、珠光集团在发展境外投资时,就曾遇到无法跨越的制度障碍。

台州珠光集团主要生产出口节日灯。1998 年在拉丁美洲建立 4 家销售公司,深感"走出去"发展的好处。但对于实施到境外求发展的项目,珠光集团最大的体会是:项目的可行与可批远不是一回事。珠光集团在海外有 5 个项

---

① 陈宏伟、杨建平:《中国日用品商城:为何绕道出国》,《中国经济时报》2000 年 5 月 11 日。

目,其中只有 2 个是报经国家有关部委批准后实施的,另有 3 个未经审批就在海外实施。2 个报批项目所花的时间,第一个项目花了两年多,第二个项目花了三年,另外 3 个项目不报批的原因是时间等不起。企业老板说,任何一个部门的任何一个官员都可以对项目一票否决,却没有任何一个部门或任何一个官员能对项目一票拍板。任何一个人都可以让项目死;只有所有的人同意,项目才能生。[①]

政府审批部门审批得再认真、再严格,也不可能代替企业经营,企业的经营风险最终还要由企业自己承担。当企业为获得高层权力审批而错失时间和机遇、地方政府又不能提供相应的制度供给权限和能力时,企业就不会对这种过高成本的制度产生需求,而是选择绕开。台州企业的境外发展项目在台州得到了当地政府的支持,但拥有这些项目最终权限的国家管理决策层与地方没有直接利益关系,其决策也不贴近地方经济的发展,当地方政府的制度供给无法满足企业要求时,当地企业的利益和地方经济运行的效率明显偏低。台州企业发展中所遇到的问题,也寓示着深化改革和进一步完善市场经济体制的方向。

2.2.2 全面培育农村"两户一体"

台州地方政府培育市场主体的行为起点始于农村的家庭专业户、重点经营户和新经济联合体,即"两户一体"。1978 年,中共台州地委提出"抓两翼(多种经营和社队企业)、促主体(粮食生产)"的农村经济工作思路,把发展经济的着眼点转向多种经营和乡镇企业。1979 年,台州明确提出发展多种经营,建设十大商品基地。进入 20 世纪 80 年代,台州农村个体经营户中兴起"两户一体"(专业户、重点户、新经济联合体),成为农村最活跃的主体,1982 年"两户"6 万多户,1983 年增加到 18.6 万户。在"两户一体"高速发展的推动下,台州地委提出劳动力转移的"两建一出(建材、建筑、劳务输出)"战略、农业结构转型的"两水一加(水果、水产、食品加工)"战略,为培育市场主体创造了环境。1983 年,台州的"两户一体"中,从事非农"两户"占 66.1%。"两户一体"促进了专业村的形成。1983 年,225 个专业村有农户 57801 户,其中 45091 户从事专业经营,占全部户数的 78%。

---

① 陈宏伟、杨建平:《简化审批是最好的服务》,《中国经济时报》2000 年 6 月 1 日。

表 2-1　1983 年台州"两户一体"统计

（单位：户）

项目\区域	两户总数	农户比例	两户（专业户、重点户）							新经济联合体	
			粮食	种植	养殖	工业	购销	商业	其他	个数	户数
台州	186369	17.9%	582	36264	26258	61164	8426	17249	36426	12297	50693

资料来源：《台州年鉴》(1983 年),1984 年编印。

表 2-2　1983 年台州农村经济专业化比重

（单位：元）

项目\区域	专业村（个）	专业村收入(万元)	专业收入		专业村行业分类(个)									
			专业收入(万元)	比重(%)	食品蔬菜	竹木加工	水果加工	橡胶机械	建材	晒盐	林业	种植	养殖	其他
全区	225	9463	6826	72.1	20	35	28	21	28	3	7	17	33	33

资料来源：《台州年鉴》(1983 年),1984 年编印。

1983 年,台州温岭县农村出现了 2000 多户运销专业户,专门运销农副产品和家庭手工业品。1983 年运销户一年运销薯粉、草纸、洋葱、荸荠、干鲜果等农副产品和家庭手工业品达 26 个品种,总金额在 1500 万元以上,帮助生产户解决了"产品难销"的问题。在牧屿乡,有 500 多户生产补鞋机的专业户和重点户,年产补鞋机 5 万台以上,牧屿乡 50 多个运销户把专业户生产的补鞋机贩运到外省、外地以至边远地区销售,打开了补鞋机的销路。[①]

在实践中,农村个体经营户采取"挂户经营"的做法,把自己的经营活动挂靠在一个集体企业或国营企业,以挂靠单位名义从事生产经营活动。经营户基本做法是向挂靠单位支付一定的管理费,挂靠单位为经营户提供"三代三借"服务,即代开统一发票、代为建账记账、代征代缴税金,允许挂靠户借用被挂靠单位的介绍信、空白合同书、银行账号。挂户经营是民间创业者以低成本换取体制内身份的制度选择。民间创业者通过挂户经营,可以通过支付必要的费用换取正式体制内企业的信用资本为己所用。这种做法实际上是一种突破管制壁垒、争取获得平等进入机会的实践。

"两户一体"政策的创新意义不仅在于增加了农民的家庭收入,还培育了农村的经营主体、推动了农村家庭经营向非农化的方向发展。更为重要的是,专业

————————

① 《农民搞运销是大好事》,《人民日报》1984 年 1 月 23 日(第 2 版)。

户的发展促进了专业村的形成,这也是台州产业集群的雏形和基础,成为台州农村经济向工业化转型的起点。

2.2.3 大力发展民资股份制企业

1982 年,中共台州地委、台州地区行署召开全区农村工作会议,要求大力发展社队企业,台州的经济工作重心成功转移到农村社队企业。1984 年的中共中央 1、4 号文件提出发展乡镇企业。1984 年 6 月,中共台州地委、台州地区行署决定加快发展乡镇企业,提出"台州人民要致富,乡镇企业找出路","立足台州学'两南','四个轮子'一起转"[①]的发展思路,结合台州实际和优势,围绕着发展乡镇企业中心战略,提出推动乡镇、村、联户、个体四个方面的力量共同发展乡镇企业。"四个轮子"一起转的发展格局的形成,在客观上使台州步入了探索多种经济成分并存的经济体制的新阶段。

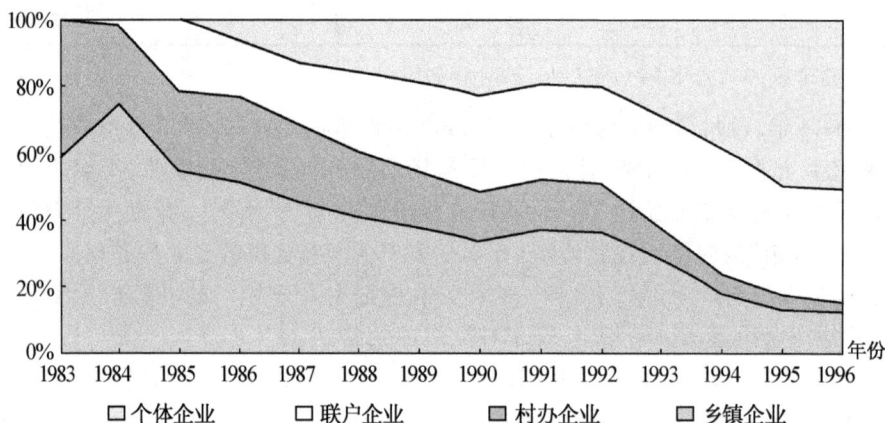

图 2-1 1983—1996 年台州乡镇企业产值比例结构变化趋势

政策引导促进了农村四种经济成分的发展,四种经济成分虽然"一起转",经过三年的实践发现"四个轮子""转"得并不同步。1984—1986 年间,乡镇、村集体办的企业产值高速增长,而联户企业和个体企业却发展缓慢。通过调查发现,农民的联户企业正向合股企业的方向迅猛发展。1986 年 12 月,中共台州地委、台州地区行署召开全区乡镇企业工作会议,决定在继续推动联户企业和个体企

---

① "两南"即苏南和浙南,苏南(江苏南部的苏州、无锡和常州)是乡镇集体经济的发展代表,浙南(浙江温州)是乡镇私营经济的发展代表;"四个轮子"是指乡镇、村、联户、个体四个方面的力量共同发展台州经济。

业发展的基础上,大力发展股份企业,制定优惠政策支持合股企业,主要内容是保护产权、经营权、征用土地、供电、税费减免、信贷、股权分配、技改立项、人才奖励等方面,合股企业与乡镇集体企业同等对待。政策的实施推动了民间合股企业和个体企业的高速发展,联户企业和个体企业产值从 1985 年占台州乡镇企业总产值的 21.6% 快速增长到 1996 年的 84.8%,而乡镇和村级办的集体企业产值比重则从 1985 年的 78.4% 下降到 1996 年的 15.2%。①地方政府发展合股企业的政策既培育市场主体,又推动民营经济发展,达到了当初政策设计的目标。

2.2.4　推动集体企业产权民营化改革

1988 年,台州金清镇政府率先探索集体企业产权改革。②在台州股份合作制经济快速发展的同时,集体企业却面临发展困境。20 世纪 80 年代初,原黄岩县金清区发展了大量集体产权的社队企业,1983—1985 年,金清区的集体企业连续三年产值列全县第一。到 1986 年,集体企业产值退居全县第二,1987 年退居全县第四。中共金清区委对辖区内的企业产值进行分析后发现:1985—1987 年间,金清的集体企业只增长 11.1%,而民间合股企业增长了 125.3%,私营企业则增长了 312.9%,个体工业则爆炸性地增长了 962.7%。与金清区相邻的路桥区,工业经济的高速发展也是来源于民间合股企业、私营企业和个体企业。这种发展趋势使金清区委认识到,集体企业享受着体制内优惠和乡镇政府的支持,但普遍存在"国家贷款、政府办厂、集体负债、个人发财"的体制性弊病。对 15 家集体企业进行清产核资后发现,盈利 5 家、亏损 8 家、持平 2 家,亏损与持平的 10 家企业实际亏损额 76.6 万元。而且,新办的集体企业与老的集体企业都同样发生亏损。

1988 年 5 月 30 日,中共金清区委发表了一份题为《变"集体所有"为"个人(合股)所有"是改革区、乡、村办企业的必然趋势》的工作报告,指出"问题的根源在于集体所有制形式固有的弊端……集体企业的弊端在个体(合股)企业那里是很难见到的。相反地,他们由于利益直接,风险自担,有强烈的竞争意识和拼搏精神,生命力旺盛。因此要改变现有区、乡、村办企业的被动局面,就必须触及所有制形式,变'集体所有'为'个人(合股)所有',办法是将集体企业拍卖给个人

---

①　1993 年开始,台州对乡镇企业中挂靠集体的 4076 家"戴帽"企业进行"摘帽"。1994 年累计"摘帽"2510 家,1995 年 724 家,1996 年 541 家,1997 年 195 家,到 1997 年"摘帽"工作完成 97.4%。

②　关于金清镇集体产权改革探索的基本素材,参见 1988 年 5 月 30 日中共金清区委、区公所所作的题目为《变"集体所有"为"个人(合股)所有"是改革区、乡、村办企业的必然趋势》的工作报告。

（或者几人合股）"。1988 年 4 月 12 日，在清产核资、职工同意的基础上，金清区以公开拍卖的方式转让当时区内最大的集体企业轮窑厂（该厂 1987 年销售额 350 万元、利润 32 万元）。拍卖当天，经过 23 轮举牌，由徐正坤代表 40 个共同合股人以 169.1 万元的价格购得轮窑厂。[1] 同一天拍卖的还有其他 6 家企业，这是浙江省最早以拍卖进行集体企业产权改革的尝试。金清的 41 家集体企业在拍卖前的工业总产值是 1980 万元，只有 50％企业盈利，拍卖转制后的第一年，这 41 家企业的工业总产值达到 4000 万元，全部实现盈利。1989 年 8 月，中共金清区委对已拍卖的 12 家企业一年来的经营状况进行统计时，数据反映这 12 家企业的工业产值比上一年度增加了 45.3％。[2]

在乡镇集体企业产权拍卖试点取得成功经验的基础上，1989 年，台州政府在各市、县的二轻系统组织 30 多家城市集体企业进行拍卖改制。到 1996 年，台州先后有 809 家通过拍卖实现企业改制，虽然转制企业的总数并不像国内其他城市那么多，但让公有制企业通过产权的有偿转让成为真正意义的市场主体，突出地显示了台州地方政府在市场化改革中较早地就对政府自身的角色有准确的定位。

2.3 规范政府行为与市场秩序

对于政府而言，保护企业的市场主体地位和规范市场经济秩序是政府的基本职能。在政府与市场之间，台州政府以市场优先法则确保经济的市场化进程；在政府与企业之间，台州政府以民间优先法则保证企业的市场主体地位。台州地方政府就是坚持这两个法则避免政府失灵，而把管制约束在一定的范围内以克服市场失灵。

2.3.1 柔性保护市场主体的"政治智慧"

地方政府与民间发展的关系是台州民营经济发展中极具内涵的课题。在台州民营经济发展初期，地方政府对民间利益的维护还谈不上正面的"保护"，而是处于"不伤害"的状态，由此激励了台州改革开放之初经济生活中的"地下经济"现象。但来自民间普遍的生存发展的要求与地方官员的经济利益和政治利益具

---

[1] 该企业现名为"台州市轮窑厂"，企业性质依然是"股份合作制"，法人代表为徐正坤。

[2] 《一场改革所有制的试验——黄岩举办乡镇企业拍卖活动》，《台州日报》1988 年 4 月 18 日（第 1 版）。

有很高的一致性,基层官员成为鼓励民间草根发展冲动的主导力量,①正是台州地方政府对民间资本创业初期的宽容,后来演变成为保护民营经济的基本力量,或者说,基层政府已经与民间力量一起发展了,这也是台州民间资本的草根性和原生性的体现。地方政府对民间的保护,初期表现为行为上"不伤害",继而以制度形式提供"保护",最终以政策和制度保障并推动民营经济发展。正如邓小平同志所说:"生产关系究竟以什么形式为最好,恐怕要采取这样一种态度,就是哪种形式在哪个地方能够比较容易比较快地恢复和发展农业生产,就采取哪种形式;群众愿意采取哪种形式,就应该采取哪种形式,不合法的使它合法起来。"②

玉环县芦蒲公社在 20 世纪 70 年代初就出现了许多民间集资合股办厂的事例,但都以社队企业的名义经营。到 1978 年底,全公社有社队企业 36 个,其中民间集资合股的合作企业 34 个,社队企业职工 1473 人,实现工业产值 194 万元,占全公社工农业总产值的 66%,全年实现工业利润 38 万元,上交社、队两级管理费 12 万元,社、队两级从企业获得支农资金 8.5 万元。③在"以粮为纲"的时代,由于芦蒲公社社队企业的发展,芦蒲公社从工业企业的发展中提取足够的资金支持农业,上级按计划供给的各种农业生产资料,芦蒲公社都能拿出资金把种子、化肥、农药、农机等农资购买回来,这就使得芦蒲公社的农业工作成绩突出。但部分县领导对此颇有看法,认为芦蒲公社的社队工业背离了"以粮为纲",是"资本主义"企业,把芦蒲的发展社队工业总结为"家大业大问题大"。但部分政府领导的不同看法并没有阻止芦蒲社队工业的发展,1980 年,芦蒲公社的社队企业数增加到 58 个,职工 2679 人,工业总产值 410 万元,占工农业总产值的82%,利润 54 万元,纳税 8.34 万元,上交管理费 5.23 万元,社队两级积累 12.8万元。随着芦蒲公社社队工业的不断发展,对芦蒲民间集体合股办企业的争议也越来越多。1981 年,玉环县委书记王作义在《浙江日报》发表题为《"好"还是"糟"》的文章,充分肯定社员集资办厂行为和对农村经济发展的积极作用,指出"我们必须肯定社员集资联合办厂的方向,认清它是发展社队企业,搞活农村经济的一条切实可行的新路子。那些简单地把它看成是私有性质,甚至与资本主

---

① 据梁雄军介绍,现浙江三友集团董事长张小报回忆 1971 年最初创业时,是受当时黄岩县驻卷桥公社工作队干部劝说他避政趋商的影响与启发,后经公社和生产大队同意,张小报在 1971 年 6 月组织 23 名社员,每人出资 150 元办盘香加工厂。1971 年 9 月,经黄岩县二轻工业主管部门批准开工生产。梁雄军现任台州市口岸办公室主任。

② 邓小平:《邓小平文选》(第 1 卷),人民出版社 1993 年版,第 323 页。

③ 毛崇友:《玉环芦蒲股份制企业的起步与发展》,台州市政协文史资料委员会编,《台州文史资料》2001 年第 8 辑,第 54 页。

义等同起来,当做洪水猛兽一样加以非议,则是非常错误的"。①

对废旧钢铁交易市场的保护。20 世纪 80 年代初,台州路桥、峰江一带废旧钢铁交易活跃,形成了一个从事废旧金属交易的专业市场。1981 年,根据国务院批转的《关于工业品生产资料市场管理暂行规定》,②民间自发形成的台州路桥、峰江一带的废旧钢铁市场属于取缔对象,上级政府和工商管理部门要求关闭路桥、峰江的废旧金属市场,工商局的管理人员全部撤回。文件下达后,地方政府并没有严格执行。由于废旧金属市场联结着当地大量的社队企业、经营户和加工户,在这种情况下,路桥镇党委和政府有关部门积极寻求工商行政管理部门的支持,工商部门为此进行了 3 个月的专题调查,并在政府的县长办公会议上经过反复研究、权衡利弊,决定重新开放市场,并指定由路桥镇工商所与所在地的大队联合承办。工商行政管理部门接手后,改变了以前"一赶、二抓、三查、四扣、五罚"的打压做法,开始转向提高服务和加强管理。1986 年,路桥钢铁市场有366 家个体户、联户经营户,分别经营板材、线材、废旧钢铁,整个市场销售钢铁10437 多吨,销售额 2412 万元。1986 年、1991 年中央在全国范围内整顿市场秩序工作中,台州的路桥钢铁市场再次引起中央高层的关注,先后有多位高层领导来台州考察路桥钢铁市场。③中央领导的默许,也大大促进了台州各类专业市场的发展。

2.3.2 保护股份合作制企业发展

在专业户和重点户发展的基础上,家庭规模已经不能满足市场发展的需要。为了解决扩大生产所需的资金问题,民间开始走上联合发展的道路。1984 年,中共中央〔1984〕1 号文件中提出"鼓励集体和农民本着自愿互利的原则,将资金集中起来,联合办各种企业"。1985 年,中共中央〔1985〕1 号文件中指出"提倡股份式合作"的发展方向,但是与此相关的规范性政策却迟迟没有出台。

台州股份合作制企业产生和演变路径主要有四种:一是自然人组合型,一般由 3 人以上的自然人合作形成的股份合作制企业,这种企业的比重占 83%;

---

① 王作义:《"好"还是"糟"》,《浙江日报》1981 年 5 月 21 日。

② 国务院批转国家计委、国家经委、工商行政管理总局、国家物资总局"关于工业品生产资料市场管理暂行规定"的通知,1981 年 8 月 8 日。

③ 1986 年 7 月,先后有国务院秘书长陈俊生考察台州路桥钢铁市场并做出重要指示,还有中共广东省委书记林诺及副省长凌伯常、中共湖北省顾委主任许道琦、国务院协调组长陈希等人考察路桥钢铁市场。1991 年 4 月、5 月、10 月,先后有中共中央政治局常委乔石、李瑞环、江泽民考察了台州路桥的钢铁市场。见《台州年鉴·大事记》(1986 年、1991 年)。

二是由个体、私营的独资企业通过吸收新股产生股份合作制企业，这类企业约占2.5％；三是集体企业转制形成的股份合作制企业，这类企业约占1.5％；四是多元混合型，是由国有、集体股份合作建立的企业，数量很少。

（1）黄岩发展股份合作制企业的探索。1983年，原黄岩县石曲乡社员开始集资合股自办企业，到1985年，集资企业已经发展到32家，合股资金195万元，①32家企业中有28家企业挂靠乡镇、村集体的牌子，这些企业无一例外地被登记成集体所有制企业。由于企业登记的性质是集体企业，加上人们的思想观念还无法接受股东"分红"，有人认为"分红"相当于"贪污"。对分红的疑问立即在企业中引起争议和恐慌，有人随即把股金退出，提出把空壳企业交给政府。在这种舆论和政治环境影响下，合股企业的年终分红一直无法进行。如果股东分红则政府和舆论无法接受；如果按照有的乡镇政府提出合股企业年终分红的额度不能超过同期银行利息，这种方案股东们也无法接受。分配问题已经明显制约了合股企业的正常经营。当体制外企业苦于没有合法地位而挂靠时，体制内有合法身份的企业却在滥竽充数。②

按照1982年8月国务院颁布的《工商企业登记管理条例》的规定（参见前注），农村企业如果不是集体所有制企业，那就没有相应的法律地位，民间合股企业在行政法规中显然也就没有对应的合法地位。在这种政策条件下，民间合股企业就只能"戴红帽"批准为社队集体企业才可以进行注册登记。石曲乡合股企业发生的不敢分配问题都集中在这些"戴红帽"企业中，在巨额的利润面前，一些乡镇政府也不能实事求是地对待这本来没有权属的产权。企业的股本来源与产权属性之间的矛盾构成就是全部问题的根源。

中共黄岩县委根据中央提倡"股份式合作"的精神，从支持黄岩民间合股企业的继续发展，结合黄岩县石曲乡的民间合股企业良好的发展态势和企业在分配时面临的问题，原黄岩县提出了一个解决合股企业分配问题的方案，即"保本保息分成法"，但这种做法不能体现股东的权益而不被接受。为了解决合股企业的权属、管理、收益和分配等一系列问题，原中共黄岩县委和黄岩县政府在充分调查研究的基础上，于1986年10月出台了《关于合股企业的若干政策意见》和《关于个体经济的若干政策意见》，率先承认合股企业的合法地位，并确认合股企

---

① 倪和平、苗秀侠、林海蓓、陈献之：《潮起橘乡》，见中共台州市黄岩区委宣传部编：《潮起橘乡》，中国文史出版社2006年版，第59—80页。

② 1986年，中央在全国范围内对公司进行清理整顿。当年，黄岩县对476家公司进行清理，保留的公司176家，长期歇业而被注销的有183家，改名165家，吊销2家。见黄岩县志办公室：《黄岩志·工商财经》，上海三联书店2002年版，第397页。

业的集体所有制性质。当政治界和理论界对股份制企业到底姓"社"姓"资"还在争论不休的背景下,《关于合股企业的若干政策意见》对合股企业经济性质纳入体制内,确认民间的合股企业属于集体所有制经济,即是对新兴股份合作企业的保护。1986年,黄岩登记注册了572家"合股企业"。

(2)台州市全面推进股份合作制经济加快发展的政策。根据中共中央关于"股份式合作"的指示,1984年,中共台州地委和行署提出"四个轮子一起转"。经过对两年发展实践的总结,1986年12月,中共台州地委、行署提出"取宁(波)温(州)之长、走自己的路,大力发展股份经济"的发展思路,在坚持国有、集体、联户、个体"四个轮子一起转"的同时,特别提出了促进股份企业、联户企业、个体企业发展的九条措施。针对有的乡镇干部不敢放手支持个体联营企业、企业主也不敢多投资金的情况,提出把个体、联户经营企业作为促进乡镇企业发展的突破口,制定优惠政策、允许雇工经营、允许个体企业挂靠经营,引导雇工经营的企业把大部分所得转为企业的固定资产,政府保护其财产权、经营权不受侵害。

台州大力发展股份合作制经济的发展思路和战略,是改革开放以来,国内地方政府规范市场制度的重大突破。台州发展股份合作制经济的政策的形成,其价值已经不只是确认合股企业的合法身份,也不只是对合股企业的集体所有制性质进行定性,而是对合股企业的核准登记、资金入股、股权分类、股息分红、盈余分配、组织架构、监督管理、职工权益、劳动保护、财务核算、纳税等方面进行全方位规范。这样一种制度创新的实施,其意义就在于新制度能够长期而稳定地保证、规范和促进民间合股企业的发展。

挂靠乡镇集体企业能够规避地方政府进行政府规制时产生的管制性风险,却无法抵御来自高层政府更加强势的管制风险,这种高层的管制风险还带有强烈的政治背景和全社会的经济发展的大方向。1989年中央开始治理整顿经济秩序,浙江省税务局和工商管理局联合发出文件,乡、村集体所有制企业的固定资产中,乡、村集体必须占有50%以上的比重,股份合作性质仍属于私营经济性质。一时间,政治气氛让台州地方人心浮动,工业经营性投资大幅度减少。台州地方政府为了稳定经济形势,采取变通的办法,规定只要集体经济占20%的比例,就可以登记成集体性质的企业。这种做法在相当程度上部分抵消了高层政策对企业性质问题产生的政治压力,也为当时企业获得政策支持提供了新的途径。

2.3.3 "摘帽"规范股份合作制企业

由于集体经济组织积累少,台州新兴的农村民营企业的投资渠道与兴办企业的方式多而杂,形成了产权结构多元化的局面。组建企业的资金来源基本上有以下五种:一是民间自然人自己筹集资金、用自己的住房作场地组建的股份合作制企业;二是乡村全额投资或投资占了大部分资金办的集体所有制企业;三是由乡、村集体出面担保获得银行贷款兴办的企业,由个人使用企业兴办的企业;四是民间自己集资,由集体提供场地、房屋等兴办的企业;五是民办独资企业,在特定历史条件下为戴"红帽子"挂靠集体的企业。据台州乡镇企业局的资料,1993 年,台州 8 个县、市有乡(镇)、村级集体工业企业 5932 家,其中挂靠集体的"戴红帽"企业 4228 家,比例高达 71.3%。乡村企业这种多元资本结构也带来了一个不容回避的问题,即所有权的客观性与企业产权、控制权的归属之间存在严重的矛盾。

对于台州这样没有工业基础和资金积累的地区来说,银行信贷对解决企业资金的需求有着直接影响。1985 年开始,国家加强宏观调控,紧缩银根,控制信贷资金规模。1985 年和 1987 年两次信贷资金紧缩,造成乡镇企业的资金供给非常紧张,使不少原先依赖银行贷款的乡镇企业突然失去了资金支持。企业为了维持经营,寻求新的资金来源,有的走上社会集资之路,有的企业通过吸收新股扩大资本金,也有的企业寻求民间借贷。在台州的社会集资总额中,以资带劳的集资金额占全部社会集资总额的 27%。在集体没有资金投入和追加资本金的情况下,经营者的集资和民间借贷给集体企业和挂靠企业都带来了更加复杂的产权矛盾。

同时,由于挂靠乡(镇)、村集体的企业因为产权关系不明确,企业在生产、经营、管理上存在一系列问题,如不少企业所有者不敢增加投资扩大企业生产规模,使企业错过了一些发展机遇;也有的挂靠企业发生经营亏损资不抵债时,乡(镇)、村集体组织要承担经济连带责任等等。特别是在市场化不断深入的形势下,企业发展的速度越快,企业产权不清带来的矛盾和问题尤显突出。1992 年,台州的集体企业(含挂靠集体企业)数量出现退减的局面。与此同时,股份合作制企业和个体私营经济出现井喷式发展的态势。在这种背景下,玉环县率先实施"全岛股份化"。

改革开放以后,玉环县的股份合作制经济高速发展,地方党委政府始终坚持尊重人民群众的首创精神、保护人民群众的积极性,灵活地运用政策扶持,如"国企待遇"、"利率杠杆"、"一分半利息计入成本"等政策,加快了民营企业的资本原始积累。同时,许多本质上属于私人所有的企业,为了避开政策约束而假借集体合作之名。当企业规模不断扩大的时候,往往容易导致积累部分的产权模糊,进而影响企业的进一步发展。因此,明确内部产权关系,实现股份量化是推动企业快速成长的关键。进入 20 世纪 90 年代,股份合作制工业企业进入产业结构、产品结构调整发展的新阶段,为了加快民营经济发展,中共玉环县委、县政府针对民营企业中较为普遍的"戴红帽"现象,决定逐步引导"戴红帽"企业向股份制企业改制,解决企业公共积累资本化的问题,通过股份量化来明晰产权,进行规范化改制工作。1991 年,作为"海岛县"的玉环提出"全岛经济股份化"的目标,明确提出以建立现代企业产权制度为核心内容,全面实施企业产权股份化,其内涵可概括为"理顺产权、改造重组、完善提高、配套改革"。经过"全岛股份化"战略的实施,到 1994 年,玉环集体企业由 1993 年的 5156 户减至 1336 户,股份制、股份合作制企业增加 4669 户,占工商企业的比重为 77%。"全岛股份化"的实施使玉环全岛的经济体制改革和发展不断加速,很快实现了由海岛小县向经济强县的历史性跨越。到 2007 年,玉环县的地区生产总值达 221.72 亿元,工业总产值 724 亿元,财政总收入 30.8 亿元,农民人均纯收入 10525 元,城镇居民人均收入 25753 元。

1993 年,台州制定实施恢复挂牌集体企业原有性质的工作。[①] 首先是明晰政策导向,即政策导向是"大力发展"、"放手发展"股份合作制企业,明确挂牌集体企业实质是股份合作和个体、私营企业,在政策上要把股份合作经济真正作为劳动群众集体所有制来对待;对个体、私营企业则要在经营范围、经营方式、注册登记、信用贷款、用地用电等方面进一步放宽政策。其次,在开展恢复挂牌集体企业原有性质工作过程中,客观、公正地对待企业逐步积累而形成的资产,公平合理地处理乡(镇)村集体与企业间的某些经济关系,避免"尽量把集体这块资产搞大"的硬性做法,以利于企业发展。但"摘帽"工作的复杂性还是超出了预先的估计,直到 1995 年底,台州的乡(镇)、村级集体企业 1713 家、完成改制工业企业 1459 家,改制面达 85.5%;"戴红帽"企业 4228 家(其中工业企业 4076 家),"戴红帽"工业企业实现"摘帽"3674 家,"摘帽"率为 86.9%。"摘帽"后新组建的企业中,股份合作制企业 2212 家、个体私营企业 1087 家、有限责任公司 151 家。

股份合作制并不是台州企业制度的最终目标,20 世纪 90 年代中期,台州的股份合作制企业发展走到了顶峰,与此同时,大量的个体私营企业和有限责任公司成为台州企业的主要选择,这也反映了民营经济发展的必然趋势。随着经济市场化的不断深入,民营企业的产权制度也将不断走向成熟,更加有利于企业发展。

---

① 参见中共台州地委:《关于恢复挂牌乡(镇)村集体企业原有性质的若干意见》,台委办〔1993〕73 号。

2.4　经济民主化的政治路径

改革开放的目的之一是要让人民通过自主发展实现致富的愿望。邓小平同志曾经这样描述农民经济发展道路："农民生产积极性提高,农产品大幅度增加,大量农业劳动力转到新兴的城镇和新兴的中小企业。这恐怕是必由之路。"[①]正如小平同志所说的,发展经济要"从当地的具体条件和群众的意愿出发,这一点很重要"[②]。充分体现群众意愿表现在两个方面:一是经济发展要体现人民群众的主体地位;二是政府对经济的干预要服从于人民群众的主体地位。经济民主一个重要原则就是体现人民群众的意愿和利益,激发人民群众的积极性和创造性,发展生产力。

台州地方党委、政府在推动民间发展经济、建立区域市场体系的同时,也在执政党的自身建设和地方政府治理领域积极探索和创新有利于增进民营经济发展的地方治理模式,如促进党内民主的"党代会常任制"和"党代表任期制"、方便群众服务群众的"为民办事全程代理制"、人民群众与基层政府协商对话的"乡镇基层民主恳谈"、企业工会与员工集体协商谈判的"行业工资集体协商"。

2.4.1　"党代会常任制"和"党代表任期制"

从 1988 年以来,中共台州市椒江区委坚持探索"党代会常任制"和"党代表任期制"。[③] 1988 年 12 月,经中共浙江省委批准,报中组部同意,中共台州市椒江区委员会开始探索党的代表大会常任制。1993 年 1 月,椒江区又在镇、街道全面实行党代表大会常任制。椒江区试行的党的代表大会常任制被总结为"椒江模式",其核心是以改进党的组织制度和党内民主建设来改进执政党的领导方式。主要有五个方面的做法:一是实行党代表常任制,任期同地方党的代表大会届期相同;二是实行党的代表大会年会制;三是取消常委制,实行委员制;四是实行重大事项和干部任免全委会票决制;五是建立起在区委、区纪委及成员、党

---

① 邓小平:《邓小平文选》(第3卷),人民出版社1993年版,第213—214页。
② 中共中央文献研究室:《邓小平年谱》(上),中央文献出版社2004年版,第642页。
③ 中共台州市椒江区委员会从1988年开始探索的"党代会任期制",经过近20年的实践,取得了积极的经验。2002年11月8日,江泽民在中国共产党第十六次全国代表大会的报告中提出:"扩大在市、县进行党的代表大会常任制的试点。积极探索党的代表大会闭会期间发挥代表作用的途径和形式。"2007年10月15日,胡锦涛总书记在中国共产党第十七次全国代表大会的报告中提出:"完善党的代表大会制度,实行党的代表大会代表任期制,选择一些县(市、区)试行党代表大会常任制。"

代表与党员群众三者之间的立体监督制约机制。

台州市椒江区通过 19 年坚持不懈的试点探索,初步形成了以"党代表任期制、党代会年会制、全委会负责制"为内容的党代会常任制组织框架,党员主体地位得到体现,党代表作用得到发挥,党员代表大会职能得到落实,提高了党员干部领导发展社会主义市场经济的能力和建设社会主义和谐社会的能力。椒江区1988 年试行党代会常任制以来的 20 年,也是民营经济高速发展的 20 年,到2007 年,椒江区人均 GDP47621 元(折合统计口径的 6523 美元),城市居民人均收入 20875 元,农村居民人均可支配收入达到 9259 元。椒江区党的代表大会常任制的实践发挥了党的代表大会作为最高决策机关和最高监督机关的作用,扩大党内民主,提高党委决策的民主化和科学化水平,密切党群关系。20 年来,在党代会常任制下建立的监督体系的约束下,上自区委书记、区委常委,下到区委委员、区党代表,都被置于不同的监督制度之下,椒江区的四套班子领导成员中没有一人因违法违纪被查处。王长江认为,党代会常任制极大地调动了党内各级组织和广大党员的积极性、主动性和创造性,使党员主体地位得到发挥,增强了党内和谐程度,实现了党的领导方式和执政方式的新突破,是对马克思主义建党理论的继承和发展。①

2.4.2 "基层民主恳谈"

民主恳谈实质上是基层群众与基层政府间以协商方式推动地方发展和基层治理政治新载体。台州温岭市民营经济发达,大多数群众的生活比较富裕,群众对地方发展和社会管理的参与热情也较高。温岭的民主恳谈始于 1999 年松门镇"农业与农村现代化教育论坛"。1999 年,浙江省把推进农村思想政治工作试点放在台州温岭。为了改变说教式的农村政治思想教育,中共温岭市宣传部的同志在松门镇以台州"农业农村现代化教育论坛"为议题,让群众与领导交流对话。群众发言涉及投资环境、村镇建设、邻里纠纷、液化气价格,活跃的干群对话气氛出乎组织者的意料。对话交流的形式和效果受到群众的欢迎和当地党委政府的肯定,民主恳谈对话的活动在当地的许多乡镇迅速推广,成为讨论农村经济发展、村镇建设、发展民生和村镇治理的平台。民主恳谈会的形式在增进基层政府与村民的相互理解、增强党委政府和人民群众达成共识方面取得了积极的成效。

---

① 王长江的观点。参见张军、郭奔胜、傅丕毅:《"这里的党代表有职有权——椒江党代会常任制激发民主活力"》,《瞭望》2008 年第 8 期。

泽国镇的"城镇建设预选项目协商"是以民主恳谈为载体,以乡镇重大决策项目为内容,在乡镇政府与群众代表、乡镇人大之间建立协商对话机制。2005年初泽国镇组织"城镇建设预选项目协商"的民主恳谈会,预选 30 个建设项目、随机抽选 275 名代表,分成 16 个小组对预选建设项目进行讨论,经过大会发言、小组讨论和专家解答,确定 12 个项目作为 2005 年泽国镇城建基本项目。另外10 个作为备选项目,提交镇人民代表大会审查、表决。泽国城镇"建设预选项目协商"建立了乡镇政府、群众代表与乡镇人大之间的民主协商机制,是温岭基层民主恳谈的延伸。

"参与式公共预算改革"也是温岭基层民主恳谈在温岭新河镇的延伸。2005年,温岭市新河镇开始探索参与式公共预算改革,改革方案主要是乡镇人大利用民主恳谈对政府预算进行监督和审查。这个过程包括三个阶段:会前初审、大会审议和会后监督。每一阶段都体现民主、参与、科学、合理的特征。人大代表直接参与预算方案的制订,使有限的资金用于社会事业发展急需投入的项目上,用于人民群众密切关注需要解决的项目上。这样既充分调动了代表参与管理政府公共事务的积极性和主动性,政府的形象也得到了提升,促进社会更加和谐、稳定发展,激活了人大监督功能、推动了政府科学决策。

2.4.3 "为民办事全程代理制"

随着民营经济的发展,原有经济管理体制与蓬勃发展的民营经济不相适应,旧的计划经济体制下的政府管制模式越来越制约着民营经济的发展,突出地表现在审批制度上。2000 年,玉环全县各级各部门的审批、审核、核准、备案项目共有 987 项,审批环节多、程序繁、时间长,甚至出现了一个部门内部层层审批的现象。一个建设项目从技改立项、土地报批、规划、环评到投资建设短则几个月,长达年余。农村"三个代表"学习教育活动开始后,玉环县共收到群众意见32300 条,其中反映办事难的竟占到 1/3,群众当中出现了强烈要求解决"办事难、事难办"的呼声。为了精简审批环节,提高办事效率,改善投资环境,解决群众"办事难、事难办"的问题,促进玉环经济的新一轮发展,玉环党委政府对如何建立与市场经济发展相适应的政府管理模式进行了积极的探索,建立"为民服务中心",推行"全程办事代理制"。

2000 年,"为民服务中心"正式投入运行。"中心"的业务窗口主要办理生产性、经营性项目审批,办理基础设施使用权审批和各类经济组织、城乡居民申请的有关证照等,办理由 20 个职能部门授权的 268 个项目。2001 年初,玉环县龙溪乡首创"全程办事代理制",以无偿代理为形式,经过受理、承办、回复等三个环节,依靠单位内部职能部门有机运作,在规定时限内依法全程为人民群众办理事项的一种工作制度和办事方法。来办事的群众只要将相关材料上交到"全程办事代理室",接下来无论程序有多复杂,涉及多少部门科室,都由乡镇机关的承办工作人员代为办妥后再交回到群众手中。有些事项需要去县里办理,由办事代理员将群众所托事项一并带到县里,乡里群众也可免费乘坐"直通车"上县城办事。变群众跑为干部跑,变多次办事为一次办事,变随意办事为规范办事。2002年2月,台州市和9个县(市、区)政府相继建立了集中办事机构——办证中心、办事大厅和行政服务中心,这一制度得到长期坚持,并被全国许多地方模仿推广。

实施为民办事全程代理制的本质是地方政府向服务型政府转型的过程,地方政府通过制度创新,提高政府的服务能力和服务效率,改善地方经济发展的政策环境,更好地促进地方经济发展和社会进步。

2.4.4 "行业工资集体协商"

行业工资集体协商制[①]是台州温岭市在调整产业发展中的劳动用工秩序的实践经验。台州温岭的羊毛衫行业主要集中于新河镇,现有企业110多家,年产值约10亿元,务工人员1.2万人,70%是外来农民工。由于羊毛衫行业受季节影响明显,工人从业不稳定,企业在生产旺季相互挖人,技术工人跳槽频繁,严重影响企业的生产经营;同时,工人流动性也导致工人的合法权益难以保障,劳资纠纷时有发生。在这种情况下,企业建立行业工会,开展行业工资协商十分必要。2005年6月1日,温岭召开行业工资集体协商工作现场会,实质性开展行业工资集体协商工作。

行业工资集体协商的基本做法:一是制定行业计件工资单价,主要是划分工种工序,作为计件工资的依据;制定工时定额,根据羊毛衫行业的特点和实际情况,确定各道工序的劳动定额;确定计件工资单价,以当地农村普通计件工的日实际工资为参照标准,再考虑当地政府规定的最低工资标准、本地的物价水平和社会平均工资情况,确定计件工资单价。二是建立行业工会,由行业工会作为

---

① 2007年11月26日,国务院总理温家宝在国务院办公厅秘书局《专报信息》转载的《浙江温岭市新河镇羊毛衫行业工资集体协商机制的主要做法》上批示:"温岭的做法可以总结推广。"2007年12月11日,中共浙江省委书记赵洪祝在《中央领导同志重要批示》上批示:我们要认真落实温家宝总理的批示,配合全总做好工作总结的事宜。另外,类似这样的做法应首先在浙江推广。浙江省省长吕祖善批示:"加元同志,要很好总结并推广温岭新河镇的做法。""工资集体协商制度"作为新一届政府2008年的一项工作写进了温家宝总理在2008年3月8日第十一届全国人大第一次会议上作的"政府工作报告"。

参加工资协商的职工方代表,承担着维护职工合法权益、共谋企业发展、建立劳资双方定期协商制度等职能。三是开展行业工资集体协商,劳动者代表与行业协会就工资价格发表了自己的意见,达成双方可接受的方案,在协会提出的计件工资单价的基础上适当提高。基层党委政府和劳动管理部门以组织者和监督者的角色参与工资集体协商,由行业工会和行业协会签订行业职工工资(工价)协议书,作为企业与单位职工签订劳动合同的附件,并约定行业工资协商每年进行一次,从而使行业工资集体协商成为一项经常性的制度。目前,温岭市已经建立长屿羊毛衫、泽国泵业、横峰鞋业、新河南鉴帽业等 14 家行业工会,覆盖 600 多家企业,6 万多名工人。

行业工资集体协商制度使职工在工资关系上从"被动接受"向"主动协商"转变,增加了工资分配透明度,大大改善了行业内用工无序竞争的状态,优化了企业的用工环境。职工在行业内任何企业都能享有同等的工资待遇,工人免去频繁跳槽、企业不用相互挖人,降低了企业用工的交易成本。通过行业工资集体协商,企业主与职工得到了进一步沟通,使企业和劳工双方在工作目标与利益取向上达成共识。温岭市行业工资集体协商的实践,稳定了劳资关系,维护了职工的合法权益,促进了企业的发展,营造了公平有序的发展环境,企业之间形成了同生存、共发展的良好局面。2006 年,新河羊毛衫行业基本实现了工资纠纷零投诉,行业工资集体协商制也很快在全国许多地方得到推广。

行业工资集体协商制是在地方政府引导和推动下建立的劳动力市场良性发展的新秩序,地方的党委政府、企业的行业协会、职工的行业工会三方分别体现了执政党领导的政府职能、资本价值和劳动价值在这个市场经济新秩序中得到统一,三方共同成为这个市场新秩序的构建者和维护者,新秩序的建立促进了社会关系的稳定与和谐,具有历史性的进步意义。

2.5 总结性评述

在市场经济不发达、不完善的阶段,地方政府通过制度创新推动民间力量的成长,以增强市场活力。随着经济发展水平的不断提高和经济市场化程度的提高,台州地方政府开始探索改善政府治理职能,建设服务型政府以更好地促进地方经济发展。台州地方政府探索建设服务型政府的经验说明,政府职能转变的前提是市场化水平的提高和市场体系的不断完善。

2.5.1 经济民主化是政府治理的权利也是成本

经济民主化的特点是：自由的市场准入，各种经济体能自由地参与市场；有相对完善的法律和市场制度，保证市场的基本公平和公正；抑制垄断，尤其是抑制行政行为制造的市场垄断；科学决策，特别是经济发展的决策机制比较科学和透明；舆论自由，在经济领域有较大的舆论自由，且舆论能对经济决策形成监督。

市场是否自由和开放是经济民主化的限制性条件。改革开放30年来的事实和经验证明：在市场化先行和经济率先发展的地方，企业未必需要民主、但一定需要自由。经济增长与民主发展并非只有民主国家独有，经济停滞也并非只属于非民主化国家，反之亦然。经济市场化和民主化并非一定要以政治民主化为前提，即经济增长和发展与国家政治体制没有关联性。

政府掌握的经济资源越少，对经济发展的影响力也越弱。参与市场竞争的民间主体进行各自独立的决策能够以最高的效率向市场提供产品和服务，但数量众多且分散决策的主体却不能使市场秩序始终保持有序运行机制，经济增长和结构转型应该是以众多的民间主体以互惠的方式解决经济体系中的配置资源解决冲突为前提。由于经济决策的分散性在制序效率方面存在不足，迫使市场经济主体需要一个具有调控市场能力的地方政府。经济民主化既培育了需要自由竞争和开放规制的市场主体，又增进了政府调控市场能力的提高。

地方政府对市场的激励是有效的，但政府的经济激励行为的作用也是有限的。在台州市场化初期，地方政府的政治激励是以放松管制为基本特征，以政策"不可为而之"的方法、通过反复多次的"试错—纠错"机制，让民间获得放松管制壁垒之后的经营机会，使民间主体较早进入市场化发展路径，并走上率先发展的道路。在基本经济资源归政府控制的经济结构中，政府必然要利用可分配的稀缺资源来实施激励，同时还有种种现金支付的奖励制度，但是这种现金奖励方式并不受企业欢迎。企业反映出的情况是：与其说政府提供的这些奖励对企业发展有推动作用，还不如政府提高服务企业的水平和效率能够更好地促进企业的发展。所以，在这种激励机制之外，在投资的动力之外，当创新成为经济发展新的主要动力之后，地方政府为鼓励区域发展进行的地方性制度创新，应该转向非利益导向的激励机制，如规范市场竞争制序、保护知识产权等。

在激励民营经济发展过程中，各级政府应当努力减少政府直接参与或干预经济活动，重点突出民营企业的市场主体地位，完善基础设施，降低制度成本，改进政府服务等方面的措施。台州民营经济发展和壮大主要靠两条：一是群众在发展民营经济方面的创新行为；二是群众的创造与党委、政府的良性互动。这是台州改革取得成功的根本经验。台州历届党委、政府顺应群众发展经济的要求，尊重群众的首创精神，依靠民间和市场的力量，率先突破计划经济体制的束缚，走上市场化改革的道路，政府实行的经济运作方式转向市场化。

2.5.2　充分市场化是政府转变职能的前提和动力

低水平的市场经济会制约政府职能转变。经济发展方式转变的主要困难来自于市场体制的不完善。党在十三大就提出经济发展要从粗放经营为主逐步走向集约经营为主。十四大提出努力提高科技进步在经济增长中所占的含量，促进整个经济由粗放经营向集约经营转变。十四届五中全会明确提出，实行经济增长方式从粗放型向集约型的根本性转变。党在十五大、十六大对转变经济增长方式提出了新要求，但转变经济发展方式的进程不尽如人意。

市场化进程并没有如企业所愿，企业发展所需要的高端市场体系并没有形成。目前低端要素市场的生产要素如商品、劳动力要素的市场化程度相对来说比较充分，而土地、资本、技术和人才的市场水平不高，民营企业为实现产业结构内部高次化所需要的技术市场、人力资本、企业家才能、制度供给则显得很不充分。传统经济增长方式主要靠实物资本和劳动力要素的投入来推动不同，现代经济的增长主要通过知识、技术及制度的不断创新来推动。随着人们认识的深化，生产要素的组合使用越来越复杂，要实现产出比投入的更快增长就必须深入研究经济增长方式问题。

经济市场化是政府转换职能的前提和动力。毫无疑问，在"台州内生发展模式"中，在工业化和市场发展的不同阶段，地方政府的制度创新产生与经济发展阶段相适应的推动作用，对当地经济发展所产生的影响力是不可替代的。这种创新集中表现在地方政府通过放松管制和消解壁垒，产生了降低交易成本、激发企业活力的效果，并转化为推动台州经济快速发展的重要因素。

从市场机制的运行中存在的各种矛盾来看，完善市场机制远比启动市场经济体制更加重要，也更加困难。经济发展中长期存在的结构不合理、增长质量不高的问题，直接表现为民营经济发达地区普遍存在资源短缺、环境污染、生态失衡、劳动力素质偏低和收入差距偏大等低水平工业化现象，这种现象的存在制约了经济发展方式的转变。由于宏观层面的市场机制没有完善，地方政府转变职能的行为只能比较多地集中弥补市场经济体制机制的不完善和不充分的环节，而不可能有较大的突破，这就是为什么温岭民主恳谈无法突破乡镇层面的原因。

政府服务经济发展的行为不能停留低水平的服务层次上，随着市场化进程的深入，经济发展更需要政府提供更高水平的服务，以促进经济结构的调整和发展方式的转变。因此,探究政府对经济发展的积极影响,将从前瞻的意义上揭示政府的制度创新与经济发展之间的增进式博弈。浙江台州出现的围绕地方改善治理绩效的制度性创新,如体现服务型政府的"为民办事全程代理制",体现党内民主的"党代会常任制"和"党代表任期制",体现改善政府治理的"基层民主恳谈",以及由此衍生出来的"参与式公共预算民主恳谈"、"行业工资集体协商"、"重大公共事务民意代表制",都能体现地方政府通过制度创新改进地方治理。实践证明,市场体系和市场机制的完善是政府职能转变的前提。

3 政府发展导向与产业集群成长

产业集群是民营企业发展的重要载体,也是民营经济专业化的表现。地方政府的有效干预不仅改善了专业化产业集群的发展环境,增强了企业的竞争力,也与区域经济增长构建了内在逻辑关系。台州产业集群始于家庭工业的小规模生产集聚,借助专业市场的产业功能提高了获得资源和市场的机会,进而扩张成为专业化产业区。生产规模扩大和专业化产业链的形成增强了同质生产要素在一定区域内集聚。一方面,这种集聚推动了同类产品生产企业在一定区域的集中,使专业化产业区成为新的经济增长极;另一方面,专业化产业区的形成也加剧了同质企业的恶性竞争,给产业发展带来了负面影响。地方政府为解决这种恶性竞争,通过整顿市场秩序、增加要素供给、引导发展方向来引导产业走良性发展道路。

3.1 台州产业集群的结构分析

产业集群是民营企业空间集聚的表象,本质是民营企业在市场机制影响下扩大产业空间、提高企业市场生存机会和成长几率的市场行为。产业集群是随着经济发展而产生的经济现象,这种大量企业和相关机构在一定区域的集聚,一方面使产业群平均成本下降,另一方面使集群中单个企业的平均成本下降,形成产业群的无形资产。

3.1.1 民营制造部门的兴起

新中国成立后,台州地处"海防前线"要地,工业部门的发展受到限制,只有少量的地方工业。1949—1978 年,国家在台州的投资累计 4.6

亿元,人均 102 元,同期全国人均为 600 元,浙江省人均为 240 元,在其中 4.6 亿元中,42％用于农业基础设施建设,①这就决定了台州的工业基础相当薄弱。

第一阶段是 1958 年前后的"大跃进"年代。台州出现各类工业企业 870 多家,以国家为投资主体,钢铁、机械、化工和造纸类企业是当时主要投资领域,同时,农村办起小高炉、小化肥、小五金、小农具和小砖瓦等"社队企业"。在国家对生产资料实施严格计划控制的背景下,这些社队企业缺少原材料,农村组织社员们走村串户上门收购废旧钢铁,为"五小企业"组织原料,这是台州废旧金属回收业的雏形。随着"三年困难时期"的到来,这一时期创办的"五小企业"基本上关闭,没有成为农村集体工业。但是,民间已经从兴办农村工业企业中感受到了办工业的好处,明白了办工业的经济利益远高于农业,工业化已经在农民心中扎下了根。

第二阶段是 20 世纪 70 年代。70 年代初期,"文革"两派武斗,许多工厂停工,而一些正常开工的工厂依然需要业务支持。一些城市工厂转向农村社队企业寻求业务协作,使这一时期的农村社队企业获得了机会。农村集体再一次出现兴办"五小企业"的热潮,这些"五小企业"使用许多上山下乡的知识青年,他们不仅成为"五小企业"的技术骨干,还促成了当时城市与农村"厂社挂钩②",形成"设备靠换旧、技术靠退休(师傅)、供销靠亲友"的经营特点,企业在技术来源和市场销售方面有了较大进步,这些农村社队工业成为后来民营工业企业的源头。例如,玉环县坎门镇在集体渔业大队兴办的农机修理厂和机械实验厂基础上,创办了坎门的汽车—摩托车配件产业;临海大汾光学仪器厂诱生了杜桥眼镜产业,天台洪畴的胶带厂诱生了当地的橡胶制品业。这一时期需要特别注意的是,这些"五小工业"企业没有主管部门。随着后来大量知识青年离乡进城,这些"五小工业"企业失去技术骨干和业务关系,相当一部分企业面临生存困难。一些掌握了社队企业业务关系的企业管理人员借机控制了企业,部分企业的经营权、控制权逐渐转移到这部分人的手中,这是台州"五小企业"早期民营化的开始。

第三阶段是改革开放以后。改革开放初期,台州依托海门港与上海、宁波等地建立了紧密的市场联系,使临港的海门—路桥—泽国一线成为台州区域制造业率先发展的地区和交易市场最活跃的地区。70 年代末 80 年代初,在海门—

---

① 数字资料由台州市社会科学联合会副主席谢绍银提供,在此表示感谢。

② 当时,城市知识青年的父母及其所在单位为了让自己的子女在农村得到照顾,运用自己在城市的有利条件,帮助为自己子女所在的农村生产大队寻求加工业务或者销售产品。农村的生产大队也利用这些知识青年在城市的家庭关系发展相应的农村社队工业,农村社队工业一度形成"厂社挂钩"的发展局面。

路桥—泽国一线产生了化工、五金、日用品、绣衣等产品加工中心和集散中心,使台州沿海的区域首先成为食品加工、纺织、机械制造、麻帽及化工制品等行业的集聚地,产业集聚发展成为产业集群和专业化产业区。从 1984 年开始,台州地方政府大力发展乡镇企业,其中大部分属于"戴红帽"企业,在当时商品短缺时代,小企业率先进入广阔的市场空间并获得了丰厚的投资回报。特别是 1992 年以后,台州南部地区的"戴红帽"企业显示出强有力的成长性和竞争力。1992—1996 年间,台州经济进入高速发展阶段。

与此同时,在台州数量不多的国有企业里,相当数量的技术骨干和管理骨干在股份合作企业丰厚利润回报的刺激下纷纷离开国有企业,以自己所掌握的技术、管理和客户资源,依靠民间小规模资金(各种形式的"会"、民间借贷、民间集资以及银行贷款在这一时期广泛出现)创办企业,生产与国有企业相同的产品,利用原来在国有企业工作时所掌握的经营资源,同时发挥小企业自主经营的优势,使自己的产品抢占了国有企业的部分产品市场,不但使企业获得了成长空间,还诱发了从事生产关联产品的企业大量涌现,使台州当地呈现出产业协作和产业链扩张的趋势。例如,台州的眼镜制造业、缝制设备制造业、水泵制造业、塑料制品制造业等行业出现的专业化产业集群现象都是在这一背景下发展起来的专业化产业区。

3.1.2 制造业集群的产业格局

台州早期形成的产业集群具有典型的草根性。主要表现在三个方面:第一,企业基本上分布在乡村,农民借助农村经济改革政策率先进入工业领域,企业普遍没有得到国家计划的支持;第二,企业的创办人基本上是农民出身,当时的农民文化水平较低,大部分只有小学文化,缺少必要的专业知识;第三,很多农民基本上是从无到有把企业创办起来,但这些农民企业家一步一个脚印地与企业共同成长,许多人成为真正意义上的现代企业家。

(1)台州产业集群的空间分布。在没有产业发展规划的背景下,台州专业化产业集群的空间分布自发地呈现为依托交通干线的带状分布特点(图 3-1),核心地带是台州南部沿海地区,北端始于椒江北岸的杜桥和前所,南端是玉环县的陈屿和大麦屿,中间由椒江(含洪家、下陈)、路桥(含螺洋、峰江、新桥)、泽国—大溪(山市、潘郎)、泽国—太平(含牧屿、横峰、石粘)、清港—楚门(沙门、龙溪、干江)、芦蒲—珠港(含玉环城关、坎门、陈屿)中心轴线组成关键节点。这一核心地带是企业密集分布区域,尤其是台州南部的椒江、黄岩、路桥三区以及温岭市和玉环县,其陆地面积仅占台州辖区的 29%,却聚集了台州全部工业企业单位数的 78.9%。

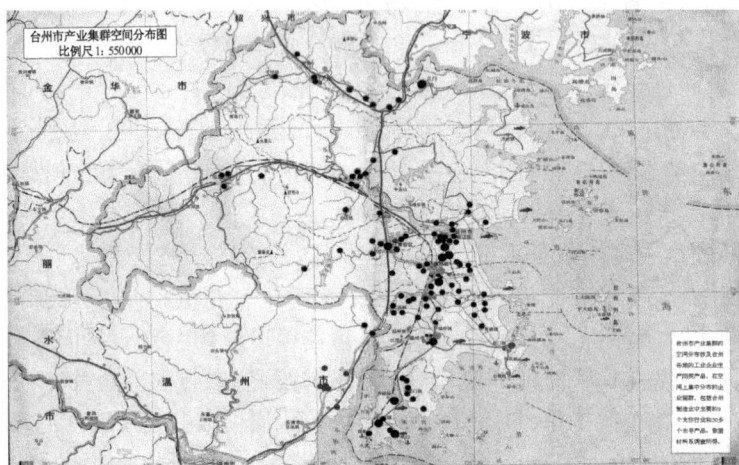

图 3-1 台州的产业集群空间分布(2005 年)

台州专业化产业群的核心区域集中在这一产业带上,如图 3-2 显示出了位于椒江、黄岩、路桥、温岭和玉环的塑料制品产业群;玉环、温岭和路桥的汽车摩托车金属类配件,温岭、路桥、黄岩的汽车摩托车塑料类配件,椒江、温岭、玉环的橡胶密封件配件;温岭横峰、大溪、牧屿、泽国鞋类制品及泽国鞋帽专业市场;温岭大溪、山市、法国的水泵和空压机;椒江和黄岩的医药化工和精细化业;椒江北岸的杜桥、前所和玉环大麦屿的眼镜及配件制造业;玉环、路桥、黄岩的阀门及部件;玉环和路桥的制冷设备及部件制造业;椒江下陈和三甲、路桥一带的缝纫设备及配件等在台州具有代表性的专业化产业集群。产业集群在空间的分布具有"同类共生"的特征,即同一类产品不是局限在某个地点,而是在一个有效半径内的多个地方同时存在,通过同一种产品使大量处在不同生产环节的企业建立起企业间的协作关系,以专业化产业区为载体互构成为相互依赖的产业链。

(2)台州产业集群的内部结构。成熟的产业集群通常由核心企业、关联企业和服务部门组成,集群的成熟程度是由来自集群内企业间的互补性和竞争力决定的。台州产业集群在行业协作之间建立了较好的协作关系,明显呈现出产业链的特性。在制造业中,上游设备制造业、中间配件制造业、终端产品制造业之间的相互协作体系支持了专业化产业区的形成和集群规模的扩大,还支持了相关行业的发展。例如,作为上游部门的模具加工业就支持了台州的塑料制品、机械制造业的发展,由于具有模具这一母体产业优势,台州形成了汽车和摩托车的塑料配件、日用塑料制品、鞋类制品、橡胶制品等行业专业化产业集群。由于模具制造业和摩托车配件制造业的存在,还派生出了台州电动自行车行业快速发展,其特征就是电动自行车的摩托车化。目前,台州已经成为国内摩托型电动自行车的主要产地,现有生产电动自行车的企业分布在黄岩、路桥、椒江和温岭,成为一个新的产业集群,这与台州的模具制造业和摩托车配件制造业、机械制造业的存在具有紧密的市场联系。

由于行业内部的协作关系较为紧密,提高了产品的市场影响力和市场竞争力。20世纪70年代末期兴起的台州温岭制鞋业,2007年有注册企业4150多家,工人17.2万人,年产量7亿多双,年产值220多亿元,是全球主要的注塑、注浇鞋生产基地之一。产品以中低档注塑、浇注皮鞋为主,企业集中在泽国、横峰、大溪、城东、城北、温峤等乡镇。在温岭的制鞋业产业集群中,由成品鞋生产企业、鞋用材料生产企业、制鞋设备生产企业、横峰鞋用材料专业市场、泽国鞋革商城、大溪鞋业园区、中国皮革和制鞋工业研究院温岭鞋业研究所、温岭鞋业大厦、温岭政府针对鞋业提供的品牌、科技和人才三个服务体系等组成的温岭鞋业产业链。

在产业集群中,我们看到了企业、政府、协会在各个环节的协作关系,由此产生了企业高度分工,分工降低成本,服务提升品质,进而提高了行业的竞争力。

(3)专业市场群对产业集群功能的扩展效应。与台州制造业产业集群相伴生的是台州的专业市场也呈现出集群分布的特点,专业市场集群与专业制造集群的互惠式结合更加突显了台州专业化产业区的特色,台州路桥区的制造业专业区与专业市场群互动发展是专业市场与制造业共同发展的佐证。20世纪80年代初,台州路桥小商品批发市场和废旧钢铁市场开始起步,到2006年,有72个交易市场,专业批发市场33家,其中生产资料市场28个,经营户多达2万多户,2005年,各类市场商品成交额247.67亿元,2006年为268亿元,形成了路桥的市场集群现象。

路桥区的专业市场群由三类市场组成:一是以中国日用品商城为代表,由路桥小商品批发市场、浙东南副食品批发市场、台州市电子电器市场等为主体的日用工业品批发市场群;二是以路桥蔬菜批发市场为代表,由水果批发市场、大棚蔬菜批发市场、水产品批发市场组成的农产品专业市场群;三是以机电五金市场为代表,由废旧物资市场、建筑装饰市场、钢材市场、机械设备市场、塑料化工市场等构成的生产资料市场群。在路桥,塑料制品、电动工具、水泵、机械设备、电动机等产品不仅是路桥专业市场交易的主要商品,也是路桥制造业中具有市场优势的商品。再生有色金属、废钢铁、矽钢片、再生塑料也是路桥生产资料市场的大宗交易商品,这些专业市场牵连着大量的当地制造企业,成为台州专业化产业集群的组成部分。台州的专业市场群与制造业产业集群在产业关联上具有一体性。

图3-2为台州塑料制品专业化产业集群示意。

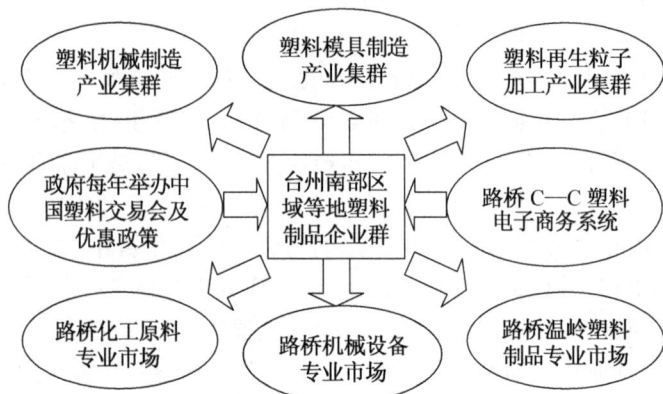

图3-2 台州塑料产业集群的内部结构与分工

以台州塑料制品行业为例。台州塑料制品产业群是由原料批发市场、再生原料加工业、塑料成品制造业、成品批发市场、生产设备交易市场和设备制造业、模具制造产业等部门组成的塑料产业群。原料来自路桥的化工原料市场,塑料生产设备来自机电五金市场,产品通过中国日用品商城和大溪镇的塑料制品交易市场销售,塑料制品生产企业集中在路桥、黄岩、温岭和椒江等地,塑料机械制造企业集中在温岭、路桥、黄岩等地。路桥的中国日用品商城和中国塑料制品交易网为塑料制品业提供行业的即时和短期内的市场动态和供求信息。路桥每年一次的中国塑料交易会展给台州的塑料制品和塑料机械制造业指明了行业发展的趋势和方向,如关于塑料制品的发展方向、市场供求与竞争动态、新原料材料、新型加工技术、新型生产设备、塑料技术人才等,这是为台州塑料行业提供长时段发展方向的市场形式。塑料及相关制造业成为台州经济结构中的一个区域性产业品牌。

对于台州的制造类企业来说,专业市场精简了交易环节、提高了成交率,促进企业经营效益的提高;通过专业市场的集中交易,为众多的交易商提供市场信息、节约获取市场信息的成本;通过在市场的直接交易降低谈判、签约、履约等交易成本,从而降低市场风险。对于大多数小企业来说,路桥专业市场构建了企业从生产到销售的最便捷商业环节,弥补了企业因规模偏小而无法建立销售网络的不足。路桥专业市场群所涵盖的生产部门,恰恰就是当地的小规模制造业分布集中的工业部门,充分满足当地制造业发展的需要。台州大量中小企业构建的区域产业集群与专业市场的良性互动,有效克服了台州先天资源不足的困局,推动了台州经济高速发展。

由专业批发市场与专业制造企业形成互为支撑产业关系,台州产业集群在本质上是一种内生的市场制序,制造类产业集群的发展促进了专业市场群的繁荣,专业市场群的繁荣又带动了台州产品市场占有率的提高,专业市场群的优势形成进一步促进了生产规模和区域品牌的形成,进而从整体上提高了台州的区域竞争力。值得注意的是,在台州的专业市场群中,与制造业关系紧密的生产资料专业市场的交易规模增长速度越来越快,超过了消费品类专业市场,生产资料专业市场对关联行业的影响力也日益扩展、空间影响范围进一步扩大。产业的集群化发展使台州工业产品以较快的速度占领同类产品市场,以较低价格构成产品的市场竞争力。

(4)产业集群中的企业结构。1978—2006 年,台州个体私营工业的企业数从 412 户增加到 92360 户,2006 年实现工业产值 1500 亿元,占全部工业总产值的 40.5%。规模以上工业企业 5000 多户,民营企业在多种所有制企业中共同发展、相互竞争。20 世纪 80 年代以来,台州各种所有制工业企业的蓬勃发展构成了台州产业集群的基础。台州产业集群在组织构成上有两个特点:第一,从企业规模来看,产业链长的行业中,企业的数量也越多,规模大小不一的企业间形成一定的协作关系,增强了产业集群的根植性。在台州缝纫设备产业群中,有一批国内外市场上知名的企业,在年产值 1000 万元以上的生产企业中,如飞跃集团、中捷集团、宝石集团等企业的技术、品牌、管理方面都存在明显的优势,在核心企业的带动下,台州的缝制设备产业链上的生产规模大小不一的生产企业呈现出梯次分布。这种现象也表现在汽车—摩托车及配件、微型水泵等行业特征相似的专业化产业集群当中。与此同时,这些行业中,由于大企业不断地创造出新的市场机会,在行业的资金进入门槛不高的生产环节上,小企业以协作者的角色加入这些行业,扩大了产业集群的基础。所以,在台州专业化产业集群中,从企业数量上存在着大量规模较小的企业。在某种程度上,台州大量的小规模工业企业是与当地、大量是外地的国有企业协作分工过程中发展起来的。台州大量的汽车摩托车配件生产企业就是为国内国有的汽车摩托车生产企业提供配件发展起来的。

第二,在劳动密集型产业集群中,部分行业因为产业链较短,集群中没有产生规模较大的核心企业,企业间的发展水平趋于一致,集群内的企业没有形成分工的协作秩序,产品的技术含量偏低、差异化趋势不明显,从而导致集群的竞争力不强。产业集群的竞争力在不同的专业化集群之间存在较明显的差异,劳动密集型行业的集群中的普遍现象是企业数量较多、规模偏小,技术结构偏低,市场竞争力较弱,且在较长的时期内没有形成对集群有影响力和起示范性作用的核心企业。台州路桥区的螺洋街道,有一个专业从事生产布质拖鞋的上倪村①,从1986年开始,这个村一直专业从事生产室内布质拖鞋,全村250户村民中有150多户从事拖鞋生产,但这个村每年的生产规模长期以来一直徘徊在1.5亿~2亿元之间,没有实现集群规模的扩张式发展态势。类似的低技术产业集群还在台州较多的地方存在,如温岭新河的自行车坐垫业、工艺草帽业;临海东塍的彩灯灯泡业、椒江章安的被套加工业等专业化产业集群,由于长期依赖简单劳动力的加工,企业长期处于低技术状态,这类集群的规模一直没有出现带动集群发展的龙头企业。相反,这些集群在行业中的地位存在很明显的不确定性,导致产业集群的竞争力偏低。

3.2 产业集群的内生机制分析

经济体制转轨过程中,由于原有的公有制企业效率低下,台州企业家以敏锐的市场眼光及时把握市场机会,通过民间的互惠式的经济合作关系迅速组织资金、劳动和技术等生产要素,替代了原有的国有企业来满足市场需求,同时也促进了台州产业集群的快速形成。而地方政府为追求区域经济快速发展,制定一系列促进产业发展的导向性政策,进一步加快了产业集群的扩张和成长。

---

① 这个村位于台州市路桥区的螺洋街道,2006年全村人口250户883人,其中190户为青壮年户,130多户专业生产拖鞋,30多户从事与生产拖鞋相关的配件加工业。上倪村1986年开始生产拖鞋,1992年开始大规模生产拖鞋,1995—1998年最盛。2002年有注塑机30台,专业生产拖鞋的鞋底,注塑鞋底的模具和生产鞋的机械设备在台州温岭制造,布质面料来自绍兴柯桥和路桥本地(大户从柯桥采购面料,柯桥的面料生产高档拖鞋;小户从路桥采购面料,路桥的面料生产低档拖鞋。一些更大的专业户为了保证自己的拖鞋外观不被仿造,往往直接从厂家采购面料),销售途径主要是由经销商来收购,或者在路桥日用品商城和路桥小商品市场出售,由路桥的转运市场销售各地,主要的销售地是河北、东北和广西及俄罗斯、东欧国家等地。年产拖鞋1500万双,年产值1.5亿元以上。生产注塑鞋底的专业户每年盈利40万~50万元,生产拖鞋的专业户每年盈利15万~20万元。专业从事拖鞋生产的启动资金规模在25万元左右,其中16万元左右用于购买机器设备,其他部分作为周转资金使用,每个经营户雇用劳动力12~16人,都是外地劳动力。由于专业户都同处一个村,生产户的血缘、地缘和亲缘关系在专业生产中得到充分体现,特别是在销售环节和资金周转环节,生产户之间互帮互带的现象非常普遍。

3.2.1 台州产业集群的形成机制

20 世纪 70 年代末,农村经营体制改革为农民的自由经营创造了条件,农民进入工业领域并获得了相当的市场机会,他们模仿国家的工业化经验,组织民间资本进入制造业,也以相互模仿的路径进入制造业,形成台州数量多、规模小的产业集群。台州形成产业集群有四个有利条件:一是分享原有国有、集体企业的经济信息,如原料来源、技术设备、市场分布、业务关系等,缩短了进入市场的时间周期;二是创业者根据他人的创业经验直接模仿经营模式,并筹集民间资金进入制造业,这就使后进入者的机会成本比较低;三是小规模资金成就了多企业合作,小企业无法完成所有的配件生产,只有借助本地其他人的资金提供相互配套的产品,形成相关行业的产业链;四是民间融资为资金规模偏小的企业提供了配套的融资服务,提高了企业的生产能力,进而增强了参与外部市场分工的机会和能力。

(1)民间资本成为产业集群的有效的资金供给来源。台州从事长途贩运的商贩、原国有企业的销售人员、管理者等人员与外部市场联系密切,掌握了转型阶段短缺市场上的供求关系的充分信息,他们成为台州产业集群形成初期的创业者。初始资本对创业者是硬约束,由于严格的金融管制体制,民间企业很难从国有金融部门获得创业资本,只能依靠自己的血缘、亲缘等社会关系筹集初始资本,通过各种民间传统的"钱会"、"银背"来融资,这些社会资本单个数量多而资金总量少,导致产业集群形成初期的企业规模普遍较小。另一方面,家庭联产承包责任制使大量农村劳动力成为创业者,他们大多选择个体创业,决定了早期创业者是规模偏小的家庭工业户。因此,资本和劳动力的条件决定了台州当地的早期创业者普遍选择投资规模小、劳动密集型行业成为历史必然。以温岭大溪镇塑料制品产业集群为例。在 20 世纪 80 年代末,一户家庭购办塑料加工厂,只需要买一台注塑机就可以开展生产。注塑量为 200～1000 克注塑机,每台价格在 14 万～40 万元之间,资本实力较强的家庭企业购买 3～4 台注塑机,雇佣 3～5 个工人生产。在台州产业集群形成初期,农村剩余劳动力尚未经过正规训练,他们只能从事技术要求不高的粗加工行业。而国有企业固有的低效率和民营企业的灵活机制为技术骨干从国有企业中分离出来、在工作日之外为民营企业提供技术指导成为可能。

在台州产业集群的起步阶段,民营企业往往进入资金和技术门槛较低的生产领域,这是创业者在国家金融政策约束和内生技术约束条件下的理性选择。在民营企业兴起过程中,公有制部门的人力资源,特别是"流动性强"的技术、管理等人才陆续流向民营企业,这是追求高收益率的生产要素对体制落差的理性回应,客观上促进了民营企业的快速发展。

(2)专业市场集群的形成促进家庭工业克服市场的进入壁垒。随着台州塑料制品、模具、制泵、汽摩配等行业的成长,台州民营企业对钢铁、石化、铝材等原材料的需求也急剧增加。在计划经济年代,国家严格控制钢材、石油等生产资料的供应,民营企业很难通过正规渠道获得计划供给指标。在巨大市场需求诱导下,台州从事废旧物资收购的人员大量增加,他们通过回收废旧物资集中交易,发展成为废旧物资专业市场,废旧物资交易使台州民营企业获得了稳定的廉价的原材料。路桥峰江镇的废旧物资市场汇集了从全国各地以及日本、美国、俄罗斯等地收购的废旧金属及机械设备。这些废旧金属可以重新加工成薄板材料,较大的可做家用电器冲压件,稍小的可做垫圈;厚的可做小农具和小商品中的合页,薄的可做轴承密封圈、胸针等等,废旧金属利用率达 90% 以上。以废旧金属市场为依托,峰江镇形成了各种废旧金属加工专业村,十份村有 200 多个废旧电器、电机和机械设备拆解加工企业,是远近闻名的"拆解专业村";李蒉垟、后黄等村办起 200 多个冶炼加工厂,为当地生产企业提供铜、铝坯料;僧桥村利用当地金属原料办起家庭拉管工厂,大量生产钢管,被誉为"拉管专业村";玉露洋村则利用当地废旧电器中拆解下来的黄铜资源,购入熔铜、拉丝等加工设备,生产各种规格的铜丝。钢丝又供给路桥当地的电缆生产企业,废旧金属市场及其衍生的废旧金属加工业、金属加工企业形成完整的产业群和产业链。

由于台州产业集群形成初期的民营企业单体规模普遍较小,没有能力建立独立的营销网络,集中交易的专业市场为中小企业提供了共享的销售网络,放大了企业的生产规模。20 世纪 80 年代中期,路桥区办了 22 个专业市场,占地面积近 10 万平方米,日客流量约 15 万人次。1988 年上述市场成交额共 4.53 亿元,占当年台州地区市场成交额的 26%。专业市场降低了小企业的销售费用,改善了产销双方信息不对称关系,也缩短了产业进入市场的周期。专业市场群带动市场周边产生 220 多个专业村,路桥市场的主要交易产品如产自黄岩及温岭的塑料产品,产自黄岩新前、椒江洪家的羊毛衫,产自黄岩、路桥的服装,产自温岭的鞋帽及水泵、五金等。峰江街道辖区内以废旧金属市场为依托,发展了金属拉丝、水道、卫生洁具产业。2001 年台州有各类市场 569 个,其中消费品市场 464 个,大量专业市场为台州产业集群中的小企业提供了销售网络和信息平台,促进了民营企业的资本积累。

台州当地充裕的劳动力、低廉的原材料和发达的市场网络,使台州民营企业在激烈的市场竞争中获得了较强的竞争优势。在这种情况下,一旦企业家发现新的市场机会组织生产,通过邻里效应,其他村民能够马上获取信息,迅速进入同类产品生产领域,使企业数量在短时间内出现爆发式增长,并逐步在周边地区形成产业扩散,最终在当地形成该类产品的产业集群。专业市场的功能之一就是把大量小规模企业或家庭工厂集中起来,以小见大,壮大了小企业的市场影响力和产品竞争力。

3.2.2 台州产业集群的成长机理

台州产业的扩张包括企业数量的增加和企业规模的扩张。经验表明,同类企业数量持续增加往往是产业集群形成的初期特征。受市场需求的拉动,新加入企业不断进入导致市场日趋饱和,随后企业数量扩张开始放缓,企业之间出现激烈的价格竞争和产业整合,产业集群的发展壮大逐步由企业数量扩张向企业规模扩张转变。企业在规模扩张初级阶段获得超额利润构成了民营企业资本的初始积累。这种积累取决于两方面:一是企业的专业化分工不断降低生产成本;二是企业通过产品差异化和产品多样化获得更高的收益。

(1)基于专业化分工的配套生产体系。在产业集群内部,生产同类产品的企业在特定地理区域内大规模集聚,使企业内分工外化为企业间分工,而这种企业间分工的极限在于产品生产在技术上不可分的结合体,产业集群的专业化提高了生产效率,上下游企业相互协作也节约了运输成本。产业集群内绝大多数是专业化企业,这些专业化企业往往为一家或若干规模较大的核心企业提供零部件的配套生产,从而形成以价值链为纽带的"核心—外围型"配套生产体系,就是基于企业间专业化分工形成的配套生产体系,也是台州产业集群持续发展的奥秘。

产品在各道工序的最佳生产规模实际上并不完全一致,单个企业内的所有分工生产并不一定使企业的分工处于最佳规模。但是在产业集群内,充分的企业间分工导致从事特定分工工序的专业化企业出现,他们通过转包零部件的生产任务,使产品生产过程中的每道工序都可以实现最佳生产规模。这些专业化企业主要通过接受核心企业的委托业务生存,由于订单数量的不确定,专业化企业的协作业务是多边的,从而出现了专业化企业之间频繁地转包生产任务现象。即当订单量超过企业的最佳生产规模时,便向外转包生产任务,支付加工费;当订单量低于企业的最佳生产规模时,便接受其他企业的转包生产任务,获取加工费。

每道分工工序都存在大量专业化企业这一产业组织结构有效地对抗了市场波动对企业生产的影响,使专业化企业可以在整个产业协作链上组织柔性化生产,取得最佳的生产效率。因此,产业集群内的最终产品与群外生产的最终产品相比具有明显的成本优势。以路桥—温岭摩托车产业集群为例。浙江钱江摩托集团公司是台州最大的整车厂之一,在台州范围内长期为其提供配套服务的零配件生产企业800多家,主要分布在温岭、路桥两地。这些配套企业分别专业于碟刹、制动盘、气门挺柱、齿轮、起动电机、发电机、鞍座、摇臂总成、油箱、车架、制动器、前后轴、点火器、橡胶件等摩托车配件产品的生产,与钱江摩托集团之间建立起长期稳定的合作关系。由于获得稳定的低成本零配件供应和运输成本的节省,钱江摩托的生产成本仅为国内同类企业的2/3,在价格上具有竞争力。在玉环阀门产业集群内,目前相关行业已经形成了从各类模具制作到铜棒加工、锻造、电镀、抛砂、装配、包装等各个生产环节相衔接的专业化分工配套协作产业链,阀门制造及配套加工工艺的生产效率比国内其他区域高出约15%～20%。事实上,工序的最优规模与该工序上的企业数之间存在反向关系。在温岭水泵产业集群内,塑胶电线生产企业有100多家,微型电机及配件生产单位有210多家,水泵机壳铸件生产单位有1100多家,单铸件及模具生产单位有1700多家,水泵整机装配企业1600多家。这表明塑胶电线的最佳生产规模最大,水泵整机装配的最佳生产规模最小。通过专业化企业提供配件生产,使得温岭水泵的价格仅为国内同类厂家价格的1/2～1/3,极大地增强了当地水泵产品在市场上的竞争力。

企业间专业化分工的充分发展也导致频繁的中间产品交易,而大规模中间产品交易的顺利实现依赖于高效率交易机制的运行。台州专业生产的集群机制从信息传递和交易频次两个方面提高集群的竞争力:信息传递方面,产业集群内的任何一方在交易过程中发生的违约行为很容易被当地其他企业获悉,以致违约企业可能丧失与当地其他企业进一步合作的机会,从而交易双方都有积极性克制自己的机会主义行为,塑造良好的企业声誉。交易频次方面,企业之间进行中间产品交易的频次极高,对长远利益的追求使得交易双方易于建立起长期稳定的契约关系,配套企业由此可以获得稳定的销售对象;核心企业通过这种配套协作体系,可以获得减少流动资金占用以及专业化生产带来的生产效率收益。

(2)市场定位差异化与产品多样化结合的集群。家庭作坊式企业的爆发式增长使得同类产品生产企业在地理上呈现出密集分布状态,企业之间为争夺订单展开竞争。为了实现企业成长所需的积累,产业集群内的企业必须避免完全竞争导致利润水平趋向于零的情况出现。也就是说,企业要由同质性为基础的价格竞争转向差异化为基础的品牌竞争以获得较高利润。在台州产业集群成长壮大的过程中,企业利润是通过创新活动实现的,这种创新活动可以概括为产品差异化与产品多样化。

产品的横向扩张是产业集群扩张的基本路径。温岭大溪镇的塑料制品产业群兴于 20 世纪 80 年代。1989 年,在宁波一塑料制品厂打工的大溪村民金庆行从宁波购入注塑机在大溪村生产塑料制品,并使全村农户效仿。起初,加工户大多把自家住房作厂房,产品主要是塑料座椅、淘米篓、日用塑料容器、切菜板等产品。由于产品适销收益颇丰,迅速吸引全村 345 户村民中 190 户从事日用塑料制品生产,相邻的大仓村和相宜村也模仿从事塑料制品生产。注塑企业爆发式增长致使日用塑料制品的市场竞争日趋激烈,利润水平逐渐下降,迫使企业家积极从事产品创新。近年来,大溪镇塑料制品业的新产品开发层出不穷,日用塑料制品已经扩大到塑料盆、塑料桶、凉鞋、拖鞋、饮料器皿、塑料箱包、塑料包装等80 多种,一些企业已着手工业塑料和工程塑料等高新技术产品的研发和生产。活跃的产品多样化创新使大溪塑料制品产业集群逐步由日用塑料制品为主的生产基地向日用、工业塑料制品综合性生产基地转化。

产业集群内的企业通过技术创新实现产品差异化,缓解了同质产品的价格竞争,并在细分市场中获得较高利润。台州缝纫机产业群兴起于 20 世纪 80 年代初期,最初生产 GN1－1 型三线包缝机,靠市场供给不足和产品价格低廉获得市场机会,2007 年产值 160 亿元,产量占全国的 1/3,出口量占全国的 40% 以上,是目前全国最大的缝制机械生产和出口基地。由于台州企业家在产品种类、款式设计、技术发明等方面的创新活动,迅速拓展了产品的市场空间,并使台州集聚了 20 多家缝纫机整机生产企业和 300 多家零配件加工企业。台州生产的服装机械品种约占国内品种总数的 90% 以上,企业间呈现出产品差异化的竞争格局。飞跃公司的多功能家用机、中捷公司的高速平缝机、宝石公司的绷缝机、杰克公司的高速包缝机等,其产品生产能力都位居全国乃至世界的前列;另外,大洋公司生产裁剪机、断布机,飞亚公司生产电脑绣花机,通宇公司生产厚料缝纫机,顺发公司生产手提式封包机,求精公司生产特种缝纫机。2006 年,飞跃公司产量 182 万台,总产值 31.5 亿元,利税 3.3 亿元;中捷公司产量 59 万台,总产值 10.5 亿元,利税 1.5 亿元;宝石公司总产值 13 亿元,产量 59 万台,利税 1 亿元;杰克公司总产值 11.6 亿元,产量 72 万台,利税 2.6 亿元;通宇公司总产值 4.6 亿元,产量 37 万台,利税 0.4 亿元。

产品的创新并不是呈线性发展的过程。台州的缝制设备产业群的成长是沿着"模仿进入—产品趋同—差异竞争—规模扩张—产品趋同—品牌培育—技术创新"的路径螺旋式推进的,其本质就是企业家发现新的市场机会,通过生产技术创新形成新产品,并获得市场创新利润的过程。事实证明,真正体现产业集群成长的路径是"设备引进—品牌培育—自主创新—规模扩张"。飞跃集团就是通过建设企业自己的技术开发公司开发新产品、与高校和科研机构合作开发新技术,最终实现了传统产品的信息化和智能化,创新最终使飞跃公司的产品拥有"飞跃芯"。在飞跃公司的影响下,台州其他缝制设备生产企业,如宝石公司、杰克公司、中捷公司、通宇公司等企业先后走上了产品信息化和研发新技术的道路。

台州产业集群的产品差异化和产品多样化创新活动有赖于专业市场提供的需求信息、产品信息和销售渠道。以塑料制品为例,原料市场、产品市场和设备市场对企业集群的创新活动提供了有力支撑。(1)原料市场。路桥塑料化工市场是浙江省规模较大的塑料原料市场,向台州塑料制品生产企业提供品种齐全的原材料,以及有关反映塑料新材料、新技术的市场供求信息。(2)销售市场。台州的塑料制品种类繁多,如日用塑料品、工程塑料品、汽车-摩托车用塑料件、玩具塑料品等类型的生产企业,都是通过专业市场销售产品。台州的塑料制品专业市场有路桥中国日用品商城和大溪塑料制品市场,还有很多塑料制品是通过义乌市场销往各地。这些市场为当地塑料制品销售到全国各地提供了销售渠道和市场网络,也及时为台州塑料制品生产企业提供需求动态市场信息,是台州日用塑料制品的交易中心和信息中心。(3)设备市场。路桥塑料机械专业市场大规模向台州从事塑料生产的中小企业提供2000克以下的注塑机和其他塑料机械设备,承担着为当地数千家塑料制品生产企业提供有关国内外制塑机器设备最新发展动向等行业信息的功能。台州活跃的市场交易活动使不同产业集群以专业市场为结点相互连接起来,形成信息、技术、销售渠道等资源的共享,加快了企业的产品差异化和产品多样化创新的速度,使台州产业集群的发展形成了高度关联和互动发展的产业网络。

3.3 政府导向与产业集群的经济绩效

3.3.1 产业集群与区域经济增长

台州产业集群的发展毫无例外地受到产业规模和市场规模扩张的推动以及地方政府工业化目标的影响。企业自身有扩张规模的要求,而政府有促成经济总量增长的意愿,企业自身的需求、市场竞争的压力、政府行为的干预共同促使产业集群中的主要核心企业成为政府工业化与企业专业化的合作对象。20世纪80年代中期,台州椒江市确定重点发展化工、机械行业。1986年,重点行业资金供需矛盾突出,当地农行只能提供4000万元,资金缺口6000万元,当时金融管理部门规定银行向外拆借不得超过年度计划的15%。椒江市政府为了抓住难得的发展机遇,本着"解放思想,加快发展"的指导理念,在全面确认项目可行的前提下,支持椒江农行向外省12个单位拆借入资金6200万元,重点用于支持化工、机械行业发展。同时,椒江市政府及时规划化学工业发展集聚区,促成了20多家化工企业落地成长,形成台州的化学工业产业集群。直到现在,椒江的医药化学工业发展始终保持在国内化工行业中的领先地位,在国际市场上具有相当优势的竞争力。通过对台州制造业主要行业的比较,我们发现,台州制造业总产值位居前列的10个行业都是台州目前发展规模较大、发展势头较好的十类主要产业集群所在的行业。

2007年,这10个行业对当地工业总产值的总贡献率达46.04%,较1997年提高了8.3个百分点。其中,摩托车制造业、有机化学产品制造业和工艺美术制造业对当年工业总产值的贡献率分别为8.57%、6.24%和7.66%,在所有114个工业行业中居前三位,成为台州制造业中名副其实的支柱产业。在这十类产业集群中,近年来发展迅猛的日用塑料品制造业,其工业总产值在1997—2007年间增加了9.2倍,对全行业工业总产值的贡献率由0.78%提高到3.29%,是各行业中对工业总产值贡献率增长最快的行业。由此可见,规模较大、发展较快的产业集群充当了推进台州农村工业化的主力军。

表3-1 台州制造业前十位的产业集群的企业结构

项目 行业	规模以上企业		规模以下企业		关联企业(规模以上)		相关专业市场
	企业数 (个)	产值 (亿元)	企业数 (个)	产值 (亿元)	企业数 (个)	产值 (亿元)	(个)
汽摩配件	460	181.1	1586	31.1	516	216.1	3
电机制造	81	23.5	394	8.4	303	121.0	13
泵阀制造	378	111.0	1353	32.4	616	172.5	2
塑料制品	334	102.4	2092	32.5	129	49.3	5
金属冶炼	96	58.7	204	4.2	—	—	7
化学制造	124	59.8	438	6.6	—	—	2
医药制造	96	82.7	74	1.4	—	—	
皮革制品	233	47.1	765	16.0	249	49.8	4

续表

项目 行业	规模以上企业		规模以下企业		关联企业（规模以上）		相关专业市场（个）
	企业数（个）	产值（亿元）	企业数（个）	产值（亿元）	企业数（个）	产值（亿元）	
缝制设备	61	39.3	419	6.1	179	71.3	—
工艺制品	282	42.4	1379	20.6	325	69.2	2
灯具制品	100	30.2	364	7.3	129	61.4	—

资料来源：台州市经济普查办公室：2004年台州市经济普查资料，2006。

目前台州已形成汽摩配件、塑料制品、模具制品、家用电器、服装机械、水泵阀门等30多类产业集群，各类以中小民营企业为主体的产业集群的兴起与壮大，极大地增强了台州经济的活力和竞争力，有效地推动了经济结构从"一、二、三"向"二、三、一"的转换。从三次产业比重的变化情况来看，1978年台州三次产业的比重为47.3∶29.4∶23.3，随着各类产业集群的兴起、发展和壮大，第二产业对经济增长的作用日益突出，1987年台州第二产业对GDP的贡献率首次超过第一产业，2007年三次产业的比重调整为6.7∶53.9∶39.4，其中工业增加值占GDP的比重由1978年的24.38％上升为2007年的48.8％，高于同年浙江省工业增加值占GDP的比重（2006年浙江省这一数据为48.1％），台州的经济增长已从传统的农业主导模式转变为现在的工业主导模式。

产业集群在台州的兴起使台州的经济面貌发生了巨大变化。1978年，台州GDP总量为10.3亿元，居全省第十位，当年财政总收入1.19亿元，是省内经济发展比较落后的地区之一。2007年，台州GDP总量达1722.89亿元，仅次于杭、甬、温、绍，位于全省第五位，当年财政总收入218.38亿元，位于全省第5位。按当年价格计算，1978—2007年的30年间，台州GDP年均增长率达19.3％，财政总收入年均增长率为19.7％，城镇居民人均可支配收入和农村居民人均可支配收入分别增加了34倍和38倍。台州经济快速发展，固然得益于毗邻的宁波、温州等地的经济辐射，更主要的原因却是台州依赖产业集群这一有效的产业空间组织，通过当地企业家的创新活动促进了区域经济的迅速发展，工业化和市场化程度明显提高，走出了一条符合当地资源禀赋和人文特征的欠发达地区内源式增长的经济发展道路。

3.3.2 推动产业集群成长的政府行为

区域工业化既是市场化的必然，也是政府发展经济的目标。政府敏锐观察国内外市场的变化,主动做出因应性的对策安排,通过制定政策引导和影响企业发展经济。由于地方政府能够准确把握当地的资源结构和经济特点,政府根据企业的发展要求,积极运用政府性资源为产业集群发展提供外部资源,把重点环节放在营造产业环境上,推动企业技术创新、引导企业塑造品牌、建立区域服务体系,因势利导促进产业集群的持续发展。台州地方政府较早地进行了推进产业集群发展方面的实践探索,并取得良好的经验。主要有以下几个方面:

(1)建设产业园区政策。在乡镇工业企业遍地开花并形成专业村的发展趋势下,产业集群的形成促使政府形成了建设工业区的思路,由地方政府开始引导企业集中布局,统一征地,统一建设。1992年,椒江的洪家率先建设洪西工业区,安排工业企业集中进入园区。1994年,温岭大溪镇政府根据当地塑料制品企业数量多、分布乱的特点,引导企业集中建设特色工业园区,有100多家塑料企业进驻,是台州首个专业化工业园区。随后,台州市各级政府顺势应时地实施工业园区化发展战略,加快建设特色工业园区。到2002年,台州已经建设的工业园区31个,总投资127亿元,其中20个省级特色工业园区总投资33亿元,但2003年国家土地新政,以及2004年国务院整顿开发区的政策阻断了这一进程。在已经建成的工业园区中,政府明确入园企业必须是行业领先企业、协作配套企业、知名品牌企业以及研发企业和机构,基础设施共享,建设成为集制造、规模、品牌、技术和研发于一体的产业园区。

(2)培育骨干企业计划。为培育一批骨干企业和优势产业集群,台州市出台了一系列工业发展计划,如1996—2000年的"131工程"①、2001—2005年的"211工程"及配套的"128工程"②、2006—2010年的"513工程"③。根据"211工

---

① "131工程":1996—2000年实施,即对一批有一定生产规模、经营状况和发展前景良好的工业企业加以重点引导和扶持,经过几年努力,培植出一批"小巨人"企业。具体目标是从1995年到2000年,争取有10家以上企业年销售收入超10亿元,且税利超1亿元;30家以上企业年销售收入超5亿元,且税利1000万元,简称"131工程"。(参见台政发〔2000〕209号文件)

② "128工程":2002—2006年实施,即培育重点骨干企业、推进先进制造业基地建设工程。其目标是到"十五"末,全市有128家年销售收入超亿元的企业,其中1家以上企业年销售收入超100亿元,2家以上企业年销售收入超50亿元,5家以上企业年销售收入超20亿元,20家以上企业年销售收入超10亿元,100家以上企业年销售收入超1亿元,且台州市内入库税金占销售收入的6%以上。

③ "513工程":2007—2010年实施,即到2010年,全市销售收入超过10亿元的企业45家以上。其中销售收入超过100亿元的企业5家,销售收入超过50亿元的企业10家,销售收入超过10亿元的企业30家以上,且台州市内(含县、市)入库税金分别占销售收入的5%。预计到2010年,列入培育企业的累计销售收入达2000亿元,市内销售收入达1500亿元,市内入库税金达90亿元;一批重点骨干企业在"十一五"期间有较大的投入,掌握核心技术,拥有一批自主知识产权,信息技术广泛应用,建立起完善的法人治理结构和科学管理制度,成为全市经济发展的支柱。

程"实施的"一企一策"就是通过财政贴息、税收优惠、土地供给、荣誉奖励等手段积极扶持产业群中的龙头企业,为企业提供"个性化服务",重点骨干企业经考核合格后,可以享有种种优惠,如进入园区的企业涉及的市级及下一级的规费减半征收、进入园区项目优先列入重点建设项目,限制工业用地价格为6万—12万元/亩(市价为20多万1亩,高新技术企业和大额投资企业可以优惠到6万元),并对企业增加信贷支持。根据"一厂一策",飞跃集团、吉利集团和星星集团分别建设了"飞跃工业城"、"吉利汽车城"和"星星电子工业园"。邱继宝认为:"我们引进很多技术,要审批,上规模,要土地,要厂房建设,从创业到发展,到上规模、上水平,都需要思想解放政府的支持,很多事情企业单方面做不到。"客观地说,如果没有当时的"一厂一策"就没有今天的飞跃集团和吉利集团。

(3)发展主导产业政策。地方政府的主导产业政策是基于当地产业发展的现状的行政行为,对增进已有的产业发展产生了较好的推动作用。产业政策的生命力在于能够引导企业充分利用当地的资源共享、促进企业较好地适应市场的变化、提高企业开展技术创新活动,并诱发新兴产生的出现,最终实现产业集群的持续发展和结构升级。2004年,台州市出台《台州市先进制造业基地建设规划纲要》,提出"五大主导产业"(后演变为"5+1"主导产业),即推动汽车摩托车、缝制设备、医药化工、家用电器、塑料模具五大行业和船舶制造业等技术含量高、产品附加值大、产业关联性强的行业成为台州工业经济中的主导行业。2007年"5+1"主导行业总产值1462.81亿元,占规模以上企业工业总产值的52.4%。政府通过政策设计、创造有利环境引导产业集聚扩张和骨干企业发展产业结构的升级,台州政府的作用尤为显著。在发展经济的问题上,政府与企业不仅同道,而且同步。

(4)行业整顿与提升发展计划。产业集群中企业的产品高度同质化,导致企业之间竞相压价,企业想方设法降低生产成本,偷工减料情况时有发生,区域性产品质量问题也屡见不鲜,极大地影响了产业集群的持续发展。温岭市20世纪80年代初开始模仿生产离心泵,从1989年大溪镇第一家生产水泵的"金龙泵业"开始,到20世纪90年代中期就形成了千家万户做水泵的局面,仅大溪镇的水泵成品及配套企业就达1600多家,销售队伍超过万人,形成了产、供、销的集群式产业链,小型水泵占全国市场的40%。1998年前后,大溪水泵发生多起漏电伤人事件,企业受到空前挑战,温岭市委、市政府实施连续4年的整顿水泵业计划。内容包括:一是实施品牌和名牌战略,打击假冒伪劣产品;二是建立水泵产业园区,解决"低、小、散"问题;三是组建水泵行业协会,建立企业在生产管理、价格竞争方面的约束机制;四是建立水泵技术创新平台,企业自建水泵研究机构、与高校合作建立产学研基地;五是鼓励企业借助当地的民间资本,以股份制改造、民间借贷等方式进行融资扩张企业规模。通过 4 年整顿,温岭水泵生产企业从 3000 多家减少到 300 多家,其中大溪从 1600 多家整合成 165 家。

政府的整顿产生了显著的市场绩效。2007 年,温岭水泵业产值达 100 多亿元,出口 2.5 亿美元,2000 多家企业分布在水泵成品、泵壳体铸造、冲件、机械加工、电容、轴承、机械密封件以及产品设计和技术开发企业,构建了更高水平的专业化产业链。促进了一批核心企业的快速成长,以新界、大元、利欧等为代表的骨干企业的生产规模和市场份额快速增长,增强了泵业集群的竞争优势。产生了一批名产品,到 2007 年有 6 个国家免检产品,还有中国驰名商标,以及一批省级名牌产品。建立现代企业制度顺利进行,台州新科水泵研究所改制为"利欧股份"在中小板上市,行业性技术水平显著提高。

但是很多企业在整顿之后又死而复生,努力优化集群企业竞争秩序的整顿行为并没有使企业数量大幅度减少,甚至逐渐恢复到整顿前的水平。这说明对企业的准入性限制对并不代表市场的本质,而符合市场目标、促进市场绩效的整顿才是企业与政府的共同目标。为此,地方政府应该加大规范市场竞争秩序,在此过程中,地方政府应该鼓励企业提供技术创新实现产品差异化,并对技术创新行为进行保护,强化知识产权的法律意识,保护投资者的合法权益,倡导诚信合法经营,从而形成良性和谐的区域竞争秩序。

3.3.3 一个羊毛衫集群衰落的案例

产业集群的生命力和竞争力在于多个关联部门形成产业协作机制,核心企业与关联企业之间建立分工协作关系,地方政府采取推动产业集群发展的政策导向。但并不是每个产业集群都会自发地形成产业链、建立分工协作关系,这需要集群内部具有开放体系和持续吸纳新要素的能力。台州的羊毛衫行业、绣衣行业所经历的从繁荣到消亡的过程说明,产业集群需要核心价值,核心价值包括规模经济、技术进步、品牌培育、分工协作、产业链和发展规划。

台州羊毛衫行业的生产基地集中在黄岩新前、椒江洪家和温岭新河。据统计,黄岩新前有 220 多家企业,从业人员 3 万多人。新前从 1985 年开始发展的羊毛衫产业,当地的新南路和新中路成为羊毛衫作坊集中的"羊毛衫街";温岭长屿是羊毛衫企业的集中地,现有企业 110 多家,年产值近 10 亿元,职工 1.2 万人。20 世纪 90 年代初,新前的羊毛衫行业进入高速发展阶段,家庭作坊投资 2 万元就可以办羊毛衫作坊,半年就可以收回全部成本。高利润激发了家家户户办家庭式作坊,一度在华东地区小有名气。20 多年来,新前的羊毛衫行业还是以这种家庭式作坊加工为主,大多数的羊毛衫作坊设备都没有什么变化,很少有企业使用电脑横机,导致产品的开发和品质处于低端水平。

台州羊毛衫行业衰落的原因:一是行业规模小,政府政策支持的重心没有放在羊毛衫行业,导致政府引导对行业的影响力偏小。整个新前只有两家年产值达 500 万以上的上规模羊毛衫企业。由于看不到产业发展的前景,政府对羊毛衫企业的支持力度不如其他行业,这种恶性循环导致了羊毛衫产业热度的消退。二是产业集群化发展的相关市场环节没有形成,终端消费品需要有相应的快速接入市场的物流网络,交通不便,运输、信息都受到了制约,台州的消费品专业市场中存在弊端。路桥就存在一个羊毛衫交易市场,生意非常红火,如果当时办一个全国性的羊毛衫市场,带动产业的升级,是很好的一个机会。再加上缺少快速便捷的物流业的支持,也是造成台州羊毛衫产业衰落的重要原因。三是人才与品牌的缺少,人才难以引进,技术无法提高,档次无法提升,面对竞争只能处于弱势。缺少品牌企业的核心作用,在黄岩 280 余家企业里,只有"友发"、"浣纱女"等 2 个浙江省著名商标。

台州的羊毛衫行业是在嘉兴濮院羊毛衫行业兴起的背景下衰落的。1976年,嘉兴桐乡县二轻总公司下属企业濮院弹花生产合作社购进 3 台手摇横机,摇织膨体衫和丙纶羊毛衫,第一件濮院羊毛衫诞生,羊毛衫织造业开始在濮院兴起。由于织造羊毛衫的横机机身小、成本低,操作方便,适合于单家独户或联户作业。那时候的濮院,几乎家家户户都有人从事与羊毛衫相关的工作,濮院农民收入的 70% 来自毛衫产业。1988 年 10 月,桐乡市工商局拨款 50 余万元,并聚集民资建造了占地 4300 多平方米的 50 多间营业用房,形成了羊毛衫交易市场。濮院羊毛衫市场的建成,吸引了一大批周边地区的羊毛衫生产企业和全国各地的羊毛衫、羊毛纱客商进场设点交易,市场经营户的经营方式也逐渐由零售为主向批发为主转变。1988 年,濮院地区羊毛衫生产经营已经有相当规模,拥有羊毛衫企业 373 家,个体企业 259 家,全镇拥有羊毛衫生产横机 1540 台,产量达270 万件,产值近亿元。1992—1994 年的短短 3 年时间里,桐乡就有近亿元资金投入到濮院,开发了 10 个羊毛衫交易区,建成了 3000 多间营业用房。2000 年 3月,决定建设羊毛衫工业园区。整个 31.3 平方公里的工业园区竟被台州人占了近五分之一。

从 1993 年开始,桐乡市濮院羊毛衫产业和专业市场开始发展起来。10 多年来,有 1 万多名台州的羊毛衫经销商和企业主转移到濮院经营羊毛衫,其中羊毛衫经销商 6000 多人,占了整个濮院羊毛衫市场经营户的 2/5,创办羊毛衫加工企业 40 多家,门市部 1000 个,每年上缴税收 2000 多万元。濮院羊毛衫行业已经成功完成了羊毛衫行业集群化发展的三大转变：一是经营的产品由建场初期的本地中低档为主，转变为目前的中高档为主；二是市场经营方式由本地零售为主，转变为以外地客户批发为主，连俄罗斯、阿联酋、韩国、日本、新加坡、巴基斯坦以及欧美、非洲等国家和地区的外商，也开始直接来濮院市场进货；三是开发工业园区，建设中央商务区，开展物流配送，市场功能逐年拓展，市场交易、货运、检测、科研、设计以及各种管理服务机构齐全，配套设施完善，出现了羊毛衫、针织服装产销研并举的现状。总投资超 6 亿元，由大型会展中心、世贸大厦、金贸大厦和国际贸易中心等建筑群组成的中央商务区，是整个毛衫产业提升品质的保障。实践证明，这种梯度的市场改造办法是科学的，能使市场平稳地过渡、提升，是符合当地产业发展现状的有效举措。

产业集群的成长力和竞争力是由集群内企业的创新能力和对市场变化的快速反应决定的，随着集群分工体系的不断扩张，集群内中小企业的作用不断得到体现。区域经济的繁荣取决于区域的产业体系和成长能力，对于区域而言，没有低技术产业，只有低技术企业。特定产业的繁荣或消亡并不取决于产业本身，而是取决于集群企业对发展战略的选择，以及构建分工协作体系的能力。中小企业参与集群就是在"搭便车"过程中分享集群的协作体系的商业机会和核心企业的示范效应，从中促进技术创新，获得竞争优势。政府的工业园区和产业集群政策的含义是，引导核心企业实施技术创新、吸引外部要素构建服务体系，特别是支持专业化产业区建立生产力促进中心、创新研发中心、信息服务中心、融资担保机构、中介服务组织、与大学和科研机构的联系，推动产业集群提高市场竞争能力和可持续发展能力。

3.4　总结性评述

产业集群的核心价值是企业家资源、技术创新、服务体系、品牌培育、产业链。台州产业集群发展历程讲述了一个由企业家群体推动的产业组织创新促进区域经济增长的故事。台州高经济增长绩效的取得与产业集群这一产业空间组织在台州的充分发达密切相关。市场与产业集群之间有一种内在的共生关系，产业集群的兴衰成败很大程度上取决于专业市场或直销市场的繁荣兴旺。民间借贷在台州产业集群的发展壮大过程起了至关重要的作用，政府在既要经济发展又无可行的替代方案的条件下，只有以政策支持来确认和推动产业集群的发展。这一案例为经济转型背景下农村工业化进程中的产业组织创新和民营经济发展提供了经验和启示。

　　企业家要素是推动经济增长的核心要素，而某一地区企业家要素的丰裕程度往往与历史上该地区人类经济活动尤其是商业活动的发达程度有关。具有发达商业活动历史的地区往往会积淀出崇尚冒险创新、追求利润的商业价值观，这种世代相传的商业价值观孕育出大规模的企业家要素。这有力地解释了在企业家资源丰富的南部区域率先形成企业密度高的经济发展轴线和产业密集区，从而导致台州南北不平衡经济发展格局的形成。产业集群形成高度发达的企业间专业化产业链，使从事每道分工工序的专业化企业都能在成本最低的最佳规模上组织生产，使最终产品生产企业获得了持续的成本领先优势；建立在专业化分工基础上的产品差异化创新和产品多样化创新使企业获得垄断竞争带来的超额利润，迅速完成企业资本积累。专业化产业链是对产业集群企业产生根植效应的来源，对地方经济的稳定增长极为重要。产业集群的关联经济组织为集群中的企业低成本地提供了原材料、供求信息、销售网络、技术等资源，有力地促进了企业的规模扩张和产业集群的发展壮大。为产业群内企业提供金融服务的民间金融机构也必然随着产业集群的发展而内生化并促进其发展。在集群结构下，产业体系的丰富程度对于提高集群企业的竞争力具有很强的增进作用，特别是集群中对企业具有相关性的外部资源，如运输条件、知识服务、人才要素、政府支持等资源的集聚会带来知识外溢，集群内的竞争协作关系、市场信息交流及展会和中介组织会促进集群规模更为迅速地扩张。

　　政府对市场的增进性干预对完善产业集群的合作制序、市场结构的优化、区域竞争力的提高有显著的促进作用。由于政府的管制导向是技术导向和成长导向，对产业的发展方向具有高度一致性和相当推动作用，特别是在技术进步、品牌管理和服务体系的建立方面具有不可替代的优势。经过干预后的经济绩效和经济成长的经验证明，市场增长的目标干预是能够促进区域经济的有效增长的，但政府的干预应该是基于市场需求和市场目标，背离市场本质的干预并不能产生相应的行政干预的增进性经济绩效。

4 政府干预与专业市场转型升级

专业市场不仅是大规模集中交易的市场体系,更是与民间制造、民间金融相互呼应的内生性产业部门。民间力量与政府力量的互惠式合作关系成为推动专业市场快速成长的重要力量。台州家庭工业兴起之初,专业市场首先引导了民间资本进入制造业,也为台州民间制造业构建了组织原料供给和产品销售渠道的市场网络,专业市场因此营造了民间经济体系中的产业自组织系统。许多民营企业通过"戴红帽"、"傍国有"的办法寻求原料供给来源和产品销售途径,以期进入体制内的商业网络。但并不是所有的民间资本都有这样幸运的机会,特别是以家庭作坊进入生产制造小规模资本无法融入国有、集体企业的生产体系,也就不可能从公有制经济体制中受益,专业市场成为他们的唯一选择。而地方政府通过放宽准入政策、税收减抵、行政保护等措施促进了专业市场的发展,放大了民间小规模资金的市场效应。

4.1 专业市场与民间工业化的启动

专业市场是经济发展史上的阶段性经济现象,专业市场与集市贸易具有一定关系,他们适应小规模生产单位比较普遍的发展阶段。在经济结构以农业生产为主体、产品分配以家庭主体的传统经济向农产品商品化、产品分配以市场交易为主体的过渡时期,大量小规模的生产单位借助于集中交易市场而获得进入市场的机会。专业市场本身是产业组织的制度形式,这种产业组织属于制度的范畴,但在与家庭工业相结合的过程中,专业市场也形成了创造财富的功能,深化成为一个产业部门。

4.1.1 专业市场的内生性与制度性

传统的集市贸易作为适应传统农业与家庭生活所需要的制度形式,它首先是满足社区村落居民的生活需要,其首要特征就是定期的集市贸易制度,集市上交易的绝大部分是生活日用的农产品和手工业产品,交易方都是为消费目的进行的,交易物品也不具有再加工和商品化的过程,交易者基本上不是生产商。作为对经济发展商业化作出反应的集市贸易,它首先是市场制度的巨大创新,当这种交易制度演绎成为定期、有序的交易形式时,它就成为经济活动中具有很强根植力的内生性制度,这种制度甚至抵制了政府商业管理制度。

在对经济发展史的研究当中,无论是厂商理论还是贸易理论,都没有深入关注过专业市场的组织交易形式。一方面,西方贸易史上,一般的定期集市贸易虽然存在过很长的时间,并没有形成推动经济发展进入新阶段、具有转折意义的影响力。另一方面,中国现有集市贸易的交易形态属于简单而古老的交易方式,也不能引起理论界的兴趣,"历史上,经济学家由于集贸市场不符合一些市场规则而对前者漠然置之,恩赐似的把这个课题交给经济史学家,……现在,经济学家对这个问题的忽视到了登峰造极的地步"。[①] 韦伯认为,"肩挑负贩"只是传统商业发展的起点,13、14 世纪时具有前资本主义商业特征的集市贸易应该是"商人—商人"之间的贸易,这种贸易具备两个特征:一是往来集市的不只有本地人,一定要有为交易目的而来的外地商人;二是交易的对象是现货。相对于这一时期的集市贸易而言,韦伯显然更加看重集市贸易培育出来的信用制度和货币结算制度,而不是集市贸易本身。对于集市贸易的意义,韦伯认为,只有从集市贸易发展批发商贸易、从"商人—商人"的面对面交易发展到委托交易、从有形商品集市发展到票据替代交易机构、从现货交易发展到期货交易,交易市场才具备资本主义的涵义。[②]而希克斯强调指出"新世纪的起点是商业的专门化",他对这种专门化商业提出了三点规定性:第一,必须是定期进行、长期持续的集市贸易;第二,必须有专业化的交易商成为集市贸易的主体;第三,必须有支持集市贸易持续交易的有规模专业生产商的存在。这三点规定性决定了集市贸易产生两个结果,一是商业化城市的形成,二是大商人群体的形成。[③] 费尔南·布罗代尔

---

① 约翰·伊特韦尔等:《新帕尔格雷夫经济学大辞典》,许明月等译,经济科学出版社 1996 年版,第358 页。

② 马克斯·韦伯:《经济通史》,姚曾廙译,上海三联书店 2006 年版,第 183—186 页。

③ 约翰·希克斯:《经济史理论》,厉以平译,商务印书馆 1987 年版,第 25—31 页。

在论述西方工业革命前夕集市贸易兴起的现象时认为,政府对市场的参与和控制,既可以从集市贸易的交易中获得税收,也会因此对集市贸易进行管理,这无疑会对集市贸易的发展起到促进作用。①

台州民间自然形成的集市交易日是在中心集镇之间有序流转的,民间集市以农历逢三、逢八为重市,当地民间有以路桥、海门为区域市场枢纽节点联结起来的市场网络。② 这种根据传统习俗运行有序的民间集市贸易制度,甚至不以政令而改变。1978 年,温岭县曾下令废除传统的各镇交替的集市日,规定从当年 3 月 10 日起,以公历 5 日、10 日为统一集市日,但统一的集市日没有得到民众响应。③ 因为传统的集市日制度已经深刻地融入了长期以来民众形成的生活、生产、交易、消费、节庆、婚寿等社会生活的全部体系当中。可以想象,在当时严格控制集市贸易的政策环境中,允许开放集市贸易已经是对民间要求开展集市贸易的积极响应行政行为了,但是民间并没有对这种行政行为有积极的呼应,依然选择了政府禁止的传统集市日。

改革开放初期在大部分地区全面恢复的集市贸易,虽然有部分功能与传统的集市贸易有相同之处,但这种集市贸易所反映的社会需求不再是单一的居民生活消费的需求,更多是反映家庭作坊式加工制造业者的生产需求。由于计划体制的制度排斥,已有的国有、集体商业控制的农业供销社系统、城市商业系统都不向民间生产者提供原料来源与销售渠道,在这种条件下,具有内生性和根植性的集市贸易制度被民间买卖双方再一次激活了。被激活的集市贸易不仅促成了民间买卖双方的交易行为,还包括促使集市中的贸易商向生产商过渡、集市贸易向专业市场过渡。初建于 1982 年的台州路桥小商品市场,到 1985 年已经有

① 参见费尔南·布罗代尔:《15 至 18 世纪的物质文明、经济和资本主义》(第 2 卷),三联书店 1993 年版,第 6—9 页。

② 台州的温黄平原的海门—路桥—泽国一带,在传统经济时代就是区域商贸中心,海门、路桥、泽国是这一带的主要商业集镇,这几个集镇的集市日影响范围遍及整个温黄平原。一般来说,各地的集市日是"逢府日日市,逢县三六九",一些小集镇的集市日往往会避开三、六、九的县城集市日。但是,县城以外影响力大的集镇,也会选择与县城的集市日同日开市,如以海门为中心的集市贸易网络是:"四九葭沚市、三八海门市、二七栅浦市、一六老爷殿、五十界牌头",以海门为中心的集市贸易网络已经独立于县城临海之外。以路桥为中心的集市贸易网络是:"县城三六九、一六下梁走、二七洪家场、三八路桥市、四九走葭沚"。以泽国为中心的集市贸易网络是:"县城三六九、一六下梁梁、二七洪家场、三八桥桥市(作者注:这里的'桥桥'指当时黄岩路桥和温岭萧家桥)、四九泽国兼葭沚"。在这份各地民间产生的集市日安排日程中可以看出,在传统农业时代,温黄平原上非县城所在地的传统集镇中,已经产生一批具有跨区域影响力的商业集镇,如海门、葭沚、路桥、洪家、下梁、泽国。直到今天,这一带依然是台州民营经济的核心区。

③ 温岭县志编纂委员会:《温岭县志·商业》,浙江人民出版社 1992 年版,第 361 页。

4020个交易摊位、每日入市交易客商2万多人,市场中25%的摊位主人拥有家庭工厂,所生产的产品通过市场摊位出售;路桥周围的农村围绕小商品市场开展专业化生产,形成了专业村,如当时椒江灵济乡的先锋村成为腈纶衫村、路桥镇的南栅村成为童装村、横街乡的上林村成为鞋刷村,路桥周边100多个专业村生产的产品都是国家不收购的产品,这些产品通过路桥的小商品市场销售出去。①专业市场对民间工业化的作用和影响主要表现为提高商品的集散规模的功能、促进产品市场价格形成的功能、市场供求信息传递的功能、降低市场交易成本的功能、促进关联性产业链形成的功能,即专业市场激活了民间工业化进程。

专业市场促进专业生产的功能在小商品市场发展的初期就表现出来。随着路桥小商品市场上商品流转加快,市场上商品的生产和经营分工渐趋明显,从1982年到1985年,小商品市场上专门从事商品销售的摊位占总摊位的比重从建场初的25%上升到现在的30%,即从原来的157摊增加到现在的1500多摊。而生产经营兼顾的摊位虽然绝对数从建场初的459摊增加到现在的3200多摊,但占总摊位的比重从建场初的74%下降到现在的67%,很多生产者从过去自己生产、自己经营,转向只管生产,产品由他人经销。很多专门从事经营的商贩直接到生产者家中去采购,也有包销、代销的形式。建场初,国营、集体企业进场摆摊销售的只有寥寥无几的11个摊位。目前,仅本县及邻近市、县的国营、集体和乡镇企业到市场内设点销售的就有132个摊位,有些乡镇企业的产品几乎全靠这个市场推销。

专业市场集中交易具有现货商品、现场交易、现金支付的特征。特别是工业品市场进行的集中贸易直接激发了区域内工业品制造业的兴起,贸易市场也发展成专业市场。以"现货商品、现场交易、现金支付"为特征的专业市场对区域经济的制度性绩效主要表现在五个方面:一是专业市场提高货物和资金的流通效率,现场交易、当天发货减少了商品在流通中的中间环节和滞留时间,这实际上是加快了流动资金的周转速度,提高了资金的利用效率。二是专业市场建立了生产者与消费者之间的直接联系,增强了交易双方的信息透明度,解决了生产商与流通商之间信息不充分和不对称的矛盾,增进了生产与需求的直接联系。三是专业市场为生产方和采购方的交易提供了一个规避制度壁垒的平台,在这种集中交易的市场里,避免了国营商业系统中层层批发、层层加价的现象,市场管理部门采用包税制,卖方不仅不用开发票、也降低了税金,对采购商来说,买卖双

---

① 莫树华、洪根清、岑加尤、朱谷奇、季俊德:《广聚万家产品、云集各路客商——浙江省黄岩县路桥镇小商品市场调查》,《商业经济与管理》1985年第4期。

方都规避了官方对交易行为的严格监管。四是促进透明价格的形成,由于集中交易市场中都是竞争性商品,生产同类商品的生产商不在少数,但交易场所的集中使商品价格成为充分竞争的价格,价格生成的透明度很高,能够被采购商所接受。五是市场信息的充分反映,在集中交易的市场中,生产商、采购商及商品规格、技术变化、市场供求、商品价格等在这里面得到充分反馈,信息反映准确及时,成为预测市场变化的信息中心。

地方政府对这种内生性的市场制度在认识上产生了变化,从原来上下一致地认为这种"资本主义尾巴"的集市贸易,转而成为以实事求是的态度对待集市交易制度,最终认识到大型专业市场在地方经济发展中的性质和地位。"办一个市场、兴一方产业、带一片经济、富一方百姓、旺一座城镇",这是地方政府对地方专业市场制度做出的最具有适应性的评价,这不仅是振兴地方经济的口号,也是一项成功的产业推进政策。地方政府通过市场制度推动了集市贸易向专业市场的快速过渡,在国有经济力量相对较弱的浙江东南沿海地区,根植于农村的集市贸易不仅快速地成长为专业市场,还直接推进了农村工业化和城市化。浙江省早期兴起的专业市场无一例外都在乡村集镇产生并发展起来,如号称"浙江三桥"的绍兴柯桥镇的纺织品专业市场、台州路桥镇的专业市场群、温州虹桥镇的电器专业市场,不仅使当地的经济实现工业化,也使当地的中心集镇发展成为具有集聚—扩散功能的区域商贸中心。台州专业市场对交易制度的增进性绩效主要体现在两个方面:一是专业市场促进传统型产业集群向现代专业化产区转变;二是专业市场将人格化交易制度转变为现代专业市场制度。地方政府积极参与市场发展的行为进一步强化了这种转变。

4.1.2 从集市贸易到专业市场、专业会展

台州民间从商的历史较长,工商业人数的比例较高,工商贸易成了当地社会经济生活的重要组成部分。在台州南部具有当地特色的民间谚语,如"卖田卖地、卖弗了手艺"、"有货不愁穷"等,有别于传统农业地区"万般财富不如田"的财富观,是具有区域特色的长于交易创造财富的民间从业传统。

民国以来,台州区域的工业化和市场化程度不断提高,逐渐形成了以海门、路桥、泽国为代表的商业中心,并构成了台州的经济核心地带。海门港的兴起提高了台州发展区际贸易近海贸易的能力,现代航运业的兴起和现代工业品的大量输入成为台州区域工商业的枢纽和窗口。民国时期,海门镇的工商业代表了台州工商业的最高水平。路桥在南宋时期就是当地商贸业集中的交易中心,路桥商人通过海门港的商业往来建立了与宁波、上海之间开展频繁的商业活动,改

革开放以来,以村办市场为主体的专业市场的兴起促进了路桥商业从传统商业中心向现代工商业中心的转变。泽国则是一个传统的工商重镇,民国时期的传统产业开始向现代工业延伸,成为台州的粮食加工中心。改革开放以后,民间家庭工业的兴起使泽国开始从传统商镇发展成为一个以现代制造业与专业市场相结合的工商重镇。

集镇贸易繁荣时代的路桥,市场交易仍然是传统的集市贸易,每逢农历三、八为集市日。①在 20 世纪 50 年代初期,路桥"十里长街"店铺林立,交易繁荣;60年代,路桥的集市贸易被禁止,但民间仍然在局部范围内进行着"地下交易"。由于经济活动被局限在农业领域,到 1978 年,路桥镇农民来自集体经济组织的年人均收入只有 87 元,而同年台州地区农民的年人均收入是 120 元。

20 世纪 70 年代,浙江沿海一些地方自发恢复传统集市贸易,在当时的政策环境下,这属于"割尾巴"的对象,但事实上,这种"尾巴"怎么也割不清。在台州沿海农村地区,60 年代末 70 年代初就开始有了私人加工,也形成了与私人加工业相配套的"挑糖担"和"货郎担",这"挑糖担"和"货郎担"是非常典型的传统流动商业形式。但令人难以置信的是,这种古老、传统、落后的"挑糖担"和"货郎担"以极其惊人的速度迅速地发展成集市贸易、专业市场,并对当地的加工制造业产生不可替代的影响。

台州路桥田洋王村的铁器加工远近闻名。铁器加工的产品主要是当地渔船所需的船用钉、鱼钩,他们在卖芝桥开设有专营这类产品的门店,卖芝桥一带成为铁器交易的集中场所。新中国成立后,1951 年,路桥卖芝桥一带的铁器市场又兴旺起来,到 1958 年"大跃进"时被取缔。1960 年这个市场再度繁荣起来,到1966 年又被取缔。在严厉打击的环境下,20 世纪 60 年代末 70 年代初,废旧钢铁市场一直处于地下交易状态,成为"割尾巴"的重点对象,为了逃避"打击投机

---

① 民国时,台州的集市日都从早晨开始聚市交易,临近中午时达到高潮,到午饭时刻赶集人如海水退潮一般,纷纷各自回家,市面也渐渐散尽。集市有"早集",俗称"露水市",因人们入市时间很早,等到太阳升起照到屋梁、露水消失时,市面交易也就结束收市了。由于"早市"交易时间非常短暂,市面交易额不太大,勤快的生意人往往及时挑起货担再往别处赶集。也有"晚集",从日头偏西直至掌灯时刻为交易时间,这种集市比较少见,在台州路桥的"麻车桥街"是一例,这种集市主要交易海鲜产品,下午第二次海潮退去,"讨小海"的人把退潮收获的海鲜拿到市场出售,卖方沿桥旁公路两侧设摊吆喝,这时上市的海货是最新鲜的,还有上午屠宰的猪肉、下午才上岸的海鲜、田间刚拔回的萝卜等。集市在年三十,到处是人山人海。民间交易双方的交易行为很具商业内涵的是:邻居之间的物品交换,在集市上是交易关系,但在平时非集市日中是借用关系。如邻居甲和乙,甲在集市上出售鸡蛋,乙家有客,在集市上买了甲的鸡蛋。但在平时,乙家来客,需要鸡蛋,就会向邻居甲去借而不是买鸡蛋。乙等到集市日,到集市上买鸡蛋,再还给甲。

倒把办公室"的打击,交易从公开转入地下,地点转移到位置偏僻的半洋塘,交易时间选择在夜间,钢铁市场成为"夜市"(一般是午夜至凌晨这段时间交易)。

在"割资本主义尾巴"的年代,路桥民间的场地交易市场也没有间断过。由于当时政策限制民间集市贸易,集贸市场属于非法。与此同时,"地下市场"越来越多,在一些乡镇自发形成了票证、废旧钢铁、竹木、化肥、农药等各种"地下市场"、"流动市场",每市参与交易的人数少则数百、多则上千,民众经常在夜间进行场地交易活动,交易时间有时是在上半夜,有时是在下半夜。①对于此类"地下交易",当时地方官员的态度是"只割尾巴不割头",也就是采取偶尔"打击"的做法,不从根本上彻底消灭"地下交易"。这种"睁只眼闭只眼"的做法在台州有一定的普遍性,实际上为"地下市场"保留了部分生存空间。

民间的集市贸易无法阻挡,台州农民自发的集市贸易已经开始大量涌现。1978 年,台州的集贸市场已有 521 个,其中农村集市 226 处。据浙江省工商局吴干冰副局长回忆,1979 年,国家工商总局来浙江调研,提出暂时不要把市场管死,默许其自由发展的重要建议。根据国家工商总局的建议,浙江省工商局在绍兴柯桥、台州路桥市场问题的处理上也参照贯彻了国家工商总局的精神,最后促成了浙江三大农村专业市场良好的发展格局。

为了适应民众集市贸易的强烈要求,1979 年台州地区陆续开放了 209 处露天集市交易点,367 个有固定场地的贸易市场(共有上市摊位 1820 个),当年成交额达到 15663 万元,相当于全社会商品零售总额的 21%。1980 年,台州的集市贸易点 226 个、专业市场 521 个,集市与专业市场共发生交易额 22420 万元,相当于同时期商品零售额的 31%。在政策放宽的激励下,1981 年下半年,在路桥镇的街道上,出现了一个自发形成、沿街分布、颇具规模的小商品市场。1982 年 6 月,由路桥镇工商部门所属的集市贸易服务所与路桥镇永跃村联合投资建设的小商品市场开业。1983 年台州地区的集贸市场发展到 690 个,年成交额39726 万元,相当于社会商品零售总额的 42%;在 690 个集贸市场中,工业品交易市场只有 31 个。

1981 年,国家规定城镇个体工商户的经营范围是各种小型的手工业、零售商业、饮食业、服务业、修理业、非机动工具的运输业、房屋修缮业等。1983 年 4月,国家进一步放宽城镇个体工商业政策,经营范围放宽到小型工业、手工业、商业、饮食业、修理业、运输业、建筑业、修缮业以及生产技术等各种服务业。同时

① 高敏:《台州市场的昨天、今天和明天》,文载陈广建、屈彦皆:《走向辉煌》,南开大学出版社 1997年版,第 240 页。

还提出允许城镇个体工商业者合作经营,自愿联合、民主管理、按劳分配、遵纪守法,接受国家计划的指导和工商部门的管理。根据国家政策的调整,1983 年 5月,浙江省工商局长会议指出:适当发展个体工商业户,在当地政府领导下,根据社会需要,统筹规划,因行业制宜,需要什么就发展什么,需要发展多少就发展多少。

1984 年 2 月,国家也相应放宽了农村个体工商业的政策:一是放宽农村个体工商户的经营范围;二是允许农村"自理口粮"到集镇落户。农村个体工商业经营范围放宽到工业、手工业、商业、饮食业、服务业、修理业、房屋修缮业以及国家允许个体经营的其他行业,经营范围与城镇个体工商户一样。1984 年,台州有 335 户共 405 位农民领到"营业执照"并以"自理口粮户口簿"到集镇落户。由于工商管理政策把城乡个体工商户合并管理,农民大规模进入各类市场,参与市场交易的也都是当地农民,国有或集体工业企业进入市场交易的现象很少。当时的工业品市场主要有路桥的小商品批发市场、路桥小五金市场、路桥废旧钢材市场、路桥机电市场及温岭泽国机电五金市场和鞋革交易市场。到 1991 年,台州有集贸市场和专业市场 822 个、场地面积 164.6 平方米、交易额累计额 33.8亿元、缴纳税金 7400 万元,四项指标均在浙江省 11 个市、地中居首位。

随着台州家庭工业的发展和区域经济发展水平的提高,台州交易市场的功能和制度开始发生五个方面的变化:一是从集贸市场向专业市场转变。1979年,路桥镇集贸市场都是设摊交易,由于入市人数越来越多,上市物资越来越丰富,政府管理部门因势利导,在路桥镇周围设立粮食、小猪、席草和黄麻、柴炭、家禽、竹木、新木制品、水产品、蔬菜、废品等 10 个市场。人们很快适应了市场的调整,买卖双方都感到方便,市场交易额不断扩大。而日用杂品、工艺品和小五金等产品则是自发在路桥镇街上形成同类品种集中交易的专业市场。二是从农贸市场向工业品市场转变。1979 年,路桥市场的工业品、废旧品、农资品等产品的交易额占市场总成交额的 18.5%,其他都是农副产品。到 1985 年,市场交易基本上以手工业品、轻纺产品、日用工业品、农业生产资料品为主。三是交易方式和结算方式开始发生转变,交易方式从现货交易转向远期交易和合同交易转变,从零售交易为主转向以批发交易为主,从以现金结算转向开始采用银行结算、票据结算。这种交易手段和交易方式的改变反映了交易市场从传统交易手段向现代交易手段转变的重要标志。四是交易市场的服务对象和区域从市场兴起初期服务于台州当地家庭工业,发展成为跨地区交易的功能市场,特别是周边的温州乐清、丽水缙云、金华永康和武义、宁波宁海和象山等地的客商与路桥市场联系紧密,既反映了交易市场影响力的扩大,也反映了交易市场服务功能的扩张。五是市场交易主体从农村家庭工业户和手工业者为主发展到既有农村家庭工业户和手工业者，也有乡镇企业、国营商业、合伙制企业、个体工商户、私营企业等多元化的市场主体，发展方向是向以民营企业为主体转变，交易双方从"生产者—消费者"之间的交易为主发展到以"生产者—生产者"、"生产者—中间商—生产商"之间的交易为主，交易目的从相互调剂、互通有无的产品交换发展到以加工制造、商业交换为目的的增值型交易。

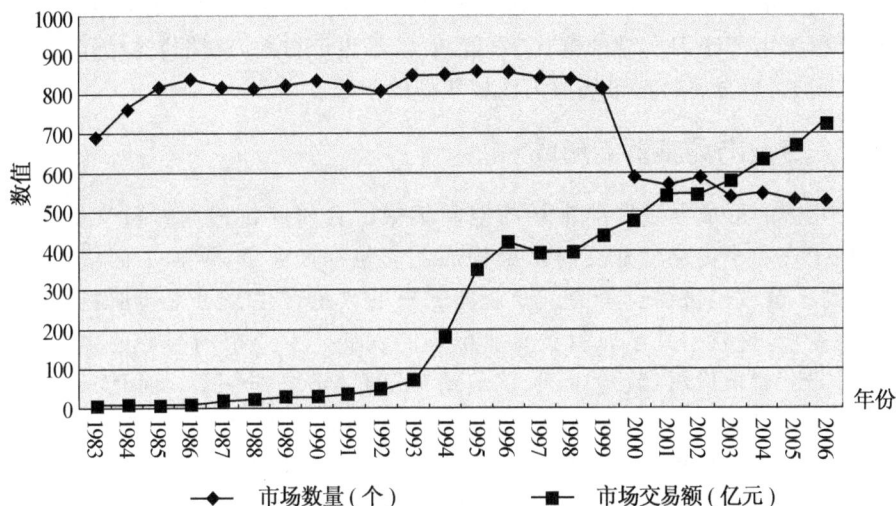

图 4-1　台州专业市场数量与市场交易额变化

台州专业市场的发展推动了专业市场建设。台州专业市场在 30 年时间内经历了四代市场的转变：第一代是沿街、路边露天交易市场，这种市场大多是自发形成的，易受气候变化而使交易活动受到影响。第二代是场地式大棚市场，这种市场能挡雨不遮风，是有组织的市场，这种市场摆脱了气候变化对交易活动的影响，增加了交易的时间，适宜于家庭规模的生产和交易，促进了市场交易的扩大。第三代是封闭式楼房交易市场，这种交易市场对不同的楼层、不同区块的功能进行分置，提高了交易的效率，交易市场发展成为日常交易市场。第四代是专业会展，政府通过市场化的方式，依托台州当地的专业市场和产业集群举办一系列专业会展，如塑料会展、汽车会展、机械会展、船舶会展、家电会展等，促进了专业市场和产业集群的发展。

4.2 专业市场的集群效应

台州专业市场在产业扩张的支持下,成为具有集群特征的专业市场群。在以路桥钢铁市场为中心、空间距离大约 20 公里半径的范围内,兴起了 30 多个大小不一的钢铁交易市场,这些市场基本上都分布在农村乡镇集镇所在地。特别是路桥周边的椒江、黄岩、温岭地区的家庭工业对同类钢铁市场的高度依赖,如温岭山市镇生产小刀所需的铜片、牛角、胶木等生产材料,在路桥这个市场都可以采购到,路桥金属材料市场成为区域集群的中心。

4.2.1 专业市场集群的形成

产业链的形成导致专业市场的空间集聚。台州路桥的原材料交易市场、专业加工户和小商品专业交易市场构成了完整的产业链,增强了区域协作关系,提高了区域经济的竞争力。专业加工户的大量产生又对生产原料产生了巨大的需求,这就引导了原料类专业市场的发展。专业市场与专业生产相互关联,导致"就地取材、就地生产、就地销售"的紧密协作关系。而且专业市场之间也产生了关联效应,形成相互增进的发展格局。20 世纪 80 年代初期,废旧物资市场每天出售的各种边角料有 0.6 万公斤、废旧钢铁市场月均销售废旧钢铁 750 吨,采购方绝大多数是小企业和个体专业加工户。市场为小五金加工户提供原料,小五金加工户生产的剪刀、秤具、炊具、补鞋工具、钢丝衣架等产品,又通过小商品市场向外销售。这样,家庭工业一头联系着废旧钢铁市场、一头联系着小商品交易市场,从而形成一条由专业原料供给、专业生产、专业销售市场构成的产业链。

台州的专业市场实际上构建了一个庞大的面向全国的销售网络系统。路桥的专业市场和专业生产不仅直接为当地提供原料来源,作为一个市场载体,还构建起一个联结全国的市场网络系统。贩销户从全国各地收购废旧物资,如钢铁、木材、各种边角料等廉价的废旧物资,运回到路桥后,通过路桥专业市场服务于周围的新桥、金清、洪家等乡镇,以及温岭、乐清、宁波等地外,还辐射到全国的 22 个省、市、自治区的供销社、乡镇企业、个体工商户、专业贩销户等。温岭的石桥农机厂每年从路桥市场购入的废旧钢铁就有 600 吨,新桥模具厂生产所需的模具钢原料,有 80% 从路桥市场购入。温岭的贩销户王仙福、王仙明兄弟俩,一直往来于路桥市场与武汉的汉正街市场之间从事腈纶衫的交易,沈阳的服装加工户郭守从路桥市场一次采购 25 万粒纽扣运往沈阳销售。[1]这就构成了一个以台州商人为主体、以专业市场为载体,联结生产、销售和消费者的市场网络。

路桥市场的发展也激发了一些地区专业市场的形成,在义乌小商品市场、武汉的汉正街市场、沈阳的五爱市场中,大量的台州商人转移到这些市场,他们的产品中也包括出自台州的专业制造商。台州商人甚至成为一些专业市场的主体,在义乌的眼镜专业市场,92%的批发商和产品是台州的商人和台州生产的眼镜;在上海城隍庙市场,有 40%的小商品来自台州的路桥市场;武汉的汉正街,更是号称"台州街"。

据台州市工商部门 2006 年登记,路桥区有专业市场 72 个,其中消费品市场 49 个,生产资料专业市场 23 个,市场成交额 277.4 亿元。市场由日用消费品市场和生产资料市场共同组成区域市场群,工业品、农副产品、生产资料、生产要素市场同步发展,形成多元投资、统一管理的格局。市场商品辐射到全国 20 多个省、自治区,并通过边境贸易进入俄罗斯、缅甸、越南、老挝、东南亚等周边国家。市场交易带动了 130 家托联运中心,每日发往各地的货运车辆有 1280 多辆。

表 4-1 路桥主要工业品交易专业市场群

专业市场名称	成交额(亿元)						相关行业	经营户数(个)
	1998 年	1999 年	2000 年	2001 年	2002 年	2003 年		
中国日用品商城	92.25	102.42	110.5	116.2	102	88.3	塑料品、服装鞋袜、摩托车配件等	5300 多
路桥小商品市场	50.82	70.80	73.60	74.8	59.4	60.1	日用品、纺织品、箱包、文具	4250 多
浙东南副食品批发市场	14.56	11.98	12.67	13.4	13.5	12.7	副食品、南北货、干果、日用品	1200 多
中国建筑装饰城	—	1.68	3.01	3.6	4.2	4.9	建材、家具、洁具	1200 多
化工塑料市场	2.86	2.14	2.90	1.8	2.7	6.1	塑料、化工原料	120 多

---

[1] 台州地区经济研究中心:《路桥镇集市贸易为什么繁荣》,《浙江经济研究》1986 年第 6 期。

续表

专业市场名称	成交额（亿元）						相关行业	经营户数（个）
	1998 年	1999 年	2000 年	2001 年	2002 年	2003 年		
台州电子市场	—	1.10	1.79	2.3	2.9	3.6	家电、通讯、电脑	600 多
浙江物资调剂交易市场	1.93	1.60	2.12	12	17	22	机电设备有色金属、变速箱	7 个分市场共800 多
钢材交易市场	1.98	1.77	2.47	—	—	—	旧钢管钢板、线材、型钢、不锈钢	500 多
路桥机电五金城	—		2.47	2.56	2.82	8.03	机电设备、工具	1500 多
浙江方林汽车城	0.86	1.61	2.11	2.80	2.11	5.44	机动车辆	—

资料来源：台州市路桥区工商局提供。

泽国镇是工业和专业市场密集的工商重镇，也是传统集镇。传统以来，泽国与路桥都是台州南部的制造、商贸中心，两地的工商业联系紧密，经济活动互为一体，发展的轨迹也非常类同。泽国民风从商，20 世纪 70 年代初泽国镇就出现了旧电器和废旧钢材交易，从业人员 100 多人。现有专业市场近 30 个，亿元以上市场 9 个。

表 4-2　1971 年温岭县泽国镇的集市概况

市场名称	经营范围	摊位数（个）	从业人员数（人）	管理人员数（人）
粮食市场	大米、糠	50	70	10
粗纸行	粗纸	30	90	—
鸡行	禽、蛋	20	60	10
水果行	各类水果	30	40	10
菜场	水产、肉、菜	50	70	3
小猪市场	小猪	40	50	6
扁屿废旧市场	旧电器、废旧钢铁	—	100	5
竹木市场	毛竹、木材	—	100	20

资料来源：泽国镇志编纂领导小组：《泽国镇志》，中华书局 1999 年版，第 144 页。

　　改革开放初期，与当地鞋革制造业相应发展起来的是泽国的制鞋机销往全国。泽国镇 1981 年有 9 个专业市场。2000 年，泽国工业企业增加到 3280 多家，其中年销售收入在 500 万元以上的工业企业 130 多家，年销售收入在 1000 万元以上的工业企业 30 多家，以生产汽摩配件、鞋革箱包、五金机械、电器冲配件、钢木家具等产品为主，年产值 36.41 亿元。在工业经济的带动下，2000 年泽国的专业市场增加到 25 个，年成交额 40 亿元，其中成交额超过亿元的交易市场 11 个。

表 4-3　泽国镇主要工业品交易专业市场群

市场名称	经营范围	成交额（亿元）		产品来源	销售方向
		1990 年	2000 年		
泽国鞋革商城	鞋革、服装	0.064	5	横峰、泽国；广州	华北、西北
机床电器市场	旧机床、机械	0.13	3.2	沪、宁、福、温、甬	台州
五金轴承市场	五金、轴承	—	5	鲁、东北、金华、温岭	豫、苏、闽、徽
旧物资市场	废旧电器	0.072	0.1	上海、杭州、椒江	温岭、乐清、台州
摩托车市场	摩托车整车	—	8	温岭、沪、津、鲁	台州各地
家电市场	家用电器	—	4	全国各地	温岭、路桥
副食品市场	卷烟、副食品	0.035	4.5	浙、闽	温岭、路桥、乐清
建材市场	建筑材料	—	1.8	杭州、温州、广州	温岭、路桥、乐清

　　资料来源：《泽国镇志》，中华书局 1999 年版，第 142—149 页。

　　专业市场中经营户的集聚也是产业群的形式，这种集聚与生产型产业群是协作关系，为集聚区域内小企业提供低成本和竞争力，促进个体规模经济总量的扩张。

4.2.2　专业市场与专业制造

　　中国日用品商城塑料制品市场是路桥消费品市场群中的核心市场。台州 8000 多家塑料生产企业，年产值 250 多亿元，塑料原料消费量约占全国 10%，占全省的 30%，已经成为全国日用塑料制品、家电塑料、建材工程塑料开发和制造的重要基地之一。塑料制品市场建于 1995 年，有 630 多个摊位，1000 多个经营户，其中企业经营户占 95%，年成交额 40 多亿元。已经连续举办五届全国塑交会,塑料制品市场初步成为全国性塑料制品市场,带动了一大批上规模的塑料制品企业,如台州新亚塑料制品厂就是很好的例子,已形成了年销售上亿元的专业性日用塑料生产企业。

路桥建筑装饰城经营的五金、装潢、水暖等产品,依托本地的产业,如吉利等企业的装饰板、星星集团、欧路莎公司等的卫生洁具和路桥、玉环的水暖、五金等本地产品,市场年成交额增长显著,2005年市场交易额达7.25亿元,增长33%,销售本地产品的比例已达40%,年成交额增幅显著,达68%。市场摊位供不应求,已逐渐成为浙东南建筑装潢材料的集散地和批发中心。

路桥的机电五金城、有色金属市场、矽钢片市场、机械设备市场、变速箱市场、电动机市场、钢材市场等,依托台州金属再生产业的蓬勃发展,2005年台州共拆解固废300万吨,回收原料铜40万吨、铝20万吨、矽钢片15万吨、塑料原料5万吨、旧设备、旧电机、旧钢材50万吨、废钢160万吨,集聚了国内外的旧五金电器、旧电机和旧金属资源,已成为全国重要的废金属原材料、零配件及二手设备集散基地,成为"买世界、卖全国"的集散市场。这类市场的蓬勃发展也促进了台州的中小企业尤其是机电行业、汽摩配行业、造船行业等的快速发展。据测算,企业利用再生资源做原料,至少为企业增加2%的利润,这也是台州制造业的活力所在。

路桥的化工塑料市场依托台州的化工、塑料产业,为台州化工、塑料行业的企业提供了较为完备的原料,经营品种有塑料原料、废塑料原料及化工产品。市场自2001年建立以来,一直兴旺发达,摊位供不应求,2005年市场成交额达6.75亿元,成为台州及周边地区中小塑料、化工企业的采购中心;同时市场的繁荣又促进了废塑料产业的发展,市场周边的村居都成为废塑料回收、经营的专业村。据行业协会统计,目前台州年回收塑料达100万吨,台州逐渐享有"废塑料王国"美誉,同时也为台州塑料制品行业的发展奠定了强大的基础。

路桥小商品批发市场依托台州制鞋业,尤以温岭横峰的注塑鞋、螺洋拖鞋最为突出,为市场提供了价廉物美、款式新颖的商品,鞋类市场交易额已占到全国的5%,具有一定的辐射半径和知名度,使市场摊位的供需达到了基本平衡。同时,通过小商品市场的平台,培育了一大批专业村如峰江的箱包、椒江葭芷的床上用品、黄岩院桥的文化用品、椒江洪家的针织衫等,使市场销售本地产品的比例逐年上升,2005年达到32%,销售额约达18.5亿元,促进了地方经济的发展。

表 4-4　台州市场成交额和相关产业集群产值一览表

市场名称	2001		2002		2003		2004		2005		相关系数值
	市场交易（个）	工业产值（亿元）	市场交易（个）	工业产值（亿元）	市场交易（个）	工业产值（亿元）	市场交易（个）	工业产值（亿元）	市场交易（个）	工业产值（亿元）	
塑料类市场	30	47	33	58	42	78	46	102	47	140	0.929
金属类市场	12	195	16	239	28	323	42	510	51	601	0.993

注：（1）塑料类市场指中国日用品商城塑料制品分市场和台州市化工塑料市场成交额合并统计的交易额。（2）金属类生产资料市场是指路桥钢材市场、路桥机电五金城与路桥废旧金属相关市场的合计。（3）相关行业数据中，塑料市场对应的是台州塑料制品业、金属类生产资料市场对应的是台州通用设备制造业、交通运输设备制造业、电气机械及器材制造业。（4）数值来自统计年鉴，行业产值是指对应行业中规模以上企业的总产值。

4.3　专业市场成长与区域经济结构的转型

台州的专业市场从产业关联角度来看，可以分成消费品市场和原材料市场，以路桥市场最能反映这种特征。这两类市场的起源与路桥当地的两类民间流动商贩有直接联系，即售卖日用品的"货郎担"、收购废旧物资的"挑糖担"。"货郎担"孕育了路桥小商品市场、"挑糖担"则造就了废旧金属材料市场。台州市场从集市贸易发展到专业交易，其规模和影响曾经在浙江省首屈一指。

法国经济学家保尔·芒图在总结英国产业革命发生的原因时，特别强调了制造业和商贸业的结合对经济带来的巨大推动力量。他认为：制造业的进步和商业贸易的发展，两者紧密联系又互相影响，"以致往往难于发现它们真实的演变关系，有时是工业发展迫使商业去找新的销路，因而扩大并增进了商业关系；有时反而是商业市场的扩大及其所引起的新需求促使工业企业的产生"①。专业市场有力带动了家庭工业的发展。而其他的钢铁市场、五金机电市场、化工原料市场、固废拆解市场等，参与交易的双方都是生产商。

4.3.1　民间"挑糖担"与台州钢铁市场的兴起

小商品生产模式的优势在于产品的市场需求量大、生产规模小、资金周转

① ［法］保尔·芒图（Paul Mantoux）：《18 世纪产业革命——英国近代大工业初期的概况》，商务印书馆 1983 年版，第 67 页。

快,适合于资金不足的个体农民初始创业活动。同时,计划经济体制下,农民自主生产的产品也不可能进入国营商业的采购系统,只能寻找民间市场销售渠道,因此,民间市场成为家庭工业产品实现的一个不可缺失的环节,也成为家庭工业发展的支持体系。在20世纪70年代初,台州民间家庭工业与专业交易市场就已经同生共存了。据台州路桥三友集团董事长张小赧回忆,他1972年"打硬股"办厂时,就到路桥的半塘钢材市场采购钢材,那时半塘村钢材市场的交易时间是在夜间,参加交易的人很多。①这种传统的路边市场组织来源于传统的贸易形式。

在中国民间的传统贸易形式中,有一种遍布南北、走城串乡的"挑糖担"。②在计划经济年代,"挑糖担"依然活跃在中国的广大乡村地区。台州路桥几乎家家户户经营小五金加工,但那时国家对金属类生产原料实行严格的计划控制,台州路桥小五金加工原料等废旧金属物资来源于当地农民成千上万的"挑糖担"。"挑糖担"走村串户,上门收购废旧金属物资,活跃在城乡之间,用农家自制的麦芽糖(台州民间称之为"敲糖")换取城乡居民家里的废弃金属物。等到集市日时,这些换糖客把收集到的废旧金属物资转移到露天市场交易,或者转让给交易市场的专业经营户,成为民间家庭工业的原料来源。

台州路桥一带的村民素有"挑糖担"换废旧金属物资的传统。在20世纪70年代初,很多村民都经营过"挑糖担",并形成了一支颇有规模的"挑糖担"队伍和一个自发形成的"换糖客"交易市场。路桥良一村的"换糖客"的足迹遍及浙江全省、安徽、江西、江苏等地,把从各地收购来的废旧钢铁集中交易,形成了著名的良一村钢铁市场。20世纪80年代初,良一村专门开辟3亩多地,将原来零散的交易聚集在一起,成为路桥钢材市场雏形。市场交易不断扩大,现在的钢材市场占地110亩,2003年成交额达4亿元,并诱发了良一村废旧电机市场和电机拆

---

① 现任三友集团生长的张小赧从1971年开始与别人合股办私人厂。据他回忆,1973年,他的工厂生产的产品是小刀,所用的钢铁原料均来自当时的路桥镇半塘钢材市场,为了逃避"打击投机倒把办公室"的打击,交易商户均把这个市场的交易时间选择在不同的时段,有时在午后交易,有时在半夜交易。半夜的钢材市场入市交易的人很多,通往钢铁交易场所的路上人来人往,夜间看不清路,担货行人相互挤撞,经常发生夜间行人被挤进路边的河沟、池塘的事情。

② "挑糖担"也称"换糖客"、"货郎担"、"敲白糖"等,是对民间个体游商交易行为的称呼。他们以传统工艺加工的麦芽糖,换取民众家里的废旧物资,如锡质牙膏皮、废旧鞋底、废铜烂铁、鸡毛等可回收加工成工业原料的废弃物品。与"挑糖客"交易最多的是小孩子,小孩子往往把家里的废弃物品或捡拾的废弃物品向"挑糖客"换取麦芽糖。一般来说,"挑糖客"用麦芽糖只能换到一些低值旧物品,但"挑糖客"更乐意换到废旧金属。如果废旧的钢、铁、铜之类物品,"挑糖客"主动用秤称出重量,商定价格,以现金收购,所得现金由大人们支配。在计划经济年代物资供应短缺的日子里,这种交易给小孩们带来许多的欢乐。

解行业的兴起。新桥的废旧金属市场也牵连着企业,在新桥区当地应有600多家企业,1987年,这些企业的产值有12000万元,纳税200多万元。

峰江的村民以打铁为生,铁匠打制出船钉、鱼钩等渔具,和镰刀、锄头等农具,都销往远近的农家和渔村。20世纪50年代,峰江一带的铁器加工业曾红火一时,铁器加工的原料来自"挑糖担"收集的废旧金属。1958年"大炼钢铁"时,政府把民间的"糖担"和"铁炉"取缔了,峰江的铁器加工和钢铁交易转入地下状态。1962年,经过三年困难时期后,国民经济开始恢复,民间的各种交易活动又重新活跃起来,峰江的废旧金属交易和"挑糖担"一度又活跃起来,但随后到来的"文革"把这些都当做"资本主义的尾巴"给割掉。20世纪70年代初期,峰江一带的打铁业再度兴起,到改革开放初期,这里的铁匠铺每天要加工1吨左右的钢铁,当地的"挑糖担"又重新兴旺起来,依旧从事以麦芽糖换取各种废旧钢铁的业务,收集到的废旧金属专门卖给铁匠铺做原料。1978年前后,峰江民间兴起"办厂热",大多从事金属加工业务。如1978年,峰江镇钟家村村民戴亨宝了解到水嘴在市场上供不应求,便与人合股集资2000元,购买了简单的加工设备,租用2间民房,办起了村里第一户"挂牌集体"企业——"保全五金液压配件厂"。20世纪80年代初期,峰江镇4万人口中出现上千副"挑糖担",这些"挑糖担"把平时收集到的废旧金属物资集中起来,等到集市日时挑到路桥下洋殿的钢铁交易市场出售,"挑糖担"与个体铁器加工户同属于市场的共同体。

温岭塘下钢铁市场兴起的背景与路桥钢铁市场相同。温岭新河镇的下张村原先是一个落后的农业村,许多村民为了贴补家用以"敲白糖"(也称"剁白糖",是"挑糖担"的另一种称呼)换回来一些废铜烂铁、麻绳之类的物品。起先是家家户户在全国各地收购废旧物资,以家庭为单位,有的甚至于家族联手出动,丈夫在外收购,妻子在家销售。1984年,下张村70多个常年从事"挑糖担"的农民聚集在一起,集中出售他们收集的废旧金属,从此发展成为塘下旧钢铁市场。由于进场交易的客商越来越多,市场交易规模迅速扩大。1987年,由温岭工商局的市场开发中心与当地的下张村共同投资,扩建塘下钢铁市场。1994年再次扩建,摊位535个,交易各种钢铁30多种,客商来自台州南部的温岭、黄岩、路桥、椒江、玉环等地,以及附近的温州、乐清等地。成交额逐年增长,1993年1亿元、1995年2亿元、2000年3亿元、2003年5.8亿元、2006年12亿元。

路桥镇与新桥镇之间的废旧金属市场主要交易来自全国20多个省、市从工矿企业淘汰下来的机械设备、废旧电器和废品公司收购的金属材料,残次材料,边角料和旧船上拆卸的设备、器材,也有从国外采购回来的飞机残骸。来此采购的客商以本地企业为主,也有来自省内宁波、金华、温州、丽水等地。

专业市场还促成了专业贩销队伍的形成。1980 年以后,温岭牧屿和石粘的工副业迅速发展,但产品销路不畅。1983 年 4 月,当地以发许可证方式发展了贩运队伍 488 人,他们仅用 4 个月时间就销售了各种鞋类 32 万双、小刀 48 万把、板刷 31 万只、塑料制品 13 万件,以及各种农副产品 12 万多斤,总金额达 102 万元,疏通了交易渠道,促进了生产发展。这两地从事家庭作坊式生产的单位已发展到 3400 多户,占农户总数的 30％。① 天台县平桥镇是筛网的专业生产区,20 世纪 70 年代初开始半机械化生产筛网,并形成了从事筛网交易的专业市场。1992 年,有筛网生产企业 231 家,以专业市场为依托,在全国各地推销筛网的推销员达 5000～6000 人。

在没有计划供给物资来源的情况下,台州的"挑糖担"走遍浙江、上海、江苏城乡的大街小巷,用自制麦芽糖换来大量的废旧金属物资。"挑糖客"把这些废旧金属材料集中在路边,卖给前来市场收购废旧物资的家庭工业户。家庭工业户把旧鞋底加工成再生橡胶、废铜烂铁加工成再生金属材料,进而加工成产品。从发展脉络来看,台州路桥的钢铁市场、机电五金市场、温岭塘下钢铁市场等生产资料市场,都是在这种大量"挑糖担"交易基础上发展起来的专业市场。

4.3.2　专业市场与中间产业的融合

民间工业化对原材料的直接依赖成为钢铁专业市场兴起的直接动力。在计划经济年代,钢铁原材料属于国家严格控制、全国统一调拨的重要生产资料,家庭制造业无法从国家计划中得到钢铁原料。当时,台州工业每年大约需要钢材 12 万吨,而国家计划配给的只有 0.7 万吨,实际上,计划兑现率也仅为 30％到 40％,仅为台州所需的 2.3％。台州民间企业只有通过"挑糖担"大量收购废旧金属获得原材料。

台州快速发展民间制造业对钢铁、铜、铝等原材料的需求大大增加,峰江一带的"挑糖担"非常活跃,在台州各地搜罗废旧钢铁、铜、铝等金属,以及塑料、橡胶等生产性物资。"挑糖担"活动的范围扩大到周边的杭州、金华、温州、上海、江西、福建等地。在许多大中小城市、各种厂矿企业里,都有峰江人收废旧物资。20 世纪 80 年代初,经营废旧物资的"小商贩"、"铁匠户"发展成为经营废旧金属物资的专业户,有的人办起了金属加工厂。经营废旧金属的人开始从国外企业买回来大量的废旧机床、报废电机、汽车,甚至从苏联等地买回来报废的机床、飞机发动机和导弹弹头等物资,千里迢迢运回路桥进行拆解,台州也因此成为国内

---

① 　浙江省工商行政管理局:《当前浙江省个人贩运活动的情况》,《中国农村观察》1984 年第 4 期。

外知名的金属拆解基地,也成为台州制造业重要的金属材料来源。

废旧金属回收业派生出废旧金属拆解业。20 世纪 80 年代,进口的废旧电动机和机械设备成为台州主要回收资源,并派生出金属拆解业。20 世纪 90 年代初,进口废旧物资占到台州回收资源的 90% 以上,进口的废旧金属主要来自日本、美国、俄罗斯、西欧等地。① 1996 年,台州拆解废旧金属 20 万吨。1998 年,路桥的规模以上金属制品制造企业 16 家,产值 21.5 亿元;1999 年,企业 16 家,产值 27.7 亿元;2000 年,企业 18 家,产值 32.3 亿元;2001 年企业增加到 27 家,产值增长到 49.7 亿元。据台州海关统计,2003 年回收废旧金属 130 万吨;2004 年进口固废 158 万吨,实际回收 210 多万吨;2005 年进口固废 169 万吨,实际回收 230 多万吨;2006 年,共拆解废旧金属 200 多万吨,实现销售 253 亿元,占全市工业总产值的 7%。

拆解业是典型的劳动密集型产业。全世界机电产品的拆解都是人工进行,劳动力价格及关联行业的发展就是这个行业发展的条件。金属材料拆解业在台州已经形成采购、拆解、冶炼、再生、转销、利用的生产链,废旧金属的回收拆解业派生出废旧金属深加工业。2005 年台州资源综合利用企业 227 家,直接从业人员 6 万多人,拆解回收获得的铜 80 万吨、铝 35 万吨、钢 100 多万吨,以及可回收利用的硅钢片、矽钢片、塑料、不锈钢等资源,直接成为台州工业廉价的原材料。台州工业企业生产所需的铜、铝、不锈钢等原材料,有 70% 来自台州当地的拆解业。废钢铁主要流向宝钢、杭钢及遂昌、宁波等地的钢铁厂,由这些钢铁厂重新冶炼成钢材。金属拆解业直接带动了台州汽摩配件、水道配件、卫生洁具、阀门、装潢五金、电线、电缆、电机、空压机水泵等制造业的发展,铜、铝等原材料主要流向台州当地的水道阀门、汽摩配、电线、电缆、电机、缝纫机制造企业。废旧金属拆解业和冶炼业为台州制造类企业提供了大量的廉价金属材料,这也构成了台州五金产品在国内和国际上的价格竞争优势,也决定了台州外贸以通用设备、专用设备、金属五金制品为主要出口产品。

台州政府为了解决拆解业的废弃物(液)带来的环境污染问题,创造性地投资建设拆解园区,把拆解企业集中到拆解园区集中经营拆解业务,对园区内的废弃物(液)进行集中处理、达标排放。1999 年,台州市路桥区政府在峰江街道建

① 1991 年,乔石、李瑞环、江泽民同志先后来台州考察。在路桥钢铁市场考察时,他们看到了钢铁市场上出售的废旧物资中,还有体型巨大、来自俄罗斯的报废飞机发动机、炮弹壳体、船舰钢板等。他们竟然都问了同样的问题:"这么大的家伙,从哪里弄来的?"——参见台州市政协文史资料委员会:《台州文史资料》(第八辑),第 40 页。

设拆解园区取得成功经验的基础上,投资 6.2 亿元建设了占地 1600 多亩的台州金属再生资源工业园、投资 80 万元建立拆解业污水集中处理系统、投资 600 万元建设拆解垃圾处理工程、投资 100 多万元建设场地视频监控中心,对各拆解企业进行实时监控,实现了金属拆解与环境保护协调发展。

再生资源的利用从全局上减少了环境代价。台州是全国最大的进口七类固废拆解基地之一,基地每年提供的原材料对于浙江省和台州市的经济与社会发展起着无可替代的作用。拆解业每年获得的再生铜相当于亚洲最大铜矿的年产量,废钢供应量相当于全国钢材进口量的 10%。拆解得到的铝与用矿石为原料生产等量的电解铝相比,仅节约的电力就达 22 亿度。从能源利用的角度看,回收再生铝 1 吨所耗费的能源仅为电解铝的 5%;从环境污染的角度分析,峰江每年通过拆解加工得到的 10 万吨再生铝原料与生产等量的原生铝相比,可少产生废泥 60 万吨;通过拆解加工得到的 20 万吨再生铜原料相当于少生产尾矿 2500 万吨,少排二氧化硫 6.5 万吨,少产生冶炼废渣 100 万吨。

集中交易的专业市场具有降低交易费用,促进交易的功能。在当时市场机制很不完善的条件下,市场交易出现许多不确定性,如市场需求和价格不稳定、市场交易网络还没有形成、市场缺少有效管理等等;同时从生产方来说,家庭工业的生产规模偏小、产品价格没有确定的形成机制,这种市场环境对家庭工业的发展具有相当大的影响。所以,在这种不确定的市场环境下,低廉价格成为家庭工业品参与市场竞争的唯一手段,低交易费用成为决定家庭工业存在与发展的重要条件。集贸市场的自由交易和灵活的交易机制促进了交易规模的扩大,大量的集中交易把与产品相关的市场信息及时传递给生产商。

4.3.3 专业市场与专业化产业区的形成

在台州家庭工业的起步阶段,生产规模所需启动资金较少,生产设备也非常简单,往往是以自有住宅作为生产用房。在 20 世纪 80 年代初,台州针织衫行业启动资金只要 50 多元,农民就可以用木制的织机生产出针织衫。正是由于启动资金少、技术门槛低、家庭劳动力使用方便,使得家庭工业起步时大都选择劳动密集型行业,从事诸如服装、鞋帽、塑料制品等日用小商品的生产。那些人从农民起步当老板,在只拥有少量启动资金的前提下,需要掌握和了解相应的商品信息,以确保所生产的商品销售渠道畅通,这成为家庭工业成功的唯一途径。专业市场在提供市场机会的同时,也提供了市场信息。

1986 年,路桥镇总面积 5.3 平方公里,人口 3 万人,16 个居民区、9 个行政村,专业市场交易额达到 1.71 亿元,是典型的商业集镇。在集镇时代,路桥专业市场的作用：（1）推动农村劳动力实现行业转移。1978年，路桥有71%的农村劳动力从事农业生产，农民人均年收入78元。1982年，路桥镇有乡镇企业42家、家庭手工业户30户、个体商业户86户。到1986年，从事农业生产的农村劳动力只有20%，80%的劳动力进入了二、三产业。（2）促进村级经济向工业化转型。20世纪80年代中期，在专业市场的周边地区，涌现出大量的家庭工业户，并形成专业村，如鞋帽村、水龙头村、古式家具村、小五金加工村、鞋板刷村、模具村、塑料压注机村等。椒江灵济乡的坦邱村有403户农民，其中370户从事生产针织衫裤，拥有针织横机和提花机360台，1986年全村工业产值500多万元，纯利润达到54.9万元。（3）促进二、三产业发展。1982年，路桥镇有工业企业119家，到1986年就增加到262家，有证个体商户1481户，比1982年增加了8倍。1986年，路桥镇的工农业总产值1053万元，其中，工副业产值571万元，比1978年增加了18倍；个体商业产值240万元，比1978年增加了12倍；而农业产值241万元，比1978年增加了2倍。全镇有从事第三产业的农户860户，占路桥镇农户总数的37.36%。（4）增加了国家、集体和农民个人的收入。1982—1986年，路桥镇的专业市场共上缴国家税金504万元，税收入库年平均增长164%；向管理部门缴纳的管理费314万元。1986年，路桥农民人均纯收入649元，比1978年增加了7.8倍，有90%的农户在这期间建了新房。（5）推进了路桥的集镇建设。1984—1986年，路桥镇共投资建设了长1000米、宽20米的新大街，并建设了连接104国道与小商品市场之间的行车通道。

到1987年，路桥总共投资197万元，建设了小商品、废钢铁、竹木、五金、家具等21个专业市场，场地面积9.54万平方米。1986年，专业市场交易额达到1.71亿元。路桥镇形成了以小商品、废旧钢铁、黄麻草席、竹木、藤制品（包括编织品）、木制品、糕点糖果、自行车、家禽、南北货、山地货、粮食、柴草、蔬菜等16个商品交易专业市场。总摊位12700个，占地面积43067平方米。1981年交易总额18219万元、1982年21187万元、1983年25615万元、1984年48900万元。当时路桥专业市场可分成四类：一是手工业品专业市场，如小商品、黄麻草席、竹木制品、糕点糖果等产品；二是工业原材料专业市场，如各种边角料、废旧钢铁等交易市场；三是农副产品专业市场，如粮食、家禽、山货、蔬菜等；四是工业品专业市场，如自行车等。20世纪80年代中期，路桥市场集市日高潮时，外地交易商的车辆在15000辆左右，每分钟进入车辆105辆；入市交易人数达到12万。在路桥小商品市场，进入市场的交易人口密度高达每平方米4人。

与路桥专业市场相互关联的是周边地区家庭工业大规模发展。20世纪80年代初期，路桥镇的工业基本上是家庭工业，主要从事的行业是小五金、鞋帽、服装、车木等。路桥镇新路大队共 304 户社员中,有 289 户从事小五金、车木、塑料制品、毛线针织品生产,占全大队社员户数的 95%。而与路桥镇周围的新桥、院桥、金清、澄江等地,以及相邻的温岭、椒江一带,普遍形成了家庭作坊式工业专业村。如新桥有 20 多个专业村,椒江灵济乡先锋村 374 户人家拥有 350 台横机每天生产腈纶针织服装 2500 多件,横街乡上林村家家户户都在做鞋板刷,都通过路桥小商品市场销售,成为路桥专业市场的充沛货源。

案例:大溪镇的专业市场与专业化产业区

大溪镇在民国时期有小刀、五匠、砖瓦等手工业。解放后兴办了五金、油漆、木器、篾器等 18 个手工业社。20 世纪 60 年代,开始办集体企业山市刀剪厂、地方国营大溪机械厂。改革开放后,股份合作企业、个体私营工业企业快速发展,形成了山市、塔岙、麻车屿、上新建、大溪等工业村。20 世纪 90 年代,全镇工业高速发展。2006 年,全镇规模以上工业企业 185 家、个体私营工业单位 4000 多个,工业总产值 94 亿元,形成了以水泵机电、日用塑料、旅游鞋帽三大支柱产业,工商注册的市场 13 个,其中专业市场有水泵机电配件市场、五金电器综合市场、建材市场、温岭市大溪竹木市场、水果批发市场。

在五个专业市场中,水泵机电配件市场和五金电器综合市场与大溪的水泵、机电行业关联性大。关联市场的存在不但增强了行业的竞争力,也放大了当地支柱产业的市场影响力,从而关系产业的集聚和扩散,带动区域经济的快速增长。大溪镇的专业市场在促进生产、形成价格、推动产业升级等方面发挥了重要作用。

(1)促进了流通市场体系的形成。促进大市场、大流通形成方面发挥了重要作用。专业市场的建立,突破了中国传统的仅靠商业零售和一、二级批发站的流通模式,实现了通过专业市场进行批发、零售的新模式,有效地解决了分散的小生产与大市场之间的矛盾,也成为现今中国流通模式中不可缺少的组成部分。

(2)推动了区域产业集群的形成。通过建立专业市场,一方面为本镇企业产品提供了销售渠道,又为企业调整产品结构提供了市场需求等方面的信息。通过建立专业市场,还带动了交通运输、通讯、商业服务业、加工业的发展。专业市场也已成为本镇财政税收的重要来源。总之,真正起到了"建一个市场,带动一片产业,搞活一方经济,富裕一方人民"的作用。

(3)引导专业化产业区产品市场价格的形成。随着专业市场信息网络的逐步完善,各类专业市场通过市场供求信息的传递,及时向生产厂家提供了市场供求动态,为生产厂家调整产品结构提供了依据。例如,本地市场销售的某些水泵的价格已成为各地同类水泵的参考价格,而且为国家制定价格政策提供了重要参考依据。

在专业市场的推动下,大溪镇塑料制品行业、水泵机电行业、制鞋行业的规模快速扩张,在国内市场有一定的影响力。水泵机电行业也成为全国水泵机电行业的生产基地,所生产的水泵、机电产品在国内市场的占有率达 60% 左右,2002 年 11 月被中国通用机械泵行业分会命名为"中国水泵之乡"。从企业的规模层面上看,水泵行业呈现为金字塔式结构,总体上分为三个层次:第一层次是以新界泵业、大福水泵为代表的产值在亿元以上的生产大企业,生产和管理方式较现代化,其中浙江新界泵业有限公司是我国最大的潜水螺杆泵生产企业;[①]中间层次是 40 家左右的中型企业,产值在 1000 万~5000 万元之间,是大溪水泵机电行业的重要力量;第三层次是以装配为主的作坊式小企业,生产测试条件差,产品质量较低,这种企业经过整治和市场竞争,生存空间和数量已越来越少;另外,还有从事水泵配件制造的配套企业 500 家左右。

台州经济增长是与台州生产型产业群和流转型产业群增长同步的。在这一增长过程中,杜桥眼镜产业群和路桥市场群是产业组织的具体形式,体现了市场制度是内生性动力和集聚式交易的经济发展模式,这种模式非常准确地反映了起步于家庭工业的台州区域工业化和经济市场化的发展轨迹。

4.4 台州、温州眼镜业的市场博弈

台州至温州的沿海地带有四个区域眼镜集聚区,分布着一个 2500 多家眼镜制造企业、产值 100 多亿元的眼镜产业群。其中台州眼镜制造企业集中在临海市杜桥镇至椒江区椒北区块和玉环县陈屿,温州眼镜企业的主要分布在鹿城区和瑞安的马屿镇。台州的杜桥和前所主要生产树脂架太阳镜,玉环县陈屿主要生产眼镜金属配件,总共有生产企业 1100 多家,年产值 45 亿元,从业人员 10 万多人,所生产的太阳镜主要通过全国的眼镜专业市场、专业销售公司和当地 5 万多人的太阳镜销售商,销往国内外市场;眼镜配件主要做订单加工,为欧美、港台的金属眼镜制造商提供配套产品。温州的眼镜制造业主要产地是瑞安马屿镇和温州鹿城区,眼镜年产值 60 多亿元,以制造金属眼镜为主,有各种生产企业

---

① 浙江新界泵业有限公司 1987 年由许善福、许敏田父子创办,最初生产鼓风机和水泵,主要生产农用小型水泵建筑水泵,2006 年产值 3 亿多元。产品由国家质量技术监督局组织的 2003 年初评、2006 年复评为"国家免检产品"。在上海设立浙江新界泵业有限公司(上海)技术研发中心和上海欧豹实业有限公司。创建的"品牌店+区域仓库"销售模式比较成功。新界泵业在温岭市的水泵制造行业中列前几位。

1800多家,主要从事眼镜配件、眼镜制造、眼镜电镀、镜片生产等,从业人员 12
万人,产品加工水平达到中档水平,产品销售主要以贴牌订单,大部分产品出口
欧美、港台。目前,温州和台州的眼镜制造企业都开始关注眼镜的技术开发、人
才培养和品牌培育,部分企业的产品进入行业的中端市场,部分企业的品牌开始
具有一定的市场影响力。

4.4.1 台州杜桥眼镜产业群

杜桥镇居民有经商的传统业性。杜桥镇杜西村人口数量最多的潘姓,"自
明以降,多经商,远至京师、辽东、南粤、滇缅……在外置地产者众"。① 杜西村
地处滨海平原,居住人口集中,它也是一个中心市场,"每逢大市,章安、小芝、
泗岭、溪口商贩云集于此"②。即使在"割尾巴"的年代里,在杜桥的社员中仍
存在"十有一商"现象。1970 年,杜桥就有人在当地摆地摊卖眼镜,很快被"割
尾巴",但当地的大队(村)却开出介绍信允许杜桥的酒店村、墩头村、沿海村的
部分青年人结伙外出全国各地贩卖眼镜。1972 年,杜桥区大汾公社兴办大汾
光学仪器厂生产聚光镜,为以后杜桥眼镜业提供了产业示范和技术基础。

(1) 政府引导下的眼镜专业市场。20 世纪 80 年代初,1 万多杜桥人外出到
全国各地销售广州、温州生产的眼镜,形成了由杜桥人构成的眼镜销售网络。
1991 年,杜桥镇工商部门发出外出销售眼镜的临时营业执照有 4300 多份,3 万
多人背负眼镜箱走街串巷卖眼镜,也有人在外地大商场租用柜台直销。由杜桥
人组成的眼镜销售队伍,构建了一个庞大的促进杜桥镇眼镜业发展的销售网络。

在大量杜桥人外出贩销眼镜的同时,一部分人也开始在杜桥创办眼镜店。
1982 年,李岳生在温州眼镜厂打工,发现卖眼镜的利润空间较大,就从广州、温
州等地大批量运回眼镜到杜桥批发,并在杜桥镇的庙前街开办了当地第一家眼
镜店"山项眼镜店",开始启动了杜桥眼镜市场,当年出现 18 个眼镜销售摊位。
1986 年,杜桥镇开出 40 多家眼镜店。随着眼镜交易的快速增长,1986 年,杜桥
镇政府与工商管理部门在杜桥镇的小商品市场里专门开设眼镜交易区,设有 27
个门市店和 150 多个摊位。随着眼镜交易的繁荣,1989 年,杜桥镇政府因势利
导,由镇政府投资 83 万元建设眼镜专业批发市场,有固定摊位 416 个,店铺 10
个,日上市交易人数最多时曾经达到万人、集市日达到 3 万人次。但批发市场还
是不能满足迅速增长的眼镜交易的需要。1993 年,杜桥镇政府投资 1800 万元,

① 见杜桥镇杜西村潘氏族谱(1982 年油印稿)。
② 杜桥镇政府方志办编:《杜桥镇志》(1992 年打印稿)。

建设集批发、零售、托运于一体的"浙江眼镜城",有眼镜店铺 186 个、摊位 384 个。眼镜城的建设规模居全国眼镜批发市场之冠,建成时,市场日客流量近 1 万人次,年成交额均保持在 5 亿元。

(2) 杜桥眼镜制造业的兴起。杜桥的眼镜制造起源于 20 世纪 80 年代。1986 年,杜桥山项村的黄道法、黄恩会、黄恩德三兄弟合办"临海县山项松浦眼镜厂",由于杜桥当地的眼镜销售渠道通畅,加上眼镜业的投资门槛低,许多家庭工厂开始生产眼镜,杜桥镇成为眼镜生产的集聚地。开始时主要生产投资少、工艺简单、市场旺销的太阳镜,8 万~10 万元就可以办一个生产眼镜的小厂。

2000 年全镇共有各类眼镜生产企业及相关企业 550 多家(工商管理部门登记数,另有未登记家庭工厂 100 家左右),生产类企业的从业人数近 8000 人,实现工业产值 12 亿元,占杜桥全镇工业总产值的 31%,税金 1528 万元,出口创汇 1.5 亿元。2006 年,杜桥眼镜产值达到 26 亿元,其中 40% 出口到 15 个国家和地区,杜桥已经成为全国四大眼镜生产和出口基地之一。杜桥眼镜市场销售的产品中 95% 是太阳镜,6 成产品产自杜桥当地,另有 4 成来自温州、宁波、丹阳、沙洲、江阴、广州等地。上市商品有太阳镜、镜片、镜架、眼镜配件、小型加工设备等五大类,有 10 多个国家 20 多个品牌的眼镜在此销售,经营品种达千余种。1990 年成交额 5000 万元,2001 年达 5 亿元。

在台州椒江北岸,以杜桥镇为中心,眼镜产业的发展形成了集群扩张式态势,生产地扩张到杜桥周边的集镇,如川南、市场、上盘、前所,带动了整个椒江北岸乡镇眼镜产业的快速发展,使椒江北岸成为台州眼镜生产企业集聚的产业群。椒江北岸有 16% 的劳动力从事眼镜业,其中有几个村成为眼镜专业村,如杜桥的酒店村、墩头村,前所的横蒋村有 40 多个眼镜生产企业,每个企业的产值都在 300 万~500 万元之间。①眼镜业造就了杜桥其他行业的发展,并推动了城镇化的进程。现在的杜桥镇已经开始向小城市方向发展,对椒北区域的产业发展产生了较强的集聚和辐射力,成为台州椒北区域工业增长极和城市中心区。

---

① 2006 年底,横蒋村有大小眼镜厂 40 多家,根据企业主自己介绍,这些企业产值在 300 万~500 万元之间,利润率在 20% 以上,每家企业都能转移安置劳动力 20 多人。全村人均收入实际上远不是他们自己报的 6000 多元,该村仅小汽车就有 60 多辆,横蒋村规划的一个占地 35 亩、总投资 8000 万元、由 17 幢标准厂房组成的眼镜园区已全面启动建设,扶持眼镜产业发展。墩头村全村 800 户,2800 多人口,有 70% 从事眼镜加工,共有大小企业 28 家,年销售额 3 亿多元。

4.4.2 地方政府导向与杜桥眼镜市场的发展

建设杜桥眼镜专业市场促进了当地眼镜制造业的发展,专业市场使眼镜业有了一个新的发展平台。杜桥眼镜交易市场的成长经历了四种商业形态:

(1) 功能单一的初级形态专业批发市场。随着眼镜零售的增长,经销商开始经营批发业务,眼镜批发市场从民间自发的小型批发市场发展成为批发一条街。这引起政府的关注,当地政府很快规划发展眼镜市场。1986 年,杜桥小商品市场建成后,在市场设立眼镜交易区,眼镜交易品种也丰富起来。更多的杜桥人加入到眼镜外销大军,亲戚带亲戚,朋友带朋友,逐渐在全国形成相当数量的销售队伍,有的村几乎全部外出卖眼镜,足迹遍布国内各大小城市。杜桥人至今仍有 4 万多人在外贩销眼镜,全国各大眼镜市场中,杜桥人的摊位占到总数的三分之一。

(2) 政府规划建设的多功能专业市场。1989 年,杜桥镇政府投资 83 万元建设眼镜专业批发市场,但眼镜批发市场很快不能满足眼镜交易的发展要求。1993 年,杜桥镇政府投资 1800 万元建设"浙江眼镜城",集批发、零售、物流于一体,成交额列当时全国四大眼镜市场之首。眼镜城的建设极大地促进了杜桥眼镜制造业和销售业的扩张,眼镜制造企业迅速发展到 700 多家,最多时达到 1000 多家。

(3) 政府竞争下各地建设的眼镜专业市场。进入 21 世纪,全国的眼镜批发市场发展到 30 多家。特别是以北京、广州为代表的高端眼镜市场,江苏丹阳及浙江杜桥、义乌为代表的低端市场。2000 年,义乌设立眼镜市场,市场摊位主要面向温州眼镜商,由于温州眼镜与义乌市场的客商定位不一致,2004 年温州眼镜退出义乌,由台州杜桥商人收购了市场摊位,并主导了义乌眼镜市场 85% 的业务。杜桥眼镜商通过义乌眼镜市场把全国各地眼镜产品的市场需求反馈到杜桥,杜桥眼镜业适应了市场变化,新产品快速进入市场。[①]

(4) 外向型经济背景下的国际眼镜市场。1995 年,在杜桥镇政府的引导下,杜桥眼镜制造企业向俄罗斯出口太阳眼镜一举成功,年销售额 3500 万美元。2002 年,杜桥镇政府引导下组建股份制的杜桥眼镜进出口公司,在阿联酋的迪拜建设中国眼镜城,由杜桥眼镜进出口公司控股、杜桥镇其他 6 家眼镜制造企业

---

① 据义乌眼镜市场的台州眼镜商反映:温州眼镜厂商主要做欧美订单,一订就是一年的生产计划,因而产品交货周期比较长,新产品从出样到供货的周期一般是一个月。而台州眼镜商的新产品上市周期一般是一个星期。

参股,50多个店铺,2006年销售额3000万美元,产品80％产自杜桥。目前,杜桥眼镜进出口公司正在巴西的圣保罗、印度、菲律宾等地建设杜桥眼镜市场。到2006年,杜桥眼镜有40％出口到10多个国家和地区。

4.4.3 杜桥眼镜产业群的集聚特征

杜桥眼镜交易市场的独特流通方式:在眼镜交易市场,眼镜商直接批发自己生产的眼镜、或者从本地和外地厂家购进眼镜,然后批发给万多杜桥的眼镜零售大军,零售大军则走南闯北把眼镜卖到全国各地。在许多城市的车站、闹市区沿街、立交桥下、人行天桥上,只要看到胸前挂一个眼镜箱在卖太阳镜的人,一般都是杜桥人。

由于生产商、批发商和零售商都是杜桥当地人,产、供、销之间形成了良好的信任关系,在外地的零售商如果需要货品,只要向杜桥的批发商发出传真件,写明所需眼镜的品种、款式,家乡的生产商或批发商几乎不用谈价格就可以直接给他们发货,货款可以等到零售商逢年过节回家时、以约定俗成的方式进行结算。这种以乡土亲缘为纽带来维系区域产业集聚的现象并不少见,杜桥是个典型案例。杜桥眼镜行业这种基于乡土亲缘的产业发展路径有三大好处:一是可以逃避政府部门的监管。生产商与销售商之间的交易由于加入基于乡土亲缘的信任关系,特别是销售商,他是无店铺经营的游走式销售,从商业活动的管理角度来看,这种游走式的销售基本上脱离了管理部门的监管,也就没有向工商、税务、质监等部门交过税费,也就是说,销售方从来没有发生过行政监管成本。而从生产商和批发商角度来说,产品销售收入也没有在账目上反映出来,企业的收入逃过税务部门的监管。所以大量的现金交易在亲缘关系掩护下,既可以比较轻松地避开管理部门的监管,也可以确保交易结算的信用安全,使生产商、批发商和零售商三方在交易过程中都比较容易逃避政府规定的税费。二是降低企业的交易成本。三是有效建立起产业协作关系。

台州另有一个眼镜产业群是玉环大麦屿眼镜产业群,这里所生产的眼镜产品是金属眼镜配件,产品已经占国内眼镜配件市场的30％左右。这个眼镜配件企业群的形成是受广东东莞眼镜产业群的影响,与广东深圳、东莞的眼镜制造业同时起步,主要生产眼镜的金属配件,向东莞的生产企业供货,然后在东莞组装成整件向国内外市场销售。并已经向欧美、港台地区的企业配套,在国际市场上以生产高档眼镜为主的我国台湾地区提供眼镜配件。杜桥的眼镜产业群是生产与销售紧密联系互为一体的产业群,与杜桥的眼镜产业群特征相比,大麦屿眼镜产业群是另一种商业途径形成的产业群,生产与销售相互分离。这个产业群的形成更多地受到外部区域产业梯度转移的影响,特别是由于外部劳动力成本的提高导致的产业转移形成的,生产与销售是以跨区域分工的形式相互联系。

4.4.4 温州、台州眼镜集群的市场整合

温州是我国最大的眼镜生产基地,现有眼镜企业 800 多家,从业人员 12 万多人,生产企业主要集中在温州市瓯海区。瓯海区有眼镜生产企业近 200 家,产量占温州眼镜的一半。2003 年,温州获得"中国眼镜生产基地"称号,这一年,温州眼镜行业年产值 50 亿元、2004 年 53 亿元,产品 80% 出口销往全球 150 多个国家与地区,出口值达 43 亿元。在产品结构方面,2003 年以金属架太阳防护眼镜为主打产品,2004 年以塑料太阳镜主导市场。温州眼镜行业有 80% 的眼镜配件来自江苏启东的眼镜配件生产供应商。

在义乌眼镜市场,温州眼镜厂商与市场的经历三度整合:(1)首度整合。1994 年,温州眼镜行业调整生产,一是转产高档眼镜,二是销售转向国外市场,并建立温州眼镜商会。成立眼镜商会是为了集中建设温州眼镜生产基地,推动温州眼镜进入国际市场,并在温州组建"中国眼镜中心市场",克服经营分散的弱点。1994 年初,温州市眼镜商会成立。同一年,温州"中国眼镜中心市场"隆重开业。市场内设有店面 270 多间,经营品种齐全,一度成为温州眼镜的集散地,但这个本地化市场在坚持一年半后无奈地关闭。商会总结市场关闭的原因是"由于当时市场不成熟,经营管理不善等因素",实际上是企业之间考虑到集中交易的专业市场会导致产品创新款式被其他企业模仿。(2)二度整合。温州眼镜交易市场失败后,温州眼镜生产商开始把销售渠道转向义乌小商品批发市场。2000 年,义乌小商品市场成立了一个眼镜专业批发市场,市场管理方专门定向为温州眼镜生产企业提供廉价摊位。2000 年 10 月,温州眼镜制造商率先进入眼镜批发市场,营业面积 3000 余平方米、摊位 100 余间,每个摊位的租金非常低廉,只有 2 万元租金,30 多家温州企业设了 40 多个经营摊位。起初,温州眼镜占了批发市场一半以上的市场份额。2001 年,台州眼镜产品进入眼镜批发市场后,以价格低廉、款式新颖成为眼镜市场的主角,来自中东的眼镜市场主要采购商大量采购台州生产的太阳镜,温州眼镜的销量越来越少。由于义乌眼镜市场的中东采购商要求价格低廉、款式新颖、供货及时,这种市场结构与温州眼镜商定位的中高价格、欧美订单、年度供货的经营模式极不适应,温州的金属太阳镜因销售不佳而退出义乌眼镜市场。2000 年,温州眼镜企业以每个摊位 2 万元租得的一个义乌眼镜市场的摊位转给台州眼镜商,摊位价格 10 万～20 万元不等。2004 年,台州眼镜商拥有的摊位价格涨到 50 万元。2004 年,温州眼镜商集体退

出义乌眼镜批发市场,只保留 3 个摊位继续经营,其他摊位绝大多数转让给了台州眼镜商。(3)三度整合。2005 年 10 月,义乌小商品城集团建成国际商贸城开业,义乌眼镜市场迁移到国际商贸城。义乌市场管理方为了提升市场品位,设法吸引欧美客户来义乌采购,就再一次专门定向为温州眼镜企业提供 77 个廉价摊位,由温州眼镜商会组织招商。但经营几个月后,由于在眼镜市场没有适合温州眼镜企业的客户,在 2006 年春节后,80% 的温州眼镜商户撤出义乌眼镜市场,只有不到 20 户温州眼镜商还在市场继续经营。温州眼镜商退出的市场摊位再一次转让给台州眼镜商。

温州眼镜退出义乌批发市场是义乌小商品城难得一见的案例。原因有三:一是温州眼镜定位的客户不在义乌市场。义乌眼镜市场的采购商主要来自东南亚、中东等地区,主要采购中低端产品。而温州眼镜产品主要面向欧美中档市场,客户也是专业的眼镜采购商,这些采购商主要集中在欧美的专业会展下订单采购。二是温州眼镜的自我定位与市场需求错位。温州眼镜的加工和质量已经达到一定的高度,企业自主定位为中高端市场,但市场并不认同温州眼镜商的中高端产品定位。台州眼镜在低端市场替代温州眼镜的市场空间后,从相对饱和的眼镜市场需求格局中,市场定位不确定容易被同类生产商替代。台州的眼镜产品有成本优势,迫使温州眼镜商放弃义乌市场,这也意味着温州眼镜商失去销量较大的低端市场。三是眼镜市场缺少知识产权保护。温州有很多经营眼镜配件的门店,却没有眼镜配件专业市场。据了解,业内有人提议建立一个眼镜配件市场,最后由于众多眼镜厂和配件厂的反对无果而终,主要是眼镜厂担心款式被仿冒,配件厂担心集中交易直接导致价格战。① 由此可见,一个缺少相互信任、交易规范和政府有效管制的产业集群最终无法完成向专业市场过渡。

4.4.5　两种不同的竞争机制

市场占有率是产业集群的绩效指标。如果从生产规模、从业人员、生产总值和市场占有率、出口规模来看,温州、台州眼镜业的市场绩效是显著的。温州眼镜业沿袭了温州制造业发展核心理念,即"终端产品、市场品牌、高定位",但由于产业成长历史不长,眼镜产业群面临的主要难题是设备陈旧、工艺粗糙,需要提高产品加工工艺;技术落后、人才缺乏,需要培养技术人才开发新产品;没有品牌、档次不高,需要在适当的市场定位上培育知名品牌;市场竞争无序、利润空间下降,需要提高产品的附加值。

---

① 林剑静:《温州眼镜撤离义乌调查报告》,《温州都市报·财富周刊》2006 年 3 月 28 日。

台州的杜桥镇政府为了推动民间眼镜交易市场的发展,设立眼镜交易市场。在眼镜加工制造业产生后,政府为推动眼镜制造业的成长,先后设立了浙江第一个乡镇眼镜质量监督所、浙江省杜桥眼镜区域科技创新中心,并建设浙江眼镜城和眼镜产业园区。在国内低端眼镜市场趋于饱和时,杜桥镇政府以全资产权的眼镜城为依托,成立眼镜进出口公司,引导杜桥的眼镜生产企业开拓国际市场。为了创造眼镜制造企业成长的良好市场环境,杜桥镇政府还定期开展以企业规范经营为中心内容的整顿经营秩序活动,主要是打击低劣产品以提高产品质量、打击假冒商标以培育当地品牌;为适应制造业信息化的发展趋势,镇政府引导组织企业依托区域创新中心与高校共同开发"计算机眼镜辅助设计系统",提高企业开发产品的能力。政府的积极引导有效地推进了当地产业发展和市场拓展。

温州、台州的眼镜行业存在一定的产业协作基础,温州的一些企业所用的眼镜模具是从台州采购的,而台州眼镜制造企业的化工原料是从温州采购。但市场机制并不一定产生对应性竞合关系,如台州玉环的陈屿专业生产眼镜金属配件,供应的对象是广东东莞、深圳专业生产高端眼镜的生产企业,温州的金属太阳镜配件却来自江苏启东;两地的同类眼镜产品之间存在低价竞争行为,企业的产品之间存在仿冒现象,这种竞争机制仍属于市场经济初级阶段的古典式市场竞争行为。

4.5 市场力量与政府力量的融合

大型小商品市场繁荣的基础是"价廉物美、日用百货"。建设小商品市场意味着以集中的规模交易替代家庭作坊式生产规模偏小所面临的市场规模壁垒,即小商品市场以强大的组织生产能力接纳了资本规模不足的小生产者、以"生产者—中间商—消费者"的市场关系替代计划经济体制中的多级管理多级批发的国营商业模式。台州路桥中国日用工业品商城、义乌中国小商品城、绍兴柯桥中国轻纺城都是在草根市场基础上发展起来的浙江省三大专业市场。[①]这三个市场具有相同的发展背景,当地都在 1982 年开始出现市场雏形,市场雏形最初出

---

① 史晋川教授认为,绍兴轻纺城、义乌小商品市场(台州的路桥小商品市场和中国日用品商城也是性质完全相似的市场)仍是传统市场,称为共享式的市场网络。共享式市场网络在工业化中期以前对小企业很有帮助,它的优点是有福同享,缺点是有难同当。当一个企业做大做强之后就会建立自己的品牌,建立独享式的市场网络,这是现代市场经济发展的必然。没有哪家世界知名企业会把自己的产品放在共享式市场网络里,而都会建立专卖店、自创品牌等。因此,浙江的专业市场的交易方式应该有一个相应的交易组织和交易方式的转变,这种转变意味着浙江产业组织的新跨越。

现在乡村集镇,并成为当地经济发展的品牌。

4.5.1 市场主体与政府主导的商城发展模式

专业市场中的日用工业品市场是浙江交易市场的典型。在 2000 年、2001 年期间,义乌中国小商品城、绍兴中国轻纺城、台州中国日用品商城等三个交易市场是浙江省年交易额超百亿元的"三大百亿市场"。这三个市场具有相似的发生背景、成长经历,但已经呈现出各有消长的格局。

(1)义乌中国小商品城。1982 年,义乌工商局在自发交易市场的基础上投资建设和管理商品交易市场,1982 年建成第一代交易市场、1984 年投资 57 万元建设第二代交易市场、1985 年投资 440 万元建设第三代交易市场、1987 年投资 25 万元扩建交易市场、1988 年投资 125 万元建设针织市场、1989 年投资 58 万元建设小百货市场、1991 年投资 1 亿元建设第四代交易市场,1992 年国家工商总局批准成立"浙江省义乌中国小商品城"。从 20 世纪 80 年代后期建设第三代交易市场开始,义乌政府以低廉的商铺价格面向温州、台州地区招商,至今小商品城的基本商户依然是温州、台州商人,[①]此后外地商户资源大量涌入义乌市场。1993 年,浙江省进行股份制试点,义乌市场的管理权转移给当地政府控股的中国小商品城集团。2001 年,根据国务院要求工商管理部门与所办市场脱钩的通知,义乌市成立义乌市国有资产投资控股有限公司,将小商品城恒大开发总公司的 6200 余万元资产划归该公司,改制成为浙江中国小商品城集团股份有限公司,并于 2002 年首次公开发行股票上市。

(2)绍兴轻纺市场。绍兴中国轻纺城位于绍兴县柯桥镇,1983 年柯桥镇 10 多个商户沿街设摊卖布、自发形成了一条"布街",1984 年增加到 100 多户。1985 年由绍兴县工商部门和柯桥镇政府在柯桥镇西部搭建大棚顶的"柯桥轻纺市场",有 77 个门市部、99 个摊位,当年交易额 2000 万元。1988 年 1 月,绍兴县工商部门筹资 660 万元建成占地 1.8 万平方米、建筑面积 2.3 万平方米的"绍兴轻纺城",营业用房 540 间,服务用房 80 间,经营轻纺及相关产品。1989 年,绍兴轻纺城以提供低廉的商铺租金向外地招商,在外地商户中,率先进入轻纺城的是温州乐清和台州路桥的商户。[②] 1992 年经国家工商总局批准正式更名为"浙

---

① 据义乌商城集团公司、义乌温州商会、义乌台州商会 2007 年的非正式统计,在义乌小商品城经营的义乌本地商人有 8 万多人、温州商人有 6 万~7 万人,台州商人有 5 万人左右。

② 据轻纺城集团提供的资料:在绍兴中国轻纺城经营的商户中,有 40%来自绍兴和萧山,40%来自温州和台州,20%来自四川、安徽、重庆、山东和福建。

江省绍兴中国轻纺城",1993年浙江省进行股份制试点,改制成立中国轻纺城集团股份有限公司,1997年公开发行股票上市。

(3)路桥小商品市场与路桥中国日用品商城。1982年由路桥永跃村和工商所共同投资建设了路桥小商品市场,其中永跃村占投资的65%、路桥镇工商所所属的市场开发服务中心占投资的35%,永跃村实际长期控制了交易市场。根据商品交易市场"管办分离"①的原则,工商管理部门投资建设的商品交易市场要与管理部门脱钩,资产转让给当地人民政府。2003年,路桥工商分局持有的路桥小商品市场35%的股权移交给路桥区政府设立的市场开发中心,并进行改制成立路桥小商品批发市场有限公司,但实际管理权仍然控制在永跃村。由于村级集体所有制依然是小商品批发市场有限公司的产权基础,随着永跃村对交易市场控制力的不断加强,村民也介入市场管理,村级集体所有制的弊端对交易市场发展带来的负面影响日益突出。20世纪90年代初期,地方政府也认识到路桥小商品交易市场存在的体制弊病。为增强路桥市场的活力,路桥政府学习义乌建设市场的经验,由政府筹资2亿元建设占地120亩、拥有6200个标准店位、可容纳10万人进场交易的现代化、特大型批发市场。1994年1月,中国日用品商城开业,交易商品集中在服装、布匹、日用百货、床上用品、塑料制品、家具和家用电器等,当年成交额达到55亿元。1995年6月,路桥区政府决定对中国日用品商城进行股份制改制,1995年10月《国务院办公厅转发国家工商行政管理局"关于工商行政管理机关与所办市场尽快脱钩意见"的通知》(国办发〔1995〕40号文件),要求工商管理部门与建设、管理的交易市场脱钩。1996年12月,根据国务院关于市场与工商管办分离的要求,产权移交给当地政府,由路桥区政府投资10956.6万元注册成立浙江路桥中国日用品商城股份有限公司,中国日用品商城管办分离。后来,当地政府计划整合市场资源,把路桥小商品市场等相关的交易市场集中迁入中国日用品商城,由于永跃村村民抵制,市场整合工作无果。目前,中国日用品商城已经向商场化、专业化、会展业、异地办建设交易市场转型。

---

① 关于商品交易市场管办分离的问题,国务院办公厅1995年就下发了《国务院办公厅转发国家工商行政管理局"关于工商行政管理机关与所办市场尽快脱钩意见"的通知》(国办发〔1995〕40号文件),要求工商局与所办市场脱钩,但由于管理市场收费管理费中有利益,各地执行情况不一。2001年,在时任总理朱镕基的干预下,国务院办公厅又下发《国务院办公厅转发工商总局关于工商行政管理机关限期与所办市场彻底脱钩有关问题意见的通知》(国办发〔2001〕83号文件),浙江省政府办公厅随后也下发《浙江省人民政府办公厅关于做好工商行政管理机关与所办市场脱钩工作的实施意见》(浙政办发〔2001〕80号)文件。

表 4-5　台州、义乌、绍兴三大商品交易市场交易额变迁

（单位：亿元）

年份	义乌中国小商品城	台州中国日用品商城	绍兴中国轻纺城	浙江		
				台州	绍兴	全省市场交易额
1994	101	55	80	181.60	—	1480.5
1995	152	97	127	352.10	394.97	2165.7
1996	184	67	169	420.40	542.63	2545.3
1997	145	89	143	396.50	523.00	2798.0
1998	153	85	151	396.20	544.67	3209.6
1999	175	102	166	439.80	601.00	3606.0
2000	193	110	188	474.90	665.52	4023.0
2001	212	116	207	541.50	700.70	4625.0
2002	230	102	226	542.90	749.82	4997.0
2003	248	88	246	577.40	798.41	5591.0
2004	266	90	258	634.96	884.59	6384.0
2005	289	96	278	671.76	980.00	7173.0
2006	315	93	301	727.50	1049.95	8247.0
2007	348	91	332	798.79	1204.17	9325.0

资源来源：根据《义乌工商志》（第 2 卷）、《义乌统计年鉴》、《台州统计年鉴》、《绍兴县志》、《绍兴统计年鉴》、《中国商品交易市场统计年鉴》相关资料整理所得。

4.5.2　政府强势引导义乌小商品市场

义乌市场从一开始就由政府有组织地介入地区竞争、组织协调和规划发展。特别对交易市场起积极作用的是义乌政府三个方面的强势推动。特别值得一提的是，义乌从兴办小商品市场以来历经七任地方党委书记，但对于政府主导市场的低价运作模式始终没有改变，义乌市政府始终坚持通过国有控股公司来主导小商品市场和联托运市场的规划、发展、建设、管理的主导权，包括摊位的租金定位权。

一是放宽市场进入。1982 年 9 月，义乌县委、县政府出台〔1982〕60 号文件，提出"四个允许"，即允许农民经商、允许从事长途贩运、允许开放城乡市场、允许

多渠道竞争。在 20 世纪 80 年代初期,义乌还允许农民进城经商、建房;义乌银行破规允许向私人贷款、不限制商户取款数额;由商户自行评定摊位区位的优劣,摊位的税额多少根据摊位的区位优劣来确定;1991 年,义乌市政府开始试行国有土地拍卖有偿转让,用土地出让金作为投资建设交易市场的资金,由政府调控交易市场运行。1986 年建设篁园路第三代市场时,每个摊位以 100 元的租金向温州、台州、潮州一带招引大量个体商户。这些行为是一种政府理性干预经济的行为,自觉又自发地营造了一个宽松的市场交易平台和政策环境。

二是降低商务成本。政府凭借所掌握的市场物业这一核心资源,有效控制了市场摊位的租金,降低了义乌小商品市场的商务成本。[①] 义乌政府的做法也正是通过调控摊位价格来降低交易市场的商务成本。随着市场越来越兴旺,摊位价格也“水涨船高”,2006 年交易市场一个摊位的市场转让价格多在百万元以上,最高达到 300 万元。义乌市政府通过政府掌握市场产权资源来保障“商者有其摊”,限定义乌国际商贸城中一个 9 平方米摊位的 5 年租金仅为 5 万元,摊位优先提供给经营户,以限定摊位转让最高价 20 万元来限制炒作商城摊位,有效控制了对交易市场摊位的高价炒作,大大降低了市场进入门槛和经营成本。

三是掌握调控能力。义乌市政府对交易市场的调控能力集中表现在规划和建设交易市场,政府通过实施对交易市场发展的规划权来避免市场间的恶性竞争。在交易市场规划上,他们坚持“同类市场只批一家”的原则,由政府部门控股的商城集团公司负责交易市场的投资、建设、运作,累计建成了以中国小商品城为核心的 19 个专业市场和 30 条专业街。通过规划实现交易市场的结构调整和合理布局,对前后建设的五代市场进行不同的功能定位,充分施展了政府对经济发展的行政调控手段,义乌政府通过对市场资源的优化整合实现了产业集聚效应。

4.5.3 路桥小商品市场的体制弊病

从交易市场发展的个案来看,台州路桥的商品交易市场与国内沿海地区的很多交易市场一样,都在同一时期起步,也都在初期呈现出良好的发展势头。但路桥的同类交易市场最终落后了,主要落后于政府调控交易市场的制度和框架没有建立健全起来;有的交易市场甚至衰落了,其中很重要的原因就是路桥的诸多同类市场分散建设,不同市场的所有权归属于不同的主体,导致交易市场之间

---

① 2006 年,时任义乌市委书记的楼国华在回答《决策》杂志记者提问时说:“义乌专业市场和物流场站的产权均由政府控股,这样政府就牢牢把握了市场发展和调控的主动权。”参见吴明华:《义乌模式3.0:调控有度的有为艺术》,《决策》2007 年第 4 期。

低水平竞争,市场交易的商户资源最终大量流失。

(1) 低门槛投资和低水平管理。台州的路桥小商品市场是在政策比较宽松的条件下,建设方以低门槛进入市场,商品以低价获得市场优势,这种两者构成了当时路桥市场的竞争力,也推动了路桥经济的高速发展。但村集体管理的市场抵制外部要素,当有限的市场摊位不能满足商户的需求时,村集体是以数量有限、竞价方式高价出让摊位,提高了商户进入市场的成本。同时,村办市场为收取较高摊位费和市场管理费,排斥政府监管。1990 年,路桥小商品市场有 4000 多个摊位,永跃村 150 多村民参与市场管理,人均管理摊位不到 30 个,管理人员中 14% 是文盲、60% 是初小文化水平,管理方式随意、粗暴且霸道。管理人员中有 30% 的人还参与市场经营,强买强卖时有发生。在良一村投资建设的废旧钢铁市场,村里安置的市场管理人员达到 300 多人,其中小学以下学历的占 68%、初中学历的占 27%、高中学历的只有 5%。而同时期建设的义乌篁园路小商品市场是由工商行政管理部门投资、建设、管理,60 人照章管理市场 1 万个摊位。台州的市场低门槛投资、低水平管理陷入了"低水平投资—低水平管理—低水平运营"的恶性循环。

(2) 在村级集体所有制条件下,投资、劳动、分配之间的经济联系被割裂。交易市场由村集体投资、管理,当地村民视集体资产为共有财产,他们不出资、不劳动,却可以分配交易市场收益,在共有福利观念驱使下,村民加强了对市场的控制。随着市场交易规模的增长,村民对市场收益福利化的观念不断强化,把市场的主要功能定位在福利功能上,把对市场的管理强化为收费管理。虽然村民从市场就业途径获得收入,却不考虑市场的发展方向、基本建设、经营管理,只是最大限度从市场汲取利益。1982 年,永跃村从路桥小商品市场收取管理费 728 万元,收入中用于投资市场的资金只有 223 万元、其余大部分用于村民的工资、福利支出,村民市场管理人员每月在工资之外,奖金高达 300 元。村民不仅强化对市场的控制,还抵制政府的监管。1989 年,路桥小商品市场的年成交额 3.1 亿元,税收只有 344 万元;而同年义乌的小商品城成交额 4 亿元,税收达到 1500 万元。

(3) 村民对小商品市场利益诉求转化为强化的控制,导致劣制驱逐良制。劣质管理制度极大地限制了交易市场的成长,直接后果是许多商户易地义乌小商品市场。村民的福利诉求导致交易市场的收益完全福利化,①这种管理制度

---

① 台州市路桥区的良一村有多个交易市场,主要是钢铁市场和机电五金市场。2006 年,这个村有 1720 人,市场总交易额 20 亿元,村集体经济收入 9500 万元,村民人均收入达到 3 万元,其中有 1 万元来自这两个市场的收益转化为福利。见良一村 2006 年工作总结及 2007 年工作思路。

的弊病就是强化利益而短视发展。1990 年，台州行署的有关领导基于"不变更生产关系，生产力就得不到发展"的思想，提出改组市场的产权和管理，[①]但因方案遭到村民的抵制而最终没有实施。20 世纪 90 年代初期，温岭有 197 个市场，其中大部分是由乡、镇、村联办，以及个人合股和有关部门合办，出现了市场之间的管理收费标准不一、村与村重复建设市场效益偏低、市场服务质量较差、市场基础设施简陋、交易秩序混乱等一系列问题。[②]温岭县政府曾两次以温政〔87〕96 号和温政〔92〕42 号文件强调全县各类市场由工商行政管理部门实行"统一领导、统一政策、统一管理、统一收费标准"。对于政府要求统一管理的决定，市场建设方对此进行抵制体现了投资者的短视。这种现象说明，在政府力量缺失或者政府干预处于弱势的市场结构中，利益导向与发展导向之间的博弈就是劣制驱逐良制的结果。

4.5.4 政府两次入主绍兴轻纺城

绍兴轻纺城的建设初衷是为了解决绍兴大量的集体所有制纺织企业[③]在生产和经营中遇到的困难，绍兴县政府决定创办一个面向轻纺行业的市场，尝试以"前店后厂"的模式解决当地轻纺企业的原料来源和产品销售问题。但轻纺市场建成后，当地企业视摊位为负担，仅仅把积压的产品摆放在轻纺市场，市场交易冷清。在这种情况下，1989 年，绍兴县政府又进一步决定对外招商，首先面向温州、台州经营纺织品的商户招商，并提供优惠的租金。外地商户进入轻纺市场后，基本上经营外地生产适销对路的纺织品，市场交易迅速活跃并日趋繁荣，而绍兴当地纺织企业的经营困境依然如故，引起了当地企业和干部的不满。1990 年国家开始治理整顿经济秩序，关停还是继续经营轻纺市场成为考验当时地方政府的政治智慧和经济眼光的重大决策问题。1990 年 7 月，时任浙江省省长沈祖伦到绍兴考察轻纺市场、走访纺织企业、召开座谈会，经过深入分析，沈祖伦省长认为：绍兴轻纺市场不是办得好，而是好得很；市场不但不能关门，而是要抓好机遇，加快发展，把绍兴轻纺市场变成全国的轻纺市场。

这一判断成为影响绍兴轻纺市场发展的重大战略。1990 年下半年开始立

---

① 徐邦毅：《健全和完善路桥小商品市场管理工作》，《商品经济与管理》1991 年第 2 期。徐邦毅时任浙江省台州地区行署副专员。

② 温岭县工商行政管理局：《温岭县市场建设存在的问题与对策》，《浙江经济》1994 年第 1 期。

③ 据绍兴轻纺城元老级人物濮耀胜撰写的《中国轻纺城十年沉浮录》中回忆，1985—1986 年，绍兴的轻纺工业出现了严重危机，主要是生产技术落后、资金周转困难、产品大量积压。为了帮助企业解困，绍兴县政府决定办一个轻纺市场，解决企业的原料供给和产品销售问题。

项扩大市场建设,到 1992 年初建设完工并开业时,适逢其时地赶上邓小平南方谈话发表,轻纺市场步入高速发展的阶段。1992 年,国家工商行政管理总局批准使用"浙江绍兴中国轻纺城"名称,1993 年"中国轻纺城"改造成股份制公司,1997 年轻纺城首次公开发行股票并上市交易。

2002 年,在全国掀起民营经济热的推动下,绍兴县政府把政府控制的中国轻纺城的股份卖给了民营企业,实现了中国轻纺城的民营化。但自从 2002 年民资入主轻纺城后,"民间资本+市场机制"的尝试并没有给轻纺城带来发展的活力,而是出现了民资以逐利为基本取向产生的短期行为。例如,对交易市场的功能提升和扩建改造投入明显不足,导致轻纺城市场发展停滞不前,连续 4 年经营业绩平平,在一定程度上影响到了绍兴轻纺产业的发展平台。与此同时,在长三角地区出现 10 多个大型的超级轻纺市场,使绍兴的中国轻纺城地位遇到强烈挑战。

2006 年,绍兴县政府基于巩固和发展中国轻纺城这个对绍兴轻纺产业有重大影响的市场平台,把新旧市场的建设纳入统一的发展规划。绍兴县政府提出"提升发展中国轻纺城必须重在政府主导,形成合力;重在降低成本、优化环境;重在配套延伸、创新发展"。绍兴县政府专门组建中国轻纺城建设管理委员会,充分发挥政府在综合协调、规划调控、投资建设、秩序管理上的主导作用,并成立中国轻纺城开发建设有限公司,以政府绝对控股形式,相继启动了老市场区改造和新市场区建设工作。同时成立了轻纺城营业房流转服务中心,从源头上控制了恶意炒作市场摊位的行为;对老市场区的道路、停车场、仓储、空调、广场等设施进行配套建设,改善交易环境。在扩大建设新市场的同时,回购已经转让的股权,政府重新掌握了对中国轻纺城的控制权。① 现拥有 4 大交易区 19 个专业市场,建筑面积 60.5 万平方米,其中纺织品市场 13 个,轻纺原料市场 1 个,纺机及轻工类市场 5 个,2000 年成交额达 188.44 亿元,2006 年 301 亿元。

4.5.5 路桥产业升级与市场转型

20 世纪 80 年代后期,路桥日用消费品交易市场的领先地位被后起的义

---

① 2006 年中国资本市场重新繁荣时,政府鼓励证券公司改造上市。光大证券计划收购"轻纺城"(600790)借壳上市。当时轻纺城股票价格低迷,但光大证券的借壳计划被绍兴县政府否决。绍兴县政府决定回购股权,继续控股并主导轻纺城的扩张和建设。2008 年 12 月,义乌市人大通过决议,以定向增发方式,由义乌市政府增持"小商品城"(600415)股份,从 39.86%增加到 55.82%,义乌市政府获得绝对控股地位并主导小商品城的战略发展。

乌市场代替。1995 年,义乌中国小商品城成交额首超百亿元,达到 155 亿元,台州路桥的中国日用品商城成交额为 97 亿元、绍兴中国轻纺城成交额是 127 亿元。10 年之后的 2006 年,义乌中国小商品城交易额 315 亿元,增长了 103%;绍兴中国轻纺城是 301 亿元,增长了 237%;台州路桥中国日用品商城 90.5 亿元,为负增长 6.7%。中国日用品商城 1994 年交易额 55 亿元,在市场交易额经历了 2000 年的 110 亿元、2001 年的 116 亿元的巅峰之后,2002 年下降到 88 亿元,并连续 4 年停滞在 90 亿元交易额的水平上,交易额回落到 10 年前的水平。路桥消费品交易市场的主导地位被替代并不说明当地经济发展衰退,相反,路桥的生产资料交易市场快速成长,与此同时,路桥制造业也开始快速发展并快速转身重工业化方向,制造业的高级化主导了当地的经济发展和产业结构升级。

大型小商品交易市场的停滞不前只是反映当地大型日用品交易市场已经不能主导当地经济的持续增长,但并没有影响到当地经济增长。相反,生产资料交易开始替代日用品交易市场成为调整经济结构的主导力量。推动当地经济增长的重心已经转移到金属材料交易市场和基于金属资源的制造业,从 2000—2006 年,路桥区的轻重工业之比由 61.2∶38.8 反转为 27.9∶72.1。在路桥的制造业中,汽车制造、摩托车制造、汽车-摩托车配件制造、机电制造、家用电器制造、再生金属资源、塑料及模具、建材五金等行业集中,单个企业销售收入超亿元以上企业达到 75 家,15 个工业产品的市场占有率居全国首位,成为全国最大的再生金属材料基地和重要的摩托车及配件生产基地。从下表中可以更加明确地看出日用品交易市场 2001—2005 年间的发展状况。同时,也发现其中存在相辅相成的现象,即 5 年来,生产资料交易的年成交额有了大幅度增长,而且增长趋势呈非常强势的状态。

表 4-6　2001—2005 年路桥亿元以上专业市场成交额汇总

(单位:亿元)

	交易市场名称	2000 年	2001 年	2002 年	2003 年	2004 年	2005 年	6 年间增减
消费品市场	中国日用品商城	110.47	116.22	102	88.28	90.6	90.5	−22.1%
	路桥小商品市场	73.6	74.8	59.45	60	58	58	−22.5%
	浙东南副食品市场	12.67	13.4	13.48	12.68	12.5	13.27	−1.0%
	路桥兴路市场	1.50	1.38	1.06	1.0	1.1	1.2	−13.0%

续表

	交易市场名称	2000 年	2001 年	2002 年	2003 年	2004 年	2005 年	6 年间增减
生产品市场	台州化工塑料市场	2.9	1.8	2.7	6.7	7.47	6.75	275％
	中国建筑装饰城	3.01	3.01	4.19	4.9	5.45	7.25	121％
	台州机电五金城	2.80	2.56	2.82	8.0	12.2	12.5	381％
	浙江物资调剂市场		8	12	17	27	36	350％
高端市场	台州市电子电器市场	1.79	2.28	2.94	3.8	8.9	11.2	391％
	方林汽车城	—	—	2.6	7.13	14.29	12.85	394％

资料来源：台州市路桥区发展与改革局提供。

　　基于产业结构调整才导致路桥小商品市场、中国日用品商城交易规模扩张的停滞。对于路桥小商品交易市场发展落后的原因有多种解释，如义乌市政府对市场发展的强力推进增强了义乌小商品市场的发展动力，义乌小商品交易市场带动下小商品加工制造业的兴起替代了路桥当地的同类产业，路桥交易市场主体的集体所有制存在的体制弊病制约了经济主体的发展、台州地区的道路交通条件恶劣制约了台州物流业的成长，等等。这些解释的说服力并不强，义乌与路桥的市场与产业并不是此消彼长的关系。

　　从长期发展的趋势来看，台州专业市场的发展趋势与台州制造业发展的方向有直接的关联。台州步入工业化道路后，主导产业发展历经基于资源的"两水一加"产业、基于劳动力资源的"两建一出"产业，随后台州轻工业产品经历充分的低水平发展后出现了产业的市场壁垒，尤其表现在台州的绣衣业从高度繁荣到整体消亡的产业消长过程。然而，台州制造业在产业自然演进的过程中自发选择在产业链中主动性较强的上游行业，如机械制造业快速发展，特别是通用设备制造业、专用设备制造业、金属品制造业、交通运输设备制造业、塑料模具制造业等等。这些行业的兴起很重要的一个条件就是台州存有数量不菲的废旧金属交易市场和废旧机械电器设备交易市场。这些生产品市场的稳定发展有力地支持了台州产业资本向制造业的上游集中，确立了台州机械电器设备业的成长。这种此消彼长的发展变化可以从台州消费品交易市场和生产品交易市场的此消彼长中得到全面演绎和有力说明。

4.6　总结性评述

三大市场的发展路径展示"市场机制、政府力量、产业融合"的路线图：（1）义乌小商品市场在政府干预下，通过降低商务成本、扩大交易规模，有效引导义乌当地走上小商品加工制造业的发展道路，是比较典型的"以政府为主导、以市场为基础、以产业发展为目标"的模式。（2）绍兴轻纺市场是政府为轻纺企业搭建的产业发展平台，以引进外部要素激活当地企业，实现绍兴轻纺企业走上资产改制、市场竞争、技术创新的发展道路，是典型的"政府创造环境、市场引导竞争、企业自主创新"的发展模式。（3）路桥日用品市场是政府介入受到抵制、交易市场长期处于低水平运作状况、市场机制引导当地产业自发选择了产业向制造生产品的方向发展，多样化的市场结构使当地制造业与日用消费品交易市场提供的服务平台分道扬镳，是典型的"源生自发的市场制度、多元有序的市场结构、自主创业的产业平台"的发展模式，其中政府干预引导的力量远弱于市场自主成长的力量。

政府行为是区域长期发展不可缺失的力量。市场化本身不能有效地把握短期利益与长远发展的关系，路桥小商品市场的体制性弊端所导致的发展后劲不足、绍兴中国轻纺城民资主导的一个时期停滞不前、义乌市政府把义乌国际商贸城三期建设与义乌中国小商品城股份有限公司割裂开的现象，都反映出市场选择背离了政府对区域发展目标，一旦市场力量与政府力量之间出现不平衡、政府力量不足以约束市场主体的方向时，就会出现短期利益主导企业选择，市场化表现出的短期行为影响到区域经济的长远发展。政府是区域长期发展的重要环节。一旦政府的调控行为出现方向性错误，或者政府的调控力量不足以左右市场的短期行为，市场就会引导区域发展偏离政府的目标，最终导致区域政策失败。

专业市场的成长路径显示：专业市场是自由竞争条件下的市场组织形式。由于市场还没有产生垄断力量，自由竞争依然是市场机制的核心内容。在自由竞争条件下，市场主体具有广泛的参与交易的社会基础和市场机会。广泛而普遍的市场机会的存在使经济领域生机勃勃，经济生活充满活力。在资源自然禀赋严重稀缺的地区，市场机会和商业资源就成为社会经济发展的基本要素，其中市场机会和商业资源在弥补自然禀赋稀缺方面具有不可替代的作用。所以，"人力资源＋市场机会＋商业资源＋政府规制"的有机结合成为自然禀赋稀缺地区区域经济转型发展民营经济的基本模式。

5 民间金融的内生效率与制度转轨

金融业是中央政府严格管制的产业部门。台州民间金融力量借助国家合作金融的政策平台,发展了民营股份制金融组织。民间金融力量与地方政府协同博弈,最终使金融管制部门认同台州民间资金组建股份制现代银行,实现市场导向与政府导向的统一。民间股份制商业银行还引导国有大型商业银行转向服务台州中小企业,促进了地方小规模民营企业的成长。民营金融机构为大量"低、小、散"状态中的民营小企业及时提供方便、灵活的融资模式,成为台州民营企业成长的温床。活跃的民营经济以及与之相适应的、活跃的民间金融市场构成"民营企业+专业市场+民间金融"的经济发展框架。而地方政府引导合作金融机构向民间资本主导的股份制金融机构转变,构建起适合台州中小民营企业成长的民营金融市场,还形成了一个运行有效的资金供求秩序。

5.1 台州民间金融的制度背景

在台州内生发展模式中,民间金融业与民营制造业成长的起点相同,都起步于草根式、制度外的民间市场,但两者发展的结局却相反。民营制造业成长起始于农村草根式的家庭式作坊,这些小作坊在成长过程中不断与政府博弈,最终成为台州体制内经济的主体,民间草根式的家庭作坊向现代企业过渡。而民间金融业也起始于农村草根式的民间金融,如银背、聚会、钱庄等,民间金融与当地民间工业相伴同生,但民间金融与合法制度之间却存在着无法跨越的鸿沟。民间金融市场中的银背、钱庄和票据集资行为始终不能取得合法地位。与此同时,另一个有趣的现象是,在与体制内的国有、集体企业竞争的过程中,民营制造业是通过较低的价格竞争在市场中立足,而民间金融业却是以较高的资金价格与国有银行争客户资源,并占有不低的市场份额。

5.1.1 管制性壁垒与台州民间金融市场

在不同市场制度背景下,民间金融活动的价值指向是不同的,金融活动的绩效取决于金融交易的性质和金融市场的功能。民间资金市场是适应民间经济活动的需要而形成的,当资金交易用于生活消费目的,与这种交易相关的金融活动往往是生活型金融活动,所产生的市场价值与商业规模都有局限;而服务于生产类经济活动的金融交易就是生产类增值型金融,这种金融活动能够放大经济活动的规模和价值。

20世纪50年代,我国建立了计划经济体制后,金融体系只有国家控制的城市银行和农村信用合作社两大金融体系,这种金融体系把资本市场严格地约束在计划经济体系内,不存在计划经济体的大规模资金流动,也不存在任何有利于金融市场产生和发展的政治氛围和政策空间。再加上长期实行的低国民收入政策,使民间发生的借贷规模表现为极其微不足道。即便如此,民间借贷也没有完全消失,在极困难的条件下,民间金融以极小的规模在民间存活,并在商业传统比较活跃的地方激活了民间资金。60年代末至70年代初,浙江省的宁波、台州、温州等地都不同程度地存在着民间借贷资金参与生产经营活动的现象。

改革开放以后,随着城乡经济的日益活跃,私营经济日益发展壮大,但民营企业快速成长与官方金融市场远离日益活跃的民营经济构成了经济领域中极不协调的运行机制,掌握资金的部门没有构建起向有活力的市场主体提供资金的依据和路径,体制内的金融资本表现出很强烈的计划经济和对非公有制经济主体的排斥性。

表 5-1　1980—1988 年人民银行流动资金贷款年利率调整情况

(单位:%)

调整时间	国营工业、商业、农业贷款					农村集体工业、农业贷款			个体工商户
	工业	粮食	商业	外贸	农场	社队农业	乡镇企业	农户贷款	
1980.01	5.04	2.52	5.04	5.04	4.32	2.16	2.16	4.32	—
1980.10	2.52	2.52	5.04	5.04	4.32	2.16	2.16	4.32	—
1981.01	2.52	2.52	5.04	5.04	4.32	2.16	2.16	4.32	—
1982.01	3.6	3.6	7.2	7.2	5.76	4.32	4.32	7.20	—

续表

调整时间	国营工业、商业、农业贷款					农村集体工业、农业贷款			个体工商户
	工业	粮食	商业	外贸	农场	社队农业	乡镇企业	农户贷款	
1983.01	7.2	3.6	7.2	7.2	7.20	4.32	4.32	7.20	8.64
1984.01	7.2	3.6	7.2	7.2	7.20	7.2	7.92	7.20	8.64
1985.04	7.92	3.6	7.92	7.2	7.20	7.92	8.64	7.92	9.36
1985.08	7.92	3.6	7.92	7.2	7.20	7.92	10.8	7.92	11.52
1986.09	7.92	3.96	7.92	7.2	7.20	7.92	10.8	7.92	11.52
1987.01	7.92	3.96	7.92	7.2	7.20	7.92	10.8	7.92	11.52
1988.09	9.0	9.0	9.0	9.0	9.0	7.92	10.8	9.0	11.70

资料来源：根据中国金融学会：《中国金融年鉴》（1985 年、1986 年、1987 年、1988 年）相关资料整理。

在无法接入计划金融体系的背景下，台州民间制造业和流通业大量地使用现金交易，使大量现金滞留在民间并用于流通，这就直接导致台州地区的货币回笼比较困难，长期成为现金净投放地区。1975—2004 年的 30 年间，台州累计现金净投放额为 481.2396 亿元；1984 年，台州现金净投放额为 1.2198 亿元，2006 年增长到 67.91 亿元，年均增长 20.05%。民营企业之间大量的现金交易和货币资金长期体外循环逐渐互构成一个内生式民间借贷市场，并成为台州区域经济中强大的市场力量，导致台州经济运行游离在宏观调控边缘。

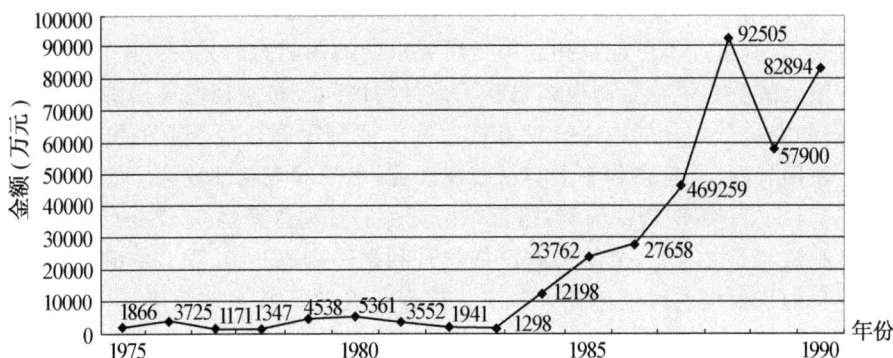

图 5-1　1975—1990 年台州金融机构现金净投放额

　　台州居民储蓄和民间手持现金也经常转化成民间借贷资金,长期在民间借贷市场中周转,成为民间借贷市场有效运行的资金来源。据调查,1961—1965年间,玉环坎门镇有 596 户放高利贷,月息一般是 5％～15％,高的达到 30％;到 1984—1985 年间,由于民营企业大量出现,民间利率一般是月息 4％～5％。①20 世纪 80 年代,台州民间资金大量以"体外循环"的形式参与经营活动,对于处于初始创业阶段的许多家庭工业户来说,小本经营的启动资金大多来自亲朋好友、乡亲邻居的民间自由借贷。

　　台州的民间金融市场在 20 世纪 80 年代已经粗具规模,民间资金主要形式是亲朋邻里之间的借贷以及一些个体或集体企业的内部集资。到 80 年代中期至 90 年代中期,民间资金市场迅速发展,民间资金的规模越来越大,除了构成生产和经营性资金来源外,还产生了大量的民间非经营性集资,对社会经济和金融生活产生了重大的影响。据台州市乡镇企业局统计,1988—1995 年全市乡镇企业固定资产投资总额中,银行贷款占 23％,民间借贷资本占 77％。90 年代中后期,以城市信用社为主的台州地方金融机构开始成长起来,并表现出良好的市场适应性和成长性。同时,国家加强对非法集资和地下钱庄的监管,取缔了一批非法经营的地下金融组织,越来越多的投资者对参与民间信用持谨慎态度,地方金融机构的成长对中小民营企业的支持构成了台州特有的金融支持体系。台州的民间企业与当地的民间金融同步成长,经营组织的形式也随之不断变迁。

　　20 世纪 80 年代中期,台州农村的家庭专业经营开始发展,特别是家庭工业的发展势如潮涌,同时对资金的供给产生了很大的需求。但金融部门对民间家庭工业提供不了资金支持。一方面,由于台州家庭工业没有形成物业积累,生产设备也异常简陋,固定资产极少。虽然家庭工业所选择的行业都是资金门槛低,只需少量资金就可以使家庭工业的生产和经营活动启动起来,但从金融部门的眼光看来,家庭工业不可能承担起银行所要求的信用能力。另一方面,计划经济体制下银行的资金供给管制模式限制了银行为民间经济高速发展提供需要的资金,银行的资金分配计划中完全没有把家庭工业和民间合股企业的资金需求列入资金使用计划,并且在利率上实行歧视性、高水平的限制性政策。如图 5.2 所示,1986 年,以一年期贷款为例,国营单位贷款的月利息率是 6.6‰,而乡镇企业贷款月利息率是 8.4‰,个体工商户贷款月利息率则高达 9.6‰,乡镇企业和个体工商户的贷款由农村信用社来解决。即便是在这种歧视性政策下,许多民间企业和个人的经营仍得不到银行资金的支持。例如,1986 年,台州市椒江区东

---

　　① 玉环县编史修志委员会:《玉环县志》,汉语大词典出版社 1994 年版,第 339 页。

山信用社所能提供的资金总量仅能够满足当地乡村企业、家庭工业所需资金量的 15％，企业与家庭工业所需的大部分资金要靠企业和经营户自筹。在这种严格管制的资金市场中，普通的资金供求关系无法在体制内的资金市场中得到解决。

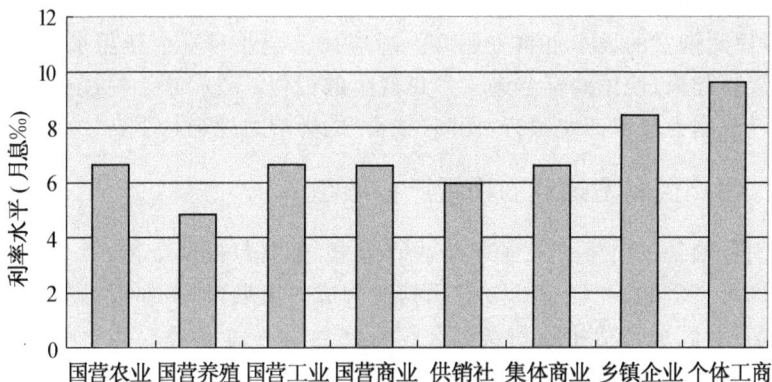

图 5-2　1986年台州不同所有制企业贷款利率差别对比

20 世纪 80 年代中后期，台州家庭工商业在经过一个阶段的发展后积累了一定规模的自有资金，企业资产结构发展到股份合作的阶段，但参与合股者以家族成员为主，合股资金主要是固定资产投资，借贷资金主要用于经营周转资金。由于外部市场迅速扩张，企业生产资金明显不足，为满足民间制造业的资金需求，民间借贷应运而生。在家庭工业起步的阶段，民间金融以"小额、私人、直接"为借贷特征，资金用途主要是用于周转资金，借贷月息为 1.5％～2％。1984 年，椒江区洪家一户钱庄以 2％的月息向民间集资，以 2.5％的月息向个体工商户放贷款。[①]在合股企业阶段，企业对资金的需求规模也相应扩大，民间金融以"额度较大、方式多样、间接融资"为融资特征，并开始产生金融中介，如钱会、钱庄、银背等非正规金融以及城市信用合作社等官方许可的金融组织。这一时期，民间金融市场开始出现"抬会"、"平会"和"排会"风波。

20 世纪 90 年代中期，民营企业的规模和数量登上新台阶，许多民营企业已经积累了雄厚的资金基础和较强的自主发展能力，一些具有一定经营水平的合

---

① 据《椒江市志》记载，该钱庄 1986 年被取缔，但很快重新经营，集得资金 197 万元，向 83 个个体工商户贷款 195 万元，1987 年 10 月，因贷款无法收回倒闭，由人民银行和椒江洪家区人民法院联合清理。见椒江市志编纂委员会：《椒江市志》，浙江人民出版社 1998 年版，第 572 页。

股企业开始组建有限公司和股份有限公司。民营企业对资金的需求量也越来越大,借款的主要目的已经由初始的固定资产投资向企业的流动资金、技术改造项目的投资转变,对资金需求呈现的特点是借贷资金规模较大,对借贷资金的供给效率要求更高。台州民营企业为及时把握市场上稍纵即逝的商业机遇,需要能够在最短时间内筹措到所需资金的融资机制,大额、直接借贷成为最普遍的形式,同时民间借贷的成本也越来越高。适应民营企业对资金新需求的民资银行也快速成长起来,使民间资金进入了正规金融行列。政府开始整顿金融秩序,城市信用社改制为城市商业银行,民间"钱会"的影响力越来越小。

5.1.2 台州民间金融业的初级产业形态

民间金融是一个相对于官方金融的概念,主要包括两个体系:一个体系是由政府许可、民间自主经营的金融机构所构成的金融市场,如股份制银行、大量的农村信用社、城市信用社和农村合作基金会;另一个体系是历史悠久、长期游离于政府监管之外的民间金融市场,如民间借贷、银背、钱会、钱庄等。由于官方金融体系所服务的对象仅限于政府创办的经济主体,如国有的企事业单位等,并对非公有制经济主体实行所有制歧视,因所有制不同而实行不同的利率标准。在金融市场中,官方金融体系对非公有制经济的歧视集中表现在限制非公有制企业进入金融市场开展金融业务,保证金融资源对公有部门的集中供给,同时限制非公有制企业从官方金融市场体系中获得信贷资金,等等。由于官方金融市场不对民间开放,新兴的民间企业由于发展所需只能转而求助于民间金融市场。在这种背景下,适应民间企业需要的民间金融也日益活跃,成为台州民间投资的主要筹资途径。

台州民间金融主体是在民间工业化初期的制度变革背景下产生的民间金融组织或个人,包括民间经济组织、集体或个人经营的非银行金融组织,这些金融组织绕过官方的金融经营体系和金融监管,直接服务于当地的金融交易活动。民间金融按其组织形式大致可分为三种:一是资金供求双方之间直接发生的民间个人借贷和企业融资;二是通过民间约定俗成的融资方式组织各种聚会(如标会、摇会、抬会、合会、呈会)进行融资;三是通过有固定经营场所、没有合法身份的各种组织化的机构进行融资,如私人钱庄、典当行、基金会等,不同形式的民间金融适应不同金融需求。

民间金融一般具有如下特征:一是具有地籍性、社区性和草根性。民间的社会组织和社会关系中,人缘、地缘、血缘、业缘关系是民间社会生活的主脉,这些社会关系既是民间金融市场的社会基础,也是参与民间融资安全的保证。二是具有内生性、自发性。民间金融表现为产权和财产的交易,是基于产品经济自我扩张制序的市场体系,只要存在物权的交换,就会产生支持和增进交易的金融活动,内生性与自发性说明了民间融资是经济市场化不可或缺的组成部分。三是总量规模大而单个规模小。民间融资互生于社会生产,只要存在非直接物品交易的经济活动,就会存在依赖货币借贷而开展的金融交易,交易规模与生产规模成正比。四是参与者之间具有一定的信息对称性和信息完备性,民间金融具有很强的社区性特征,而交易者在进行交易活动时受到非正式规则的影响下,决定交易是否进行取决于交易者之间相互持有的信息。五是交易活动完全游离于金融当局监管之外,因为民间金融在我国现有金融监管制度下,只允许民间小额非营利性的生活性直接借贷。而民间融资活动的规模和所经营的业务早已超出了金融监管部门的限制。

5.1.3 台州民间金融市场的结构性特征

台州的资金供求存在三大结构性缺陷:

一是信贷资金长期"贷差",即金融机构的贷款余额大于存款余额。从 1955年开始,一直到 1989 年,在长达 35 年的时间里,台州各金融机构每年的贷款额度都大于存款额度,也就是通常所说的"贷差"现象。"贷差"现象反映银行吸纳的资金不能满足生产资金的需要,金融部门一方面向外拆借,同时也为民间金融提供了空间。这种"贷差"现象一直到 1990 年才得到改变。1990 年,台州金融机构的存款余额开始大于贷款余额,出现"存差"现象,"存差"现象反映了企业、居民收入能力的提高,特别是台州大量工业产品输出创造了大量回流现金。就"存差"来看,嘉兴市始于 1993 年(1993 年嘉兴的存款余额 1062373 万元、贷款余额 1058252 万元),浙江省始于 1991 年(存款余额 7896439 万元、贷款余额 7499325 万元),全国性"存差"始于 1995 年,台州存大于贷的资金结构先于全国5 年发生改变。

二是金融机构的现金收支长期处于净投放状态。1958—2006 年期间,只有1959 年、1962 年、1963 年、1968 年、1969 年、1970 年这 6 年有现金净回笼,其他43 年全部是现金净投放。1971 年后,一直处于现金净投放状态。1974 年以后现金净投放量快速增长,1974—1978 年,净投放额 9353 万元、年均净投放额1870 万元;1979—1983 年,净投放额 16690 万元、年均净投放额 3338 万元;1984—1987 年,净投放额 109877 万元、年均净投放额 27496 万元;1988—1996年,净投放额 905451 万元、年均净投放额 100606 万元;1997—2001 年,净投放额 1495553 万元、年均净投放额 299110 万元;2002—2006 年,净投放额 3159506

万元、年均净投放额 631901 万元。大量的现金净投放且投放额持续增长的事实说明,台州民间交易中大量使用现金结算。

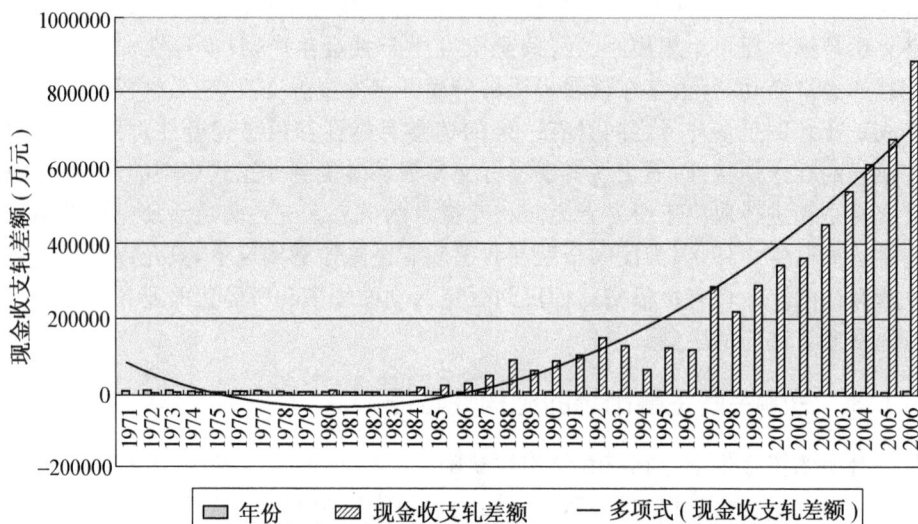

图 5-3 1971—2006 年台州金融机构现金收支轧差分析

台州现金净投放量大的主要原因是家庭工业大规模使用现金交易,正规的金融部门无法控制这种增值性的商业现金交易,金融监管部门又不可能对这种现金交易进行管制。普通居民把自己手中的现金用于增值性借贷行为,也不是金融部门能够监管的。这种监管空白成为民间金融部门的发展空间。可以说,台州民营经济特有的自主性和内生性不仅反映了市场经济的本质特征,也反映了正规金融部门的市场化改革进程不能适应经济发展的需要。

三是民营企业经营活动需要金融业务的支持,但金融机构却基本上不向民营企业提供融资服务。台州民间对金融业务的需求主要表现为短期周转资金的需求,民营企业的经营活动对资金市场有巨大的需求,但既有的正规金融机构对民间资金需求却没有产生应有的反应。主要原因是:(1)政府的金融管制模式割裂了资金供给与民间资金需求的联系。在台州区域经济的发展过程中遇到了计划体制下的金融管制,经济发展在很大程度上受到了政府金融体制的制约,官方金融体制不能有效组织社会储蓄和引导投资流向活跃的民营经济。(2)政府的储蓄低利率政策只让国有和集体企业在使用资金时受益,这就影响了民间资金进入银行储蓄的积极性,民间资金大量滞留在民间参与民营企业的经营活动,导致银行资金来源一度发生严重的储蓄不足,这就在金融市场的服务环节中留下了庞大的金融服务空白地带。（3）台州民营企业的交易中大量使用现金交易，也导致大量现金滞留在民间。浙江的台州与温州长期以来一直是现金的净投放地区。台州从 1971 年开始，银行的净投放资金规模日益增大，成为金融严重关注的地区。台州民营经济初始发展时期，大量的生产单位起步于家庭作坊式，他们的交易是通过专业市场"一手交钱、一手交货"的现金交易方式实现的。这种交易方式既能快速地完成交易，又能在最短的时间内回收资金继续投入新一轮的生产。这种经济规模的存在为民间积蓄了大量的现金。

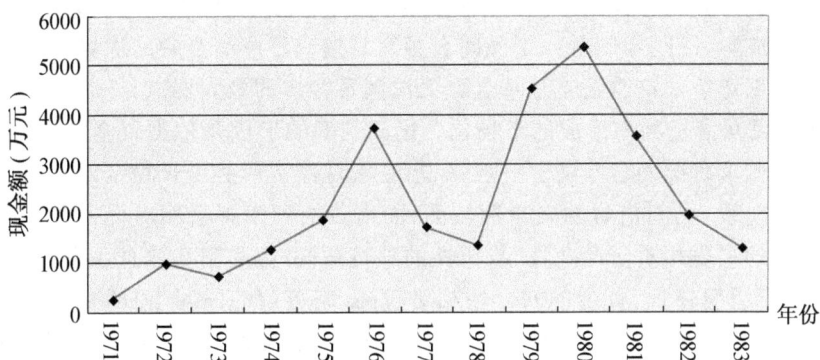

图 5-4 1971—1983 年台州银行现金收支轧差幅度变化

民间金融最大的特点在于手续方面的简便，以及期限和数额上的灵活性。在较小的区域内，民间金融比正规金融更具有掌握客户信息的优势，而且对于贷款的制度安排比较宽松，基本上是根据借贷发生前所掌握的信息替代风险评估，而贷后风险防范机制很弱。因此，民间金融市场主要依靠"信用"这种软约束。而正规金融部门对资金安全的第一约束是抵押，与"信用"约束相比，这是更直接的硬约束。相比之下，民间金融的信用风险系数更高，加上交易行为脱离金融监管和控制，民间金融因为缺乏安全性而一直得不到政府的认可。

5.1.4 台州民间金融的内生性市场机制

台州民间金融的市场化和组织化天然地表现出对当地民营经济的适应性和根植性，方便灵活的资金供给加快了小企业的快速发展，但无益于产业结构的调整。

（1）民间金融的市场运作机制体现了资本赢利的本质。在民间金融市场交易的双方，资金的来源是千家万户闲散的资金以及组织资金的金融中间人。中间人同时掌握千家万户的资金信息和企业的经营信息,他们以简便的手续、灵活的期限和数额向当地人筹集存款、提供贷款。在中间人与资金供求双方关系中,充分与透明的信息、对财富增值的追求、低成本的交易关系既是市场机制的最高目标,也构成了"资金贷方—中间人—资金借方"资金交易系统。

(2)民间金融的手续简便、期限灵活、融资迅速,体现了市场经济低成本高效率的特质。民间企业的资金需求具有分散、随机、救急的特征,而民间借贷以方便快捷、简单契约的运作机制完成基于社区信任的市场交易,体现了具有根植性民间借贷必然具有灵活与简便的特点,其中长期稳定的社区信任关系替代了部分社会成本,民间规则融入了民间金融交易构成了民间金融的优势,对正规金融构成外部竞争。这也正是正规金融无法满足客户的最大弱点。

(3)民间借贷利率形成的市场化。民间利率的形成是依据资金的风险系数和资金的供求状况而产生的。一般来说,在宏观经济形势增长稳定、企业经营比较活跃的时段,民间借贷的发生额较高,而借贷的利率则会相对低一些;制造业民间借贷的利率相对于商业性、投机性的项目来说,因为制造业企业有固定资产保障、生产周期较长,资金的安全性相对较高,制造业的民间借贷利率就相对较低,而商业性、投机性的借贷项目商业周期短、市场不确定性较高,这类借贷的利率也较高。

(4)民间金融的供求能够及时反映宏观经济运行。民间金融既支持经济增长,也依赖经济增长。从宏观经济运行的基本过程来看,以 GDP 为指标的经济总量的长期扩大与银行贷款的关系越来越紧密。虽然民间金融具有追逐利益的本性,但经济成长性越好,民间借贷的利率越低,民间资金就越安全。当民间金融根植于民营中小企业的良性发展,民间金融中开始逐渐形成规范化、制度化的金融运行机制,正是民间金融的规范化和制度化才促成民营经济的持续发展。

(5)民间金融对产业结构调整的影响极弱。民间金融对经济增长的作用主要体现在提供中小企业融资渠道。这种融资来自经济的快速增长,是一种需求导向的融资。在具体的融资行为中,中小企业向民间融资大多是短期融资,满足企业经营对周转资金的需要。由于民间融资很少进入固定资产投资,因而对产业结构调整的影响力极其微薄。因此,民间金融市场不能反映产业结构调整的方向。相反,正规的金融机构向政府产业导向政策提供的配套资金成为影响产业结构的主要部门。

5.2 民间财产资本化与民间融资组织化

改革开放初期,沿海地区民营经济率先发展的部门主要集中在家庭工业、运输流转业、服务业和民间借贷。在市场机制引导下,以家庭作坊为起点的民间工业化和流通业发展成为具有区域特色的市场主体,推动了工业产品流通市场、生产资料供应市场、劳动力市场和民间金融市场,活跃的民间金融市场使台州发展成为具有地方特色鲜明、金融生态优良的典型地区。

5.2.1 台州民间金融市场的形成与规模

在低收入的状态下,民间家庭工业的初始阶段没有自主积累资金的能力,而正规的金融部门又不可能向民间家庭工业提供资金支持,民间的家庭工业只能寻求民间借贷,民间金融市场应运而生。民间金融活动主要是民间借贷。具体表现为三种形式:高利贷、聚会和集资。

新中国成立后,人民政府严厉打击高利贷,但民间高利贷并没有彻底消失。据《玉环县志》记载,1953 年,玉环县徐都乡上塘村(今清港镇徐都村)156户农户中,101 户农户有借高利贷的记录;1961—1964 年,玉环县坎门镇有596 个农户有过放高利贷的记录,高利贷的利息一般为月息 50‰～150‰,最高月息是 300‰。①聚会在民间也广泛存在。新中国成立后,人民政府对此没有提倡,也没有禁止过。20 世纪五六十年代,在一些机关干部和企业职工中组织一些低息的互助会,聚会资金的主要用途是解决结婚、建房、治病等生活急需。

从 20 世纪 70 年代初期开始,民间金融活动开始从生活领域走向民众的经营领域,借贷和聚会的资金一般用于办私厂。到 80 年代初,出现了企业和个人集资的金融活动。据台州地区人民银行的调查统计,1986 年,台州地区全社会货币流通量 11 亿元中,9 亿元在农村,全区 15.2 万户个体工商户占有其中的货币资金 3.75 亿元。从 1988 年下半年银行收紧银根以来,全台州参加企业集资活动的游资总额达到 5 亿元左右,其中玉环、温岭、黄岩三县集资总额每个县都超过 1 亿元,临海市达到 7000 多万元。同时,台州农村地区的民间借贷、抬会聚会活动也一直十分活跃。据黄岩县人民银行调查,全县农村高利率的民间借贷资金,总发生额约在 2.5 亿元。

---

① 玉环县编史修志委员会:《玉环县志》,汉语大词典出版社 1994 年版,第 339 页。

民营企业的初始成长阶段是股份合作经济和家庭经济,经营规模小,没有固定的原材料供应商和销售渠道,产品集中在专业市场交易,结算手段普遍采用"一手交钱,一手交货"的现金结算方式。"家庭工厂+专业市场"的产业组织形式表现出效率高、经营灵活的一面,同时对交易用现金的需求量也非常大。如天台县的木珠和筛网,路桥的废钢铁收购,温岭、玉环两县的水产品收购和修造渔船,以及铜球阀、鱼粉、鞋类等行业中,基本上是用现金直接交易。1992年,根据人民银行台州市分行的调查,台州农村企业每百元产值所需流动现金的支持比率一般是100:23。若按此比例推算,台州工业产值1992年全区乡镇企业产值102亿元,比1991年增加了30.6亿元,这就需新增加现金投放7亿元。经济增长与现金交易的方式是构成台州地区现金投放的最大因素。反映到银行现金收支上,1992年10月底,台州农副产品采购、农村信用社、工矿产品采购、乡镇企业、城乡个体经营现金支出比上年同期增加10.9亿元,增长32.5%。

2004年,浙江省银监局对浙江省部分地区的企业民间借贷总量进行测算,得出的民间借贷资金规模的数据是:温州110亿元,台州100亿元,湖州70亿元,丽水85亿元,宁波50亿元以上。2006年,中国人民银行杭州中心支行估计,整个浙江省民间融资规模在1300亿~1500亿元。2006年,台州金融机构存款总额1666亿元,中国人民银行台州中心支行的有关人士估算,台州民间的借贷基金达700亿~1000亿元。[1]

5.2.2　台州民间金融的活动形式

民间金融主要表现为民间借贷,部分借贷资金由供求双方直接借贷,更多是供求双方通过民间金融中间组织进行的融资借贷活动,提供资金的绝大多数是个人和家庭,使用资金的一般是企业和工商户,约束这种借贷关系的是民间的个人信用。台州地区的民间金融主要有直接借贷、民间聚会和民间集资三种方式。

(1)民间直接借贷。借贷的本质是资金使用权的转移,这种转移是需要具备一定前提和基础的,特别是民间直接借贷。根据不同的前提和基础,台州的民间借贷可以分为两个阶段:

第一阶段是20世纪80年代初期,是一种小额直接借贷。小额直接借贷

---

① 中共台州市委书记张鸿铭2007年5月在市委中心组学习会上的讲话《着力金融创新 打造金融强市》中讲到,台州民间金融的规模在700亿~1000亿元。

多发生在亲朋好友之间,多数属于均息的小额借贷、供求双方间直接发生交易的活动。这种借贷形式都是口头立约、筹资迅速、期限灵活,先付利息再还本。在改革开放初期,台州家庭工业大量兴起时,这种金融交易也发生在集体经济组织与私人企业之间。80 年代中期,台州温岭市泽国镇村集体就把闲置资金提供给需要资金的小企业、个体工商户。如 1986 年,泽国镇的前炉、后炉、楼下等 5 个村集体借出资金的规模达到 22 万元。后炉村从 1985 年 4 月开始提供借贷资金,两年累计发放借贷资金 25.6 万元,收回资金 13.7 万元,贷款余额 11.9 万元,累计收取利息收入 26452 万元,贷款期限一般分 3 个月、6 个月两种,范围是本村的村民和本村的企业,利率稍低于一般的社会利率。① 不仅有集体向个人或私人企业放借贷资金,也有集体向个人借入生产资金的情况,如在 1981—1983 年期间,玉环县的坎门渔业大队生产资金不足,向社员个人借款 70 多万元,每年因此支付的利息额达到 34 万元,资金来源不仅有本大队的社员个人,也有相邻公社甚至邻县的资金流入到坎门渔业大队;坎门大队办了一个食品加工厂,安排了 55 个劳动力就业,但因缺少流动资金,向私人借入 15 万元资金,月息 4%。② 这种具有广泛社区特点的民间借贷大量活跃在民间经营活动中,却游离在金融监管体系之外。政府的监管手段和经济手段都无法对这种活动进行有效的控制,民间融资以其筹资迅速、手续简便、期限灵活,与民间小规模企业融为一体,成为与民营企业相生相伴的不可或缺的组成部分。

表 5-1 台州民间借贷调查

	借出额/自有资产	还款期限	借出金额	银行的利率影响	银行贷款难度
20 世纪 80 年代	10% 以下	3 年内	1 万元以下	不太重要	很难
20 世纪 90 年代	10%~30%	3 年内	10 万~100 万元	比较重要	比较难

资源来源:中国人民银行台州市中心支行提供。

第二阶段是 20 世纪 90 年代以后,由于民营企业快速成长,很多企业筹集资金主要用于扩大规模的生产性投资。所筹资金的规模和期限发生了相应的变化,即资金规模的扩大和借款期限的延长。随着资金的用途和规模发生变化,经

---

① 泽国镇志编纂领导小组:《泽国镇志》,中华书局 1999 年版,第 228 页。

② 殷璋豫、黄福国:《对农村高利借贷的一点看法》,《上海金融》1983 年第 8 期。

济活动所需的资金量也增大到单个资金供给者无法满足需求方,民间个人自有资金的直接借贷不能满足企业扩大生产所需的资金规模,专业从事民间借贷的人员和民间金融中介机构应运而生。同时,借款的数额越来越大,资金安全的不确定性也越来越高。基于安全因素考虑,对风险控制能力较强的民营金融机构开始主导民间金融市场。

(2) 聚会。民间"聚会"历史悠久,名称繁杂,形式多样,古代称"社"。① 明清以后,浙江沿海地区的民间借贷已经非常活跃,各种形式的"聚会"会脚多、会额大。20 世纪 50 年代,台州民间的"聚会"属于亲朋好友之间的互助性借贷。到 70 年代初期,台州民间的资金会基本上被计息借贷的"聚会"取代。到 80 年代初期,台州民间聚会的互助性完全消失,完全转型为逐利性质的金融活动。80 年代初,据台州玉环坎门镇钓艚信用社反映,在该信用社经营区内,参加聚会的居民户占总户数约 95%,会额从百元到百万元不等。聚会的形式有轮会、标会、排会、抬会,还逐渐产生出新形式,民间借贷非常盛行。

民间的"聚会"具有多人集资、多人保障的特点,适应对大额资金的需要。例如,资金借入者需要 10 万元钱进行投资,在私人直接借贷的情况下,借入者需要向若干人分别借钱,需要逐个逐个地与借出方进行谈判、签约,借入者的交易成本明显偏高。而聚会可以给借入者带来资金来源更多、交易成本更低、使用成本低的好处,对于资金需求方来说,还可以减少寻求资金来源的信息。民间聚会还存在着保障资金借贷安全、有效运行的内在机理。

① 会员之间关系紧密程度是聚会资金的安全系数。参与聚会的"会头"与"会脚"之间必须存在比较紧密的社会关系。一般来说,会头与会脚之间以存在亲友关系为前提形成资金借贷关系。2001 年,根据一项关于台州聚会的问卷调查显示,参会人员相互关系:23.94% 是同事,44.37% 是亲戚,14.09% 是邻居,13.73% 是本人,其他占 3.87%。如果聚会会员之间亲朋好友关系的系数越来越小,聚会会员增加、聚会层次增多,民间聚会的前提就被改变,聚会资金的风险将大大增加,而会头的信用风险也随着会员的增加和会层的增加而增大,风险系数也呈几何级放大。

② 直接支付的交易方式使交易费用最小化。在聚会的会员中,交易的资金供求双方是非直接借贷关系,但却是直接解决资金需求与资金收益中成本

① 据欧阳修撰写的《新唐书》记载,韦宙在任湖南永州刺史期间,当地"民贫无牛,以力耕。宙为置社,二十家出月钱若干,探名得者先市牛。以是为准,久之,牛不乏"。见欧阳修:《新唐书》(卷 197)《列传 122·循吏·韦宙》。

最小化的交易方式。需求资金的会脚排序居前,先得到资金投入自己所经营的项目,使自己经营的项目正常运营;而供给资金的会脚排序居后,以获得资金的利钱为目的,使自己的闲散资金转变为有收益的资金。特别需要注意的是,民间聚会的资金收益远高于同期银行利率,"民间聚会"直接影响到银行储蓄的来源。

③ 聚会资金的使用期限比较长,有利于资金使用者增值生息。一般来说,一个"会"的执行周期是3～5年。以20世纪80年代民间借贷4分利、5分利的利率水平计算,[①]执行周期为5年的会资,资金使用者如果把集聚的资金再借贷给别人,两年可以收回本金;如果是投资办厂的人使用会金,根据当时民间企业30%～50%的利润率,资金一年内周转3次就可以收回会金,资金使用者在第一次"收会"之后到整个会执行结束是5年,5年的会金执行周期对于企业来说相当于一批长期贷款。而这种长期贷款在国有银行系统是不可能发生的。

在20世纪80年代,民间金融市场中"聚会"的优势非常明显。会的风险来自会与会之间的关联运作,即聚会的资金不再进入物质财富生产系统,而是在非生产性领域中不停地流转。资金的流动性与资金安全是成正比的,资金的流动性越强则资金的安全系数越低,缩短聚会周期、加快会金流转的做法无异于增加资金的风险,累积而成为台州各地的"倒会风波"。

(3) 银背和私人钱庄。在民间的借贷活动中,作为借贷中间人的"银背"[②]以介绍借贷双方完成交易收取一定的介绍费为收入来源。当银背开始从事吸收存款、发放贷款并获得存贷利差的活动时,银背就转变为钱庄经营者。私人钱庄有比较稳定的资金源,一旦有客户需要资金,就能够迅速地把资金组织起来,以高于国家金融机构利率水平向资金的供给方支付利息、向资金的需求方发放贷款。在改革开放以来的大部分时间里,台州制造业的借贷月利率平均水平是:存款1.5%～2%、贷款2%～2.5%。

---

① 据《我区乡镇企业面临的问题和今后发展的思路》一文记载,1984年,台州民间的月平均利率为大约三四分,经济活跃的玉环、温岭等地达到4分、5分。参见台州市档案局:《台州年鉴》,1988年版,第105页。

② "银背"就是民间借贷中的信用中间人,他们给民间借贷双方牵线搭桥,从中赚取一定的介绍费。这种中间人需要在当地有一定的知名度和声望,同时也具有一定规模的家庭财产。"银背"往往会发展成为私人钱庄。直到现在,在浙江沿海的温州、台州地区,还有一定数量的人从事这种业务。

陈仁财钱庄调查①。陈仁财原是台州市椒江区东山乡董家洋村人,阅历丰富。1984年下半年(当时陈仁财52岁)开始从事"银背"业务,为农村资金供求双方牵线搭桥,从中赚取手续费。随着中间人业务范围的扩大和业务量的增加,他在未经任何部门批准的情况下,于1985年3月开始直接经营存、贷业务,赚取利差收入。直到1986年4月,当时的椒江市人民银行报请市人民政府批准,勒令其停业清理。对陈仁财钱庄清理后的汇总材料可以看出:① 钱庄经营规模。陈仁财钱庄在经营借贷业务的一年中,钱庄业务对象遍及台州市的椒江、黄岩、路桥等地,共吸收存款户311户,累计存款额为33.2万元,1986年3月末存款余额为26.5万元,放款对象有43个,累计放款44.2万元,1986年3月末放款余额为25.4万元(但据当地群众反映,陈仁财的存、贷业务远不止这个规模)。② 存款来源与贷款对象:存款来源于当地个人的闲散资金,总共有24.3万元,占陈仁财钱庄存款数的92%;吸收工商户存款资金1.22万元,占5%;信用社储蓄转移9800元,占3%。贷款对象有乡村集资工业户5户,占用资金13.15万元,占贷款总数的51.62%;家庭工业户16户,占用资金4.27万元,占贷款总数的16.76%;个体购销户15户,占用资金6.13万元,占贷款总数的24.11%;养殖专业户7户,占用资金1.92万元,占贷款总数的7.51%。③ 存、贷款的利息:存款利率为月息2%,贷款利率为月息2.5%。

2000年以来,台州地下钱庄开始经营票据贴现业务。据台州人民银行的考察,2000年地下钱庄票据贴现交易的金额有15亿元,2001年1—4月间的交易额有4亿元。在温岭市金融机构开户的9939家生产性中小企业和个体私营企业,有近1000户在地下钱庄贴现过银行承兑汇票。这些钱庄贴现票据手续简便,有鉴别真假汇票的专门手段,贴现利率也比较低,一般在4‰左右,主要赚取的是利差。

(4)企业集资。集资活动是企业法人有组织的借贷活动,多数集资发生在集体企业和国有企业内部。改革开放之前,农村集体就办了一些从事非农的"五小"企业,经营规模很小。改革开放初期,国家金融政策偏向扶持农业生产,严格限制银行向农村集体企业所经营的非农经营发放经营性贷款,乡镇集体企业的资金来源较少,企业所需要的资金往往通过集资来维持经营。20世纪80年代

---

① 陈仁财原来是当地乡政府的文化干事,常发表一些文学小作品,在当地享有"农民诗人"的美誉;陈仁财父亲早年也从事过"放小子"的借贷活动;陈仁财担任过5年的乡信用站服务员,还担任过7年的村干部,有比较丰富的阅历。1986年他的钱庄被查禁后,依然继续开展地下借贷业务。见陶宝友:《陈仁财钱庄调查》,《农村经济丛刊》1986年第6期。

初,一批集体所有制企业发展过程中出现流动资金困难,企业在缺少周转资金的情况下,借助企业集体所有制的性质作为借贷信用开展集资活动,有股份集资、以资带劳、按劳集资、合资联营和专项集资等等。1987 年中国人民银行出台《企业内部集资办法》,规定企业集资对象仅限于企业内部职工,集资用途、数额及利率都要报人民银行批准。

1985 年后,台州企业盛行通过集资解决资金困境。据玉环县人民银行对216 个集体企业进行的调查,其中 77.4% 为乡镇集体企业,在 1985—1986 年期间,共向民间集资 2447 万元,调查时余额为 1824 万元,平均每个乡镇集体企业集资余额约 11 万元。[①]据天台县人民银行调查,1986—1988 年期间,有 113 个国营企业和乡镇集体企业集资 1667 万元,集资额最大的是国营企业天台棉毛纺织厂,集资金额为 200 万元,除天台棉毛纺织厂外,其他企业平均集资额约为 13 万元。[②]椒江区 1988—1990 年期间经人民银行批准的企业内部集资规模达到 1720 万元。[③] 1993 年 9 月,温岭泽国镇的国营泽国酒厂为解决当时购买原料资金的困难,向全厂职工提出集资的办法,决定每人集资 3000 元为一股,自愿集资,到时还本付息。[④] 20 世纪 80 年代中后期,集体所有制企业中的集资成为一种普遍现象。

20 世纪 90 年代以后,台州企业集资的主体转变成为民营企业,集资的投向是新兴行业和优势行业,如黄岩的食品、医药化工行业中企业集资面达 60% 左右;仙居的工艺行业集资面达 50% 左右。台州造船业 2007 年有 98 家船舶修造厂,96 家是民营企业,产值 128 亿元。造船企业的资金结构中,有 40%~50% 是由投资人通过集股筹集的初始资本,20%~30% 是向社会集资,20%~30% 通过信用社贷款解决,集资成为台州民营企业解决资金的重要途径。

5.2.3 台州民间金融市场的利率变化

在台州,对规模较大、经营业绩较好、处于稳定发展阶段的企业,银行对其贷款的满足程度较高,这些企业有能力获得银行基准利率贷款,甚至还能得到贷款利率下浮 10% 的优惠。但对于那些处于快速扩张阶段的企业和处于初创时期的小企业,由于企业的经营效益难预料、普遍缺乏可抵押资产、缺乏规

---

① 玉环县编史修志委员会:《玉环县志》,汉语大词典出版社 1994 年版,第 339 页。
② 天台县志编纂委员会编:《天台县志》,汉语大词典出版社 1995 年版,第 360 页。
③ 椒江市志编纂委员会编:《椒江市志》,浙江人民出版社 1998 年版,第 572 页。
④ 泽国镇志编纂领导小组:《泽国镇志》,中华书局 1999 年版,第 228 页。

范的会计记录、资信状况难以符合银行的要求等种种原因,大多数需要通过民间借贷来支持企业发展。企业的民间借贷大多采用普通的收款收据,随用随借随还。

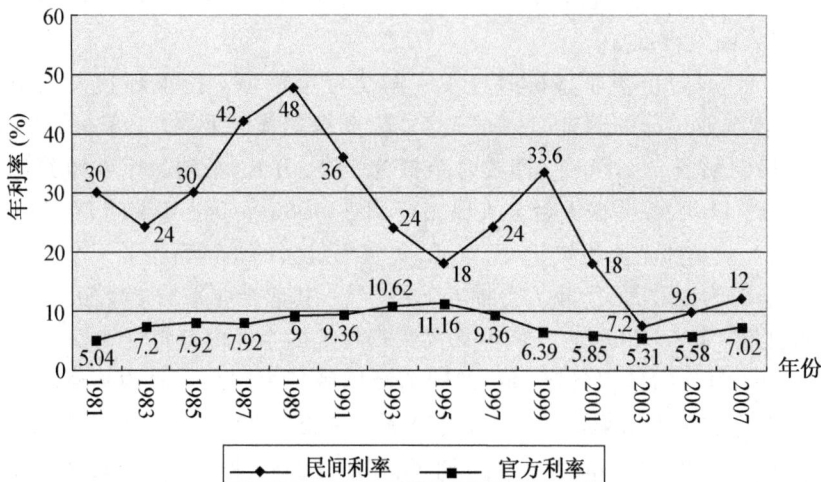

图 5-5　1981—2007 年台州民间利率与官方利率对应趋势[①]

影响台州民间利率变化的三种基本因素:第一,民间借贷利率的变动并不是因资金供求状况变化而变化,而是根据资金市场安全系数的变化而变动,这恰恰反映了民间金融市场也遵循"安全第一"的原则。在台州,民间利率水平的变动是随着当地居民收入水平的高低、市场风险程度的高低、经济增长速度的快慢而相应地变化。在台州,南部地区的居民收入水平相对较高,民间借贷利率相对较低,北部三县居民收入水平相对偏低,民间借贷的利率相对较高。当经济增长稳定、市场交易活跃、企业经营顺畅时,民间借贷市场上的资金来源扩大、借贷资金充足,借贷市场的利率会较低;当经济增长低迷时,如1989—1992 年、1997—2000 年,民间借贷利率相对较高。第二,银行利率的高低也会影响到民间借贷利率的高低。当宏观经济增长趋势转向过热时,国家就会实行货币紧缩政策,中央银行会收紧银根,提高银行贷款利率,抑制经济增长过快的趋势。这时,民间借贷市场的利率也会有所上升,如在 2003 年

---

① 官方利率资料来源于《中国金融年鉴》(1985—1997 年)和中国人民银行网站,官方利率是一年期的国有单位流动资金贷款利率。民间利率来源于对民间借贷人士的回顾访谈。民间贷款利率(月息):整个 20 世纪 80 年代,沿海地区的民间利率一直在 4%～5%之间,民间利率在 1996 年前后受到大规模"倒会"影响,民间资金来源和利率都明显下跌。

以来的经济增长周期中,中国人民银行的人民币短期贷款利率多次上调,从2002年2月的年利率5.31%开始逐步提高,经过五次上调,到2007年8月年利率为7.02%。同期,台州民间借贷的年利率从2003年的7.2%逐步提高到2007年的12%左右。第三,区域之间的民间借贷利率存在明显差异。一般情况是,经济发达地区对资金借贷的规模大、利率也较低;相反,经济欠发达的地方,民间借贷利率较高。台州区域内南北经济发展水平差距较大,南部区域经济发达,民间金融业务比较活跃,企业从民间借贷市场获得资金的来源较多、利率水平也相对较低;反之,北部的仙居县、天台县、三门等地的企业,当地的借贷规模和利率水平普遍要高于南部城市。

5.3 中小企业、民间金融与政府规制

5.3.1 民营企业面临的金融困境

台州的民营企业起步较晚,发展速度快、资金自我积累少,周转资金主要依靠借贷。1988年,台州黄岩县各所有制类型的工业企业平均注册资本金,全民所有制企业是205.53万元、集体所有制企业是31.53万元、农村乡镇企业是5.91万元。[①] 可以看出,农村乡镇企业的资本金明显偏少,需要从外部寻求流动资金的支持。但从乡镇企业发展的趋势来看,银行贷款在企业的产值中所占比例持续下降,1983—1989年台州乡镇企业的产出水平与银行贷款的关联度下降幅度达到40.45%,说明以民营企业为主体的乡镇企业在经营活动与银行借贷之间的联系越来越弱。

表 5-2　1983—1989 年台州乡镇企业使用国家银行资金情况

年　份	乡镇企业产值 (万元)	乡镇企业贷款 (万元)	贷款/产值比例	民间借贷年利率 (%)
1983	59690	15949	26.7/100	18%～24%
1984	114969	34444	29.9/100	24%～30%
1985	181458	40963	22.6/100	24%～30%
1986	224248	56908	25.4/100	24%～30%

①　根据原黄岩县工商行政管理局提供的《1988年工商企业登记统计表》中的相关数据计算所得。

续表

年　份	乡镇企业产值 （万元）	乡镇企业贷款 （万元）	贷款/产值比例	民间借贷年利率 （％）
1987	315325	71788	22.7/100	24％～30％
1988	502867	93815	18.6/100	30％～36％
1989	600639	95879	15.9/100	42％～48％

资料来源：1983—1989 年《台州年鉴》。

　　民营企业资金供给紧张的状况到 20 世纪 90 年代依然没有得到改变。根据 2004 年台州市椒江区对中小企业"通过银行借贷满足企业需求程度"的专项调查，我们发现，在 1996—2004 年期间，在全部的银行贷款中，个体私营企业的贷款占银行贷款的比例持续下降，从 1996 年的 1.41％下降到 2004 年的 0.76％。调查材料还反映，有 12％的中小企业认为可以通过银行贷款满足企业资金需求，26％的中小企业认为基本满足需求，62％的企业认为不能满足需求。2005 年，台州市椒江区的民间借贷的年利率是 15％～18％，虽然同期银行利率只有 8％，但依然有 85％的企业通过民间借贷融资。

表 5-3　台州市椒江区银行 1996—2004 年个私企业贷款　　（单位：亿元）

	1996	1997	1998	1999	2000	2001	2002	2003	2004
个私贷款	7.10	8.22	9.08	10.21	12.12	13.10	12.12	14.06	14.24
贷款总额	500.78	730.66	920.02	908.16	1108.48	1365.20	1348.24	1789.06	1868.80
比例（％）	1.41	1.125	0.987	1.124	1.093	0.970	0.899	0.786	0.762

　　资料来源：根据 2004 年 5 月台州市椒江区对中小企业开展关于"通过银行贷款对满足企业需求程度"专项调查的相关资料整理。

　　民间借贷广泛存在的前提并不是国家金融系统调控的资金不足，而是国有银行的资金借贷管理制度与民间企业的融资需要之间存在着经济制度、管理模式方面的障碍。从国有银行的角度来看，民营企业制度不完善、管理不规范是导致国有银行较少向民营企业发放贷款的原因。在 2005 年对台州市椒江区与国有商业银行有借贷关系的 250 家小企业调查中发现，信用等级评定在 1A—3A 级的小企业占 22.2％、3B 级企业占 38.5％、C 级以下的企业占 38.5％、未评定条块结合的企业占 0.8％。民营中小企业信用等级偏低，加上财务信息不真实，导致银行无法对小企业安全使用资金产生信任。与国有、集体企业相比，民营企业存在的比较突出的不规范行为,实质上是在银行与企业之间存在着不对称关系,属于不同体制内的经济主体之间存在着"制度不对称"、"信息不对称"、"路径不对称"。

一是民办企业初创时期形态名义上是视同集体所有制的"戴红帽"的股份合作制企业。在 20 世纪 90 年代中期以前,台州许多民营企业有"戴红帽"的问题,他们把企业的经济性质登记为乡、村集体所有制企业,目的是套取国家对集体企业在信贷、税收等政策上的优惠。这些企业在组建和经营过程中,合伙的成分高于合作的成分、集资的性质大于股份的性质。这种做法既可以规避合伙制应负无限连带经济责任的自然人,转变为只负有限经济责任的法人,大大增加了银行贷款的风险。

二是民办企业中普遍存在股东退股、约期归还资本金的现象。股份是股东参与投资获得收益的前提,也是企业开展经营、承担风险的基础,股金在法律上是长期投资行为,也是信用的保证。那些具有退股自由、约期归还性质的资金,实际上是一种集资。企业使用这种集资性质的资本金向银行贷款,银行就承担了企业在股金不实条件下提供贷款资金的高风险。一些股份合作制企业一旦获得银行贷款,就把自己的注册资金抽走,导致企业自有资金比重逐年下降,银行贷款风险逐年上升,使银行的贷款承担着企业经营的全部风险,股金几乎不承担任何风险。

三是合伙企业的企业组织和经营管理不规范,严重影响到银行贷款资金的安全。台州的股份合作制企业存在着"第一年合伙、第二年红火、第三年散伙"的现象,企业在管理上缺乏长期规划,经营上盲目跟风,一旦产品失去市场,集资企业自行散伙,股东股金已经退出,银行债务则无法落实。20 世纪 80 年代后期,台州的小冷库、小罐头厂"一哄而上、一哄而散"的现象就是典型事例,给银行资金带来很大的损失。甚至挪用银行流动资金贷款搞企业基本建设的现象普遍存在,使用银行资金陷入不可预知的风险。

5.3.2 民间金融对正规金融的替代

20 世纪 80 年代中期,由于中央两次宏观紧缩、收紧银根,中央政府通过国有银行控制借贷资金的规模、加强对金融市场的控制。通常情况下,宏观紧缩会导致中小企业的资金周转产生严重困难。实际情况是:宏观紧缩时,台州中小企业转向民间金融市场寻求资金,民营企业与民间金融相互间的紧密关系一方面解决了企业的资金来源,另一方面使国家宏观紧缩政策的实施效果打折扣。也就是说,政府只能通过国有金融系统来调节资金供求,却无法限制民间资金的借贷活动。台州在每一次国家宏观调控发生时,只要银行收缩放贷资金的规模,就会同时出现银行的居民储蓄流入民间金融市场,使民营企业经营活动得以稳定进行。

1995 年,人民银行在台州组织"1994 年全社会信用调查",结果发现台州社会资金中有大部分在官方金融系统之外流通。这部分体外循环资金的规模大约在 120 亿元以上,而从事金融业的专业人员认为实际数额还远不止这些。在玉环、黄岩两地的调查发现,企业民间融资规模与国家金融机构的融资规模大约为 7∶3,玉环县 1994 年的社会信用总量是 24.87 亿元,其中财政信用仅 1.73 亿元,占 7%;金融机构的信贷资金为 6.79 亿元,占信用市场的 27.3%;民间融资的信用规模约 15.13 亿元,占全社会信用规模总量的 60.8%。

表 5-4　台州玉环、黄岩社会信用构成

项　目	玉环县		黄岩区		台州 (亿元)
	金额(亿元)	比例(%)	金额(亿元)	比例(%)	
社会信用总量	24.87	100	33.84	100	——
金融机构信用总量	6.79	27.3	11.39	33.65	52.61
财政信用	1.73	7.0	2.1	6.21	12.5
社会集资	15.13	60.8	7.0	20.69	40.0
农村合作基金会贷款余额	0.21	0.8	1.5	4.43	6.9
其他	1.01	4.11	11.85	35.02	——

资料来源:陈剑、台州:《后来居上》,经济日报出版社 1996 年版,第 83 页。

可以说,民间借贷是台州经济赖以萌生、起飞的基础。20 世纪 80 年代,台州组建了大量的股份合作企业,实际上企业是借合作制之名、行股份制之实。民间金融为民间企业提供了直接生产性资金,满足民间企业对流动资金的需求。一般来说,国有企业、规模较大的企业、经营较好的企业、发展逐步成熟的企业容易得到银行的贷款,这些企业有能力获得银行基准利率贷款,甚至还能得到贷款利率下浮 10% 的优惠。在台州民间股份合作制企业的初创阶段,由于经营效益难预料、普遍缺乏可抵押资产、缺乏正规的财务会计记录、资信状况难以符合银行的要求等种种原因,大多数需要通过集资才能支撑企业发展。民间企业在初创时期不可能获得国有银行资金的支持,也不可以在金融服务市场获得与国有企业平等的地位,导致金融服务市场出现资源配置被扭曲的情况。

　　而民间金融市场的存在改变了这一金融市场的格局,由于民间金融活动效率极高,且与民间企业的关系犹如鱼水,因此民间企业与民间金融的结合,在专业市场的支持下,民营经济的运行机制自成一体,单一通过金融宏观调控的手段并不能够达到政府预期的目标。根据温岭农村调查队的报告,1992 年,农民从农村信用社借贷或取回的自己存款所形成的资金为人均 11.23 元,而通过民间借贷的资金为人均 367.73 元;来自银行的资金为人均 28.79 元,而民间借贷中的归还资金人均为 713.54 元。[①]根据 2006 年的调查,黄岩的食品、医药化工行业中企业的借贷面达 60% 左右;仙居的工艺品行业中企业的借贷面达 50% 左右;临海、温岭等地的造船业具有比较优势,台州市 96 家民营造船企业的资金来源中有 40%～50% 由发起投资人集股筹足初始资本,20%～30% 以向社会集资方式筹入,剩余 20%～30% 则通过银行短期贷款解决,民营企业与民间金融的结合程度可见一斑。

5.3.3　金融监管对民间金融的规制

　　中央金融监管部门一直试图控制民间金融活动。20 世纪 80 年代打击聚会、非法集资、“银背”和私人钱庄,但一直禁而不止;90 年代,整顿民营的农村合作基金会、农村金融服务社等;1997 年发生的亚洲金融危机对国内的银行业提出了严重警示,从 1998 年开始,国有商业银行对乡镇金融机构进行大撤并。为了减少集体资产承担的金融风险、降低居高不下的呆坏账比率,中央决定实施农村金融体制改革战略,加强对农村金融市场的监管,撤并所有的农村信用社和城市信用社,改编成农村合作银行和城市商业银行,民间金融的活动空间明显缩小。

　　(1) 民间力量挤入金融市场。在金融管制部门的严格控制下,1996 年 8 月,国务院颁布《关于农村金融体制改革的决定》(国发〔1996〕33 号),认为“相当多的农村信用合作社失去了合作性质,背离了主要为农民服务的发展方向”,决定加强中国人民银行对农村信用合作社的监管、按合作制原则重新规范农村信用合作社、在经济发展和城市化条件较好的地区成立农村合作银行。1997 年,中央金融工作会议决定国有商业银行从农村金融市场全线撤退,“各国有商业银行收缩县(及以下)机构,发展中小金融机构,支持地方经济发展”的基本策略。

　　针对全国普遍存在农村合作基金会严重负债和支付困难的问题,1996 年中央决定对农村合作基金会进行清理。1997 年亚洲金融危机发生后,中国人民银

[①]　陈剑:《发展道路的选择》,中国人口出版社 1995 年版,第 50 页。

行进一步加快对农村合作基金会的清理工作。1988 年,台州全区 8 县、市中有 6 个县、市建立了 328 个农村合作基金会,其中县办 2 个、区办 5 个、乡镇办 46 个、村办 275 个。据 1989 年 5 月末统计,融资规模达 1500.5 万元,占台州农村信用社同期贷款余额的 3.4%。台州的清理工作从 1999 年开始,直到 2003 年才逐渐完成对农村合作基金会的清理,地方政府支付了大量的财政资金。温岭市 2005 年财政支付的清理农村合作基金会垫付 1186 万元,就一直挂在政府财政的往来账上;①三门县 1996 年对农村合作基金会进行全面清理,5 家基金会自行清盘关闭,其余 10 家基金会在剥离不良资产后,由县政府注入 945 万元资金,有关账户并入了当地农村信用社。

1995 年,国务院决定把城市信用合作社改造成为股份制的城市合作银行。鉴于城市合作银行是以股份制形式组成的,与合作制不相符,1998 年,中国人民银行和国家工商行政管理总局将"城市合作银行"更名登记为"城市商业银行"。由于台州城市信用社的经营业绩和资金风险明显好于国内其他地区的城市信用社,台州地方政府向上级金融管理部门争取区别对待的政策,力图避免把多家优质资产和经营业绩优良的城市信用社列入"一刀切"政策的改制范围。

对县及县以下合作金融机构的整顿导致基层金融机构数量减少和金融服务的缺失,民间借贷资金在基层金融市场又来弥补官方金融机构留下的缺失。行政干预只能改变金融市场的结构,却无法改进金融市场的有效运行。随着民营经济的快速发展,民营企业对资金的需要量越来越大,台州民间金融市场的运行方向与"一刀切"的行政干预目标往往相悖。当国家实施信贷紧缩政策时,台州城乡居民的储蓄便会从银行流向民间借贷市场,民间金融市场保障了当地经济的稳定增长,消抵了"一刀切"的政府宏观调控政策的实施对地方经济的硬冲击。国家一直试图加强对民间金融的控制力度,通过合作金融来挤压民间金融的市场空间,如扩大农村信用合作社,建立农村合作基金会,让农村的民间金融走上民间自主合作的道路。但是民间资金却借助"合作"的帽子追逐金融机构的股份制、市场化。

(2)地方政府对地方金融市场实施的救济措施。长期以来,地方金融市场完全由国有商业银行控制,地方的国有金融机构实行垂直管理,地方政府对他们没有直接的行政影响力,在很大程度上影响了地方政府调控地方经济的效果。农村信用合作社和城市信用合作社却是以民间资金合作制、服务当地企业、由地

---

① 参见温岭市审计局局长蔡冬友 2006 年 5 月 31 日向温岭市人大常委会作的《关于温岭市 2005 年度预算执行和其他财政收支的审计工作报告》。

方监管的金融机构,许多地方行政官员认为"只有信用合作社才是真正的地方银行"。

地方政府对于规范地方金融秩序的做法往往首先考虑政策调整对当地企业利益的影响,也会尝试各种能够促进中小企业获得银行贷款的制度改进。由于台州民营企业在初创阶段都起始于家庭作坊、个体工商户,在成长的过程中,民营企业存在产权结构不清晰、物权登记不完全等历史遗留问题,这些问题成为制约民营企业与国有金融机构之间的重要障碍。同时,国家在改革开放初期设计的物权政策不完善、不同时期的物权登记也不一致,导致民营企业的产权不完整、登记不规范。[①]如果企业以这种登记不规范的产权契证向银行申请贷款,银行会因为这些物权的证契不完整而拒绝接受企业的贷款申请,这种现象在台州的民营企业中普遍存在,这也是导致小规模企业无法获得银行贷款的重要原因。这种问题属于经济体制改革进程中的历史遗留问题,处理起来比较复杂。

在民间金融活动受压制的背景下,地方政府为了解决中小企业贷款难的问题,也设计了许多办法,如由政府领导组建了一系列为中小企业提供贷款担保的担保公司。[②]1999 年 11 月,台州市椒江区中小企业经济担保有限公司成立,注册资本 2000 万元,实际用于担保的基金 1200 万元,另 800 万元用于投资标准厂房建设。公司实行董事会领导下的总经理负责制,2001 年就被列为全国第一批中小企业信用担保体系试点,被国家发改委评定信用等级为 AA 级。这个担保公司的成立标志着台州地方政府开始探索"政府主导+财政出资+市场运作"模式,由椒江区政府财政出资、政府职能部门管理的中小企业担保公司,为中小企业向银行申请无抵押品的贷款提供财政担保,以解决区内中小企业融资担保难问题,探索地方政府推进中小企业融资的新途径。

台州市另一项成功经验就是成立乡镇工业园区担保公司,由乡镇地方财政少量出资,以会员制吸收一些企业和自然人入股,便利了区域内企业的融资担保。如 2004 年,由路桥区桐屿街道工业办公室、有关企业联合筹资 200 万元组

---

① 1994 年以前,国家还没有出台国有土地有偿出让的政策。而在 1994 年以前兴办的民营企业工业用地因当时没有国有土地出让的政策规定,民间企业的工业用地属国有、集体划拨土地。而国有商业银行是以 1994 年以后的国家土地政策为依据,以 1994 年以前的民营企业用地属非国有出让土地为由,一般都会拒绝民营企业的抵押贷款,致使 1994 年前兴办的民营企业的土地资产而无法向银行抵押筹资。

② 2004 年,国家发展改革委、国家税务总局《关于公布免征营业税中小企业信用担保机构名单及取消名单的通知》(发改企业〔2004〕2284 号)中,给予一些信誉较好、专门为中小企业提供担保业务的担保公司列为免征营业税公司,全国 296 家,其中浙江省 43 家,数量居全国各省之首;台州有台州市经纬担保投资有限公司等 11 家担保公司被列入。

建的台州市双赢经济担保服务公司,已为乡镇园区内 19 家企业累计担保 2800 万元,有效缓解了园区内企业生产资金不足的问题。

政府、企业、行业协会以各种形式探索中小企业信用担保的推进。台州市政府由财政出资 1 亿元,注册资金 8600 万元成立了台州市经纬担保投资有限公司,为小企业提供担保,并与民生银行杭州分行合作,把外部资金引入台州,促进了台州企业融资范围的扩大和融资来源的多样化。台州市经委组织企业成立会员制企业相互担保公司,会员企业共同出资组成担保公司,免费为会员企业提供担保。台州还有由协会牵头、协会会长为董事长的行业性、集团性的担保公司,如天台县机电行业的金轮经济担保公司、工艺品行业的兴艺经济担保公司、丝麻行业的银泰经济担保公司,运作灵活顺畅,极大促进了行业内小企业的发展。这种以"政府组织、企业主体、市场主导"的中小企业担保体系和组织框架在一定程度上解决了中小企业贷款时碰到的担保难题,这一做法在台州各地得到普遍推行。

在探索组建各种担保公司为中小企业提供担保服务的同时,这种"担保公司模式"也存在着不可克服的缺陷。一是担保公司的资金规模有限。在以中小企业为主体的台州,2007 年应有工业制造类企业 10 万多家,其中销售收入超亿元的企业只有 522 家,规模以上企业也只有 5484 家,其余的 10 万个小规模工业单位是担保公司无法顾及的。特别是政府出资成立的担保公司对担保对象提出了一些限制性的条件,这就导致小规模企业的受益面很小,如椒江区政府成立的担保公司 2006 年只为 103 家企业提供 593 笔共 3.4 亿元的贷款担保,担保公司只能解决部分企业的资金供给,对于大多数企业来说只是杯水车薪。二是民间成立的担保公司担保费率较高,增加了小企业的财务负担。一般说来,民间出资成立的担保公司在提供担保服务时的收费比率相当于同一笔银行贷款利息的50%。这样一来,小企业在支付银行利息的同时,还要支付一笔数额不小的担保费。银行利息加上担保利息,贷款资金的使用成本已经达到或超过贷款资金额本身的10%,而小企业的毛利润率一般也就10%~15%之间,民间担保的费率就成了小企业一个不小的负担。即使这样,担保公司还是有选择性地提供担保,只有资金运行比较安全、企业经营比较稳定的企业才能获得担保公司的担保。

(3)台州地方政府的小企业财产登记贷款制度。为弥补改善小企业在担保市场的被动局面,台州市政府与金融管理部门探索了一种企业直接抵押贷款方式,即财产登记抵押贷款制度,只要对抵押物进行登记就可以获得贷款,这种做法无论是就财产登记抵押制度本身的制度设计、还是就解决小规模企业提供财产抵押的作用而言,以及从推动国有大银行探索小规模企业的信贷模式的创新而言,都具有增进金融市场和创新金融服务的意义。

这一创新性制度的出台背景,一是亚洲金融危机的影响,国内宏观经济增长趋缓。1998 年,台州经济在保持平稳增长的同时,出现了一些制约经济增长的结构性问题,如银行贷款质量不高、银行储蓄存差过大等问题,1997 年台州市金融机构年末存款余额 249.65 亿元,贷款余额 171.11 亿元,存差是 78.54 亿元。到 1998 年 5 月底,台州市金融机构存款余额 293.67 亿元,贷款余额 178.35 亿元,存差高达 115.3 亿元,贷/存比值为 60.79/100,[①]全市至少有 50 亿元可贷资金没有贷出。与此同时,一些市场前景好的中小企业却面临生产资金短缺的困境而举步维艰。二是银行固守抵押、担保贷款制度,要求企业提供抵押物,或者寻找担保后才能获得贷款。企业认为向银行贷款费钱费时又费劲,抵押和担保又给小企业增加了不小的负担。而且抵押贷款手续繁琐、收费过高、程序复杂,给需要贷款的小企业增加了困难。如果一户企业以提供房产抵押向银行申请30 万元的贷款,要经过房管部门、土地局、公证处、保险公司、银行等部门,耗时至少 3 个月。而且每个部门都有收费项目,包括房产评估费、土地评估费、保险费、公证费、登记费,共 3 万元以上,另外还要支付一些灰色开支和灰色收费,对小规模企业来说是一笔不小的支出。就担保制度而言,小规模企业客观上因为规模偏小,很难找到愿意为它提供担保的企业,因而取得银行贷款非常困难。而担保企业要负连带责任,台州每年都有一些企业因为为其他企业提供担保而使自己背上沉重包袱,有的甚至被拖垮。同时,还有许多的民营企业因为产权登记、资产证件不全在申请贷款时面临的问题。这就导致许多企业转而寻求利率较高的民间融资。

为减轻贷款企业因贷款而派生出的财务负担,同时减少企业申请贷款的中间环节,中共台州市委、台州市政府在开展针对性研究的基础上,于 1998 年 6 月25 日发出《关于开展企业财产抵押贷款有关问题的通知》(台市委办〔1998〕56号),在全市范围内开展企业财产抵押贷款的 7 项具体实施意见。主要内容有:办理抵押物登记的部门,除《担保法》明确规定的有关部门外,对以城市工贸企业和乡(镇)、村企业的厂房等建筑物及厂区内空地抵押的,统一归口到工商行政管理部门。财产评估要建立在双方自愿的基础上,实施最低收费标准。1999 年 7月开始,办理抵押登记实行免收登记费。

采取财产登记贷款制度,允许企业以固定资产、不动产进行质押,固定资产

---

① 银行部门一般把资金安全运行中的贷款/存款的比例控制在 75/100 左右。而此时的台州,一方面是企业流动资金明显不足,另一方面是银行的资金大量地困在银行里。

有效期为一年、不动产有效期半年。由银行与企业双方对所登记的资产价格进行现场认定,双方认同后,把认定的结果提交给工商管理部门办理登记,约定两个工作日内完成登记,工商部门对登记不收费。同时采取以合法的营业执照为质押向银行申请短期贷款。小企业非常欢迎这种质押贷款制度,这种地方性、制度性做法的实施对当地的中小企业从银行获得短期借贷资金也发挥了积极作用。但也触及了诸如资产评估部门、房产管理部门的利益。

台州市椒江区在财产登记贷款制度的基础上,拓宽了抵押范围:一是利用企业的流通物资进行登记抵押。如对企业的钢材等一些比较难移动的流通物资,可以凭购物发票和已入库的足额货物为依据,办理60%货物款的抵押贷款,等到库存登记物资的价值不足银行登记贷款的数额时,企业用销售的货款全额还贷,这个做法特别对流通领域的小企业及时筹款、加快销售物资创造了良好条件。二是对生产性企业开展以通用设备和专用设备为主的动产抵押登记贷款。三是对那些银行不予认可的可移动物资,先抵押给椒江区政府部门成立的中小企业担保公司,然后由中小企业担保公司担保,向银行申贷。这种新的财产抵押登记贷款途径,有效地方便了中小企业的贷款。1998—2000年,椒江区共办理财产抵押登记400多份,贷款累计额近40亿元,贷款额接近前6年的抵押贷款总额。

实践表明,开展企业财产抵押登记工作,一方面改善了台州小规模企业的融资环境,经济活动中因资金信贷运行不畅而产生的信贷资产质量不高的"瓶颈"问题得以缓解;另一方面,为解决台州中小企业贷款难问题开辟了一条便捷高效的途径。同时,避免了企业间因相互担保引起的连锁反应和社会矛盾,银行对企业资信的不安全感被消除,有效地防范了金融风险,减轻了中小企业的财务负担,增强了企业的发展活力,也为台州的国有商业银行更好地参与到中小企业融资市场创造了一个探索性的载体。台州的这一经验得到了中小企业发达地区的广泛认同。①

(4)国有商业银行转向服务中小企业。由于台州市的城市信用社主要面向中小企业提供融资服务取得的良好市场业绩,这吸引了台州的国有商业银行探索民营中小企业融资的新途径。1997年,工商银行台州市分行在全国率先试水中小企业融资业务,制定了《小企业贷款管理办法》,针对台州中小企业数量众多的实际情况,推出应收款质押贷款、存款积数与贷款挂钩、法人商业用房贷款、工

---

① 1999年9月21日,浙江省人民政府发出《关于房地产抵押登记问题的通知》(浙政发〔1999〕176号),在浙江全省范围内推广台州的经验。

业园区厂房购建贷款、企业存货抵押贷款、汽车合格证质押承诺贷款等贷款服务品种,适应了中小企业物权多样化和融资多样化的需求。工商银行台州市分行的中小企业融资业务迅速增长,从 1999 年开始,台州市工行的经营业绩在全国 280 家二级分行中业绩考核中一直位居前茅。为加快拓展中小企业融资市场,从 2004 年开始,工商银行台州市分行专门设立中小企业信贷业务机构,配备专职人员,提高拓展中小企业市场的针对性和有效性。

2005 年,工商银行台州市分行被中国工商银行总行和工商银行浙江省分行确定为支持民营企业加快发展的试点银行和金融创新基地,获得了特殊的中小企业信贷政策,成为全国第一个大规模向中小企业提供贷款的国有商业银行。台州市工行先后推出小额抵押贷款、积数贷款、"三包一挂"贷款等新品种,解决了那些难以评定信用等级的小企业的融资需求;通过信保融资通、打包贷款等金融产品,有效扩大了小企业贷款投入渠道,解决了小企业资金紧张问题。此外,还与担保公司合作,推出了存货质押贷款、应收账款质押贷款等金融新产品。适应中小企业信贷需要的制度使台州市工行在中小企业融资市场中确立了竞争优势。2005 年,工商银行台州市分行的中小企业新增贷款开户 2166 户,全年累计向中小企业发放贷款 60 亿元,占全行 160 亿元贷款的 37.5%,贷款增量在全国工行 286 家二级分行中排名第一,不良贷款率仅为 0.038%。2006 年底,中小企业贷款余额 72.98 亿元,占其全部贷款总额的 27%。2007 年底,新增中小企业贷款户 583 户,新增贷款额 40.93 亿元,中小企业贷款余额达到 113.35 亿元,占贷款总额的 33.78%,新增贷款额和贷款比重均居全国第一位。中小企业贷款业务使工商银行台州市分行的整体不良贷款率下降 0.68%。可以看出,那些积极参与市场竞争的民营小法人银行进入市场后,不但改善了市场结构,使中小企业增加了贷款机会、高风险的集资活动大大减少,还引导了国有金融机构转向市场,共同服务中小企业,促进了国有金融机构的转轨。

5.3.4 民营小法人金融机构的改制

1989 年,根据中央治理整顿的决策精神,中国人民银行对城市信用社进行清理整顿。1993 年,停止各地审批新的城市信用社。1998 年底,出台城市信用社改革方案,地级市城市信用社改制为城市商业银行,"一市一行",由当地政府对商业银行控股;县级城市信用社改名、并入当地的农村信用社。20 世纪 90 年代初,台州的城市信用社事实上偏离了合作金融的政策导向,而是发展为民间资金控股的金融机构,经营状况总体较好。1996 年,人民银行评估台州高风险的非银行金融机构,调查结果是:在 52 家城市信用社中高风险的城市信用社 9

家,占总数的 17.6%;在 40 家农村金融服务社中高风险的农村金融服务社 13 家,占总数的 32.5%,已出现风险或有风险隐患的有 9 家;在 169 家农村信用社中高风险农信社 36 家,占总数的 21.3%。相对于国内其他地方的城市信用经营状况来说,台州信用社主体状况较好。

而改制使信用社中的私人资产无法退出,还要并入政府控股的商业银行,或纳入农村信用合作联社。就台州城市信用社的实际情况而言,需要的是通过市场竞争使少数"烂"社退出市场,较好的城市信用社继续经营。台州市针对这一情况,坚持从实际出发,以市场化原则主导城市信用社的改制工作,以化解"一刀切"政策给当地金融秩序和经济秩序带来的硬冲击。

首先是对市本级的 10 多个城市信用社实施以资产兼并代替破产关闭的导向政策。由异地的股份制商业银行兼并台州的部分城市信用社,如 2001 年上海浦东发展银行出资 173 万元收购温岭城市信用社之江储蓄所,2002 年由资产和经营状况很好的台州市银座城市信用社兼并其他 7 家资产和经营较弱的城市信用社,2003 年由兴业银行收购兼并黄岩迅达城市信用社。通过资产兼并、收购,部分城市信用社的资产由商业银行收购,而被收购的金融机构的营业资格得以继续存在,事实上保留了对地方经济提供稳定融资环境的平台。

其次是抛开"强强联合"的习惯思维,立足维持民营金融市场的竞争格局。中央银行的既定政策是"一地一行",即地级市所有城市信用社全部合并为一家地方商业银行。台州有多家城市信用社资产优良、风险控制好,在对银座城市信用社进行改制的同时,台州政府向上级管理部门力争保留另两家资产规模和经营实力很强的泰隆城市信用社和温岭城市信用社,这两家城市信用社以原有的股份制和产权结构继续经营,完全以市场导向取代行政命令的做法,既完成了原有城市信用社的资产置换,也保障了原城市信用社股东的权益。

最后是对县级整顿后被纳入农信联社管理的城信社实行差别化改制。对资产质量和经营状况良好的城市信用社保留原有的股份制、信贷权限与运行机制;对于那些规模小且资产质量差的原仙居县城市信用社(现仙居安洲农村信用合作社)按农村信用社的"规范"进行"改制",对规模较小的玉环县陈屿金融服务社(现玉环开发区农村信用合作社)和严重资不抵债的原临海市大通城信社(现临海乾丰农信社)也按农信社"规范"并逐步走向"改制";而对于规模较大、资产质量好且内部管理水平较高的原临海市城市信用社、天台县城市信用社和玉环县宏达城市信用社则分别更名为银泰、银安和珠港农村信用社,仍保留原有股东的产权、运营方式,自主经营权比普通农信社大得多,进而在临海、天台、玉环等三个县(市)农信联社中形成了股份制、合作制"两制并存"的现象。

地方政府的市场化导向既减轻了整顿城信社所产生的副作用,又促进了地方金融业的发展,依靠民间和市场的力量,以尊重市场的态度解决金融市场中出现的问题,也说明地方政府重视民间经济主体的自发制度创新,推进经济运作的市场化,促进了台州民营金融业的发展。台州地方政府在发展区域经济的实践过程中,在不断适应市场经济发展要求的制度安排的过程中,管理经济的观念和手段较早地实现了转变。换一个侧面来看,地方政府以民间主体、市场主导、制度保障来主动引导和促进民营经济的成长和发展,说明了地方政府在发挥民间市场主体自主创新动力的基础上,辅之以地方政府积极、主动的认可、引导与协助,成功实现了对经济干预的有为和有效,构成台州民营经济发展的重要推动力。

我们也看到,1998 年后国内许多城市开始在城市信用社改制过程采取政府主导的方式组建城市商业银行,即地方政府通过简单"行政收编"、强行"捆绑"的办法将一个城市内资产质量相差悬殊、经营水平各异的所有城信社合并在一起。除台州以外,国内其他城市都采取这样做法。台州政府从本地的现实出发、重视本地城信社的自主选择的做法让国内其他地方的民间资本羡慕不已。

5.4 市场导向与政府目标的统一

1999 年底,台州市金融市场的外部环境发生了四个方面的重要变化:一是台州经济在全国率先走出 1997 年亚洲金融危机带来的经济增长低迷状态,民营企业收支状况开始明显好转;二是国家实施扩大内需的财政金融政策,持续下调银行利率,鼓励发展汽车、住房等消费信贷,汽车和住房成为台州新消费热点;三是在亚洲金融危机期间,台州市政府推动民营企业进行技改、加快完成公有制企业转制,扩大了金融业的业务基础;四是 1999 年后国家开始金融业改革,政策放宽了对国有金融机构的经营约束,信贷对象不再区别企业的所有制性质。经济形势与政策环境的改变推动了台州民间金融从城市信用社向股份制商业银行转变。

5.4.1 三个小法人银行概况

在全国整顿城市信用社计划中,经过台州市政府的争取,台州有 3 家资产优良的城市信用社得以暂时保留:台州市银座城市信用社、台州市泰隆城市信用社、温岭市银泰城市信用社。经过台州市地方政府的努力,3 家城市信用社不仅保留经营资格,还得以改制成为三个独立法人的城市商业银行,这也是在全国仅有的。

(1) 台州市商业银行。1988 年 6 月,陈小军筹集 10 万元注册资本金、6 名员工,成立路桥银座金融服务社,在台州市路桥区挂牌营业,当年组织存款 176.19 万元,实现利润 1.42 万元。1992 年,银座金融服务社升格为路桥城市信用社,1998 年兼并椒江区港口城市信用社获得跨区域经营资格,并改名为台州市银座城市信用社。2000 年 5 月开始筹建商业银行,2002 年 3 月在成功兼并台州市区 7 家城市信用社,①在剥离不良贷款基础上,由市政府参股 5%,按照《公司法》和《商业银行法》组建股份制台州市商业银行,注册资本 3 亿元,陈小军出任董事长兼行长,是全国第一家由 18 家民营企业控股的城市商业银行。2007 年总资产 183.4 亿元,余额 164.5 亿元、贷款余额 115.5 亿元,不良贷款率 0.53%,税后利润 3.26 亿元。

(2) 浙江泰隆商业银行。1993 年 6 月,由王钧筹集注册资本金 100 万元、7 名员工在台州市路桥区成立泰隆城市信用社,当年底存款余额超 3000 万元、实现利润 4 万元。2001 年末,泰隆的存款余额 14 亿元(当地的 4 家国有商业的存款规模均在 4 亿~5 亿元。泰隆 90% 以上的贷款投向当地民营中小企业和个体工商户。2004 年末,在泰隆有贷款余额的客户有 4165 户,户均贷款仅 65.7 万元,其中 50 万元以下的小额贷款户有 3045 户,贷款金额合计 9.03 亿元,50 万元到 500 万元有 494 户,贷款金额合计 11.53 亿元,500 万元到 3000 万元有 551 户,贷款合计 19.86 亿。2006 年 8 月 15 日,经中国银行监督管理委员会批准,台州市泰隆城市信用社成功改建为浙江泰隆商业银行,全国第一家完全由民间资金组成的城市商业银行,银行有职工 352 人,83% 的员工学历是在大学本科以上,客户经理占全部员工的 43%。2006 年底,泰隆的存款余额 75 亿元、贷款余额 54 亿元,不良贷款率(按五级分类)仅为 0.83%,为台州各金融机构中最低,也是国内最低之一。②

(3) 浙江民泰商业银行。1988 年 5 月成立政府控制的温岭市城市信用社。2003 年贷款总户数 6.7 万户、户均贷款 5.8 万元。2005 年末存款余额为 35.83 亿元,贷款余额为 23.42 亿元。已为中小企业累计发放贷款 177.4 亿元,创税利 1.83 亿元。2005 年末,温岭市城市信用社通过股份制改革成立浙江银泰城市信

---

① 其他 7 家城市信用社分别是:原台州市椒江区的龙翔、海门、港口 3 家城市信用社,黄岩区的大丰、永宁、兴业 3 家城市信用社,临海市的台州城市信用联社等 7 家城市信用社。

② 根据目前公开的资料,宁波银行股份有限公司 2006 年末的不良贷款率只有 0.33%,应该是目前国内最低的单个银行不良贷款率。而中国银监会公布的全国银行业 2006 年末的不良贷款率下降到了 7.09%,比 2005 年末下降了 1.52 个百分点。

用社股份有限公司。2006 年 8 月 18 日,经中国银行业监督管理委员会批准,浙江银泰城市信用社整体改建为由民间资本绝对控股的浙江民泰商业银行,注册资本 6 亿元,经营各类存贷款、结算等经银行业监管部门批准的金融业务。2007年末,各项存款余额 79.56 亿元,各项贷款余额 39.52 亿元,其中小企业贷款余额为 35.27 亿元,比年初增加 15.51 亿元,共 8154 户,比年初增加 3331 户;小企业授信户数共 8154 户,比年初增加 3331 户;小企业不良贷款余额 278.83 万元,不良贷款率为 0.08%。

5.4.2 市场导向与政府目标统一的案例分析

案例 1:泰隆城市信用社成功应对突发性挤兑

泰隆城市信用社是由王钧等与 32 个自然人股东和 8 个民营企业法人股东组成的民营金融机构,把城市信用社的市场客户定位在中小企业和个体商户,城市信用社一直保持着稳定发展的态势,不良资产率一直控制在 2.3% 以下。王钧认为,在金融市场,"穷人的信誉比富人更好"。在泰隆信用社的客户中,97%的客户是台州当地的中小企业和个体工商户,50 万元以下的贷款占泰隆贷款的87%。从信用社到银行的 15 年间,泰隆累计向 4 万多家小企业发放 15 万多笔、800 亿元贷款。

2001 年,正当业绩优良的泰隆城市信用社努力向银行转型时,发生了非市场风险导致的客户挤兑事件。2001 年,浙江省纪检部门查处台州一个领导干部的腐败案件,泰隆信用社王钧配合纪检部门参加核实情况,结果民间谣传"王钧被抓"。2001 年 9 月 13 日,泰隆信用社出现大规模排队提款挤兑现象。挤兑现象扩大到当地的银座信用社,还扩大到信达信用社。当晚,台州市政府和浙江省政府先后紧急调拨 5 亿元资金应对挤兑。9 月 14 日上午,台州市市长、台州市路桥区区长和王钧本人出面辟谣,到中午挤兑人群渐渐散去。到 9 月 30 日,泰隆的存款余额减少了 3.72 亿元,与这次腐败事件无关的银座信用社被提出的资金比泰隆更多。

由于挤兑原因并不是信用社的资产风险所致,王钧对信用社的挤兑风险的结局心里有底,认为这次挤兑不可能导致信用社倒闭和破产。[①] 台州市政府基于泰隆信用社的资产质量和经营状况,省、市政府决定以两家信用社款总额的

---

① 事后,在 2003 年 2 月与王钧本人的交谈中,王钧透露,他长期研究全世界发生的银行挤兑危机,并从中总结出挤兑事件发生和演变的规律。挤兑事件发生后,他一直关注挤兑事件的演变过程,泰隆挤兑事件的演变过程再一次验证了他的研究成果。但王钧并没有透露他对挤兑危机研究成果的内容。

1/3 作为上限，以行政手段调动资金注入泰隆和银座两家信用社，而对资产质量存在风险的信达信用社做出关闭决定。最终结果是，在政府和信用社的目标一致和共同努力下，泰隆信用社和银座信用社顺利渡过了挤兑危机，达到了市场、企业和政府的共赢。挤兑事件发生后，泰隆的存款业务大幅度回升，到 2001 年底，泰隆的存款余额超过了挤兑结束时的余额，比挤兑发生后 9 月 30 日的余额增加了 6.28 亿元，其中企业存款占 41%，个体工商户占 49%，居民占 10%。

作为这次挤兑事件中主角的泰隆信用社，风险控制、资产质量、经营业绩、市场份额方面远远好于国有四大银行，而国有四大银行的高管腐败事件的恶劣程度和所产生风险的规模远超泰隆信用社，但储户从来没有向国有四大银行挤兑。这说明，市场风险并不完全反映企业的资产质量，危机的发生并不一定与企业的经营业绩直接对应。说明居民、企业和市场的信心不仅来自资产质量和经营业绩，还有更多地来自市场背后的国家资源和政府信用。因此，良好的市场经济制序和发展业绩是企业、市场与政府的目标的统一。

案例 2：民间与政府合作组建台州市商业银行

台州市商业银行的前身先后是 1988 年成立的路桥银座金融服务社、路桥城市信用社和台州市银座城市信用社。2002 年，在成功并购其他 7 家城市信用社的基础上，台州市银座城市信用社改制组建为地方小法人银行——台州市商业银行。

1988—1991 年是"银座"创业初级阶段，主要是树信誉、争客户，争取在市场立足。台州路桥一直是区域商业中心，这里的商业习俗是早开市、晚收市。商户收市后，国有银行已经下班，商户的营业款无法存入银行，只好把现金随身带回家。银座金融服务社开业后针对路桥商业习俗采取针对性的服务措施，就是早开门、晚关门，早上 7:00 开门、晚上 8:00 关门，每天营业时间 13 个小时，有时晚上 11:00 还在清点现金。1989 年的治理整顿使国内经济环境紧缩，银座信用社率先推出"夜市银行"、"电话银行"、"流动银行"等服务形式，如果有预约，客户可以在全天 24 小时的任何时间在银座进行存取业务，并实行储蓄业务电子化处理，争取客户的信任。银座针对台州路桥商业特色的服务项目对银座的经营产生明显的效果，小商户营业收入逐渐存入银座金融服务社。存款余额稳步上升，1988 年 176.19 万元、1989 年 542.23 万元、1990 年 842.75 万元、1991 年 1705.36 万元；利润从 1988 年的 1.42 万元上升到 1991 年的 25.29 万元；营业网点增加到 4 个。

1992—1994 年是业务高速发展阶段。由于路桥专业市场的高速发展，市场交易额快速增长，商户手中的现金大量增加，银座的特色服务使商户成为银座的稳定客户。1992年3月31日,经人民银行批准,路桥银座金融服务社升格并更名为路桥城市信用社。1994年台州撤地建市,路桥行政区域的扩大促进了当地股份合作制经济的蓬勃发展,也促进了路桥城市信用社存款规模高速增长,1992年末4051.96万元;1993年1.11亿元,存款规模居路桥区各金融机构之首;1994年末,存款上升至4.2亿元。营业网点从1992年的4个增加到1994年的25个。业务量的快速增长和经营网点的快速扩张对路桥城市信用社提出了提高管理水平和企业发展规划的要求,企业开始面临现代管理的新课题。

1995—1999年是制度化管理与跨区域经营的阶段。1995年存款余额占路桥区存款总额的27%,贷款额达到3.3亿元,占路桥区金融机构贷款总额的25.3%,存贷规模、经济效益、信贷资产质量连续四年居全省同行首位。1995年路桥城市信用社率先加入人民银行全国电子联行系统,与全国20多个省市的40家城信社建立通汇关系网。1995年末存款额达到5亿元、1997年末10亿元、1998年末14.14亿元、1999年末15.36亿元。从1995年起,路桥城市信用社管理层把精力集中在企业高速成长中的规范化管理工作上,全面导入CIS,进行业务全面责任考核,开始步入现代商业银行管理的门槛。1996年,建立规范的岗位考核责任制体系、经营责任制考核办法,建立现代商业银行的管理框架。1997年,实施全面量化目标管理,步入现代商业银行规范管理阶段。制度建设推动了银座稳步增长,1998年,在当地政府的指导下,银座信用社通过市场化方式跨区域兼并了台州市椒江区的港口城市信用社,[①]并升格为台州市银座城市信用社,实现了信用社跨区域发展。

2000—2007年是组建商业银行与经营区域扩张阶段。2000年全面推行客户经理制度,当年存款额增长到24.39亿元。2000年下半年,人民银行上海分行领导到台州决定城市信用社的改制方案,计划将台州市的城市信用社合并成立一家商业银行,政府财政出资占30%股权。但台州市政府和股东都不欢迎这个行政色彩浓厚的"包办"方案,台州市政府也认为行政上"强强联合"并不符合市场原则,提出由银座城市信用社收购其他7家城市信用社不良资产的建议,条件是政府不控股、剥离不良资产、政府协助收回逾期贷款。这个建议得到台州市

---

① 港口城市信用社:1994年在台州市椒江区组建,由于违规借贷,并从1995年—1997年连续遭遇苏官富的数次金融诈骗,导致4000多万元资金无法收回,加上其他方面的违规借贷,到1998年7月31日,港口城市信用社的存款准备金143万元、贷款总额6500万元、在贷款总额中有6100万元属于逾期贷款、逾期贷款中有4000万元属于两呆贷款(呆滞贷款和呆账贷款),信用社总资产2300万元,负债8200万元,净资产为-5800万元,陷入支付困境。——转引自史晋川、孙福国:《市场主导型兼并化解区域性金融风险的有益尝试》,《浙江学刊》1999年第4期。

银座城市信用社的积极响应。2002 年 3 月,台州市商业银行成立,注册资本 3 亿元,政府股权仅为 5％,这在全国是第一家民间资金绝对控股的商业银行。既保留了银座原有的运行机制,又重组了其他 7 家城市信用社。重组后的台州市商业银行业务高速发展。

表 5-5　台州市商业银行成立以来经营业绩　　　　　（单位：亿元）

	2002 年 3 月	2002 年	2003 年	2004 年	2005 年	2006 年	2007 年
存款余额	3.5	62.4	82.8	104.9	115.3	130.2	164.6
贷款余额	3.0	40.7	57	65.1	82.9	92.4	115.3
实现利润额	0.2514	0.2614	1.1271	1.3432	2.6967	3.4084	5.17
不良贷款率	13.1％	4.87％	3.43％	2.76％	1.70％	0.93％	0.53％

资料来源：由台州市商业银行提供。

台州市商业银行长期把服务对象定位于中小企业和个体工商户。2002 年底,在台州市商业银行开户并有贷款的中小企业中,贷款余额小于 50 万元的户数占 77.3％,金额占 78.9％,平均每笔贷款额 14.1 万元;贷款余额大于 50 万元的客户中,平均每笔贷款额 179.9 万元。而杭州市商业银行户均贷款为 1149 万元,宁波市和绍兴市商业银行的户均贷款均为 200 万元。2007 年底,台州市商业银行全部资产 183.4 亿元、存款余额 164.5 亿元、贷款余额 115.5 亿元,税后利润 3.26 亿元;在台州市商业银行开户的小企业和个体工商户达 2.6 万家,每户贷款平均余额为 50 万元,小企业贷款笔数占到全行贷款笔数的 99％,贷款金额占到全行贷款总额的 85％左右。

2002—2007 年,台州市商业银行累计发放各项贷款 1600 多亿元,有效地满足了大批中小企业、个体经营户的资金需求。台州市商业银行共在 14 家支行开办微小贷款业务,累计发放 13182 笔,金额 99872 万元,平均放款额度 7.6 万元,现有余额贷款 9287 笔,贷款余额 53084 万元,平均户额 5.7 万元,不良率为 0.2％。在所发放贷款中,被征地农民占 94％,无业城镇居民占 5％,异地创业流动人口占 1％。

在台州商业银行成功发展的过程中,企业在市场的引导下成功地开拓了中小企业金融市场,政府遵循市场规律,为企业进入市场创造良好的政策环境。我们可以看出这是企业、市场与政府的统一,也是台州民营经济发展的缩影。

5.4.3 民营金融机构经营模式的创新

台州民营银行的小客户运作模式是以资金安全制度和客户经理为核心。客户经理不仅是银行的信贷员、资金的守护者,也是客户的服务员。这一运作模式的特点是:

(1)存、贷款挂钩制度。"存贷挂钩,利率浮动"就是将客户按存、贷比例分级,比例越高,贷款利率越低。同时,实行信贷人员收入与业绩挂钩的方法,如果出现逾期贷款,处罚将非常严厉。两个独有的制度有效地赢得了客户,在保证信贷资产零风险的前提下,银座的业务高速增长。1993年,它的存款规模过1亿元,超过当地国有银行,居首位。1994年,这一数字达到4.2亿元。

(2)"人海战术式"的客户经理制。在台州的民营银行中,客户经理制在掌握客户信息、保障资金安全、提高资金效率方面发挥了巨大的作用,成为民营银行的亮点。同时,这些客户经理基本上是当地人,利用当地人的优势最大限度掌握客户信息。台州民营银行的人力资本使用呈现出"两多两少"的特征,即客户经理多、客户经理人均管理的贷款户多,客户经理人均管理的贷款少、贷款户的户均贷款少。

表 5-6 银座与泰隆的客户经理对小企业贷款客户的管理比较

	2000 年		2008 年	
	银座	泰隆	台州市商业银行	浙江泰隆商业银行
客户经理数(人)	120	100	560	396
客户经理占员工比例(%)	30	30	33.2	37.7
贷款户数(户)	14000	11000	34823	20485
贷款户户均贷款额(万元)	16.2	8.4	41.2	36.66
客户经理人均管理贷款额(万元)	1400	930	8678	3593
客户经理人均管理小企业贷款户数(户)	116	110	215	210

资料来源:据中国人民银行杭州中心支行调查统计处提供的数据整理。银座信用社在2002年改制为"台州市商业银行"。

(3)对客户经理的甄选、培养与激励制度。银座与泰隆都十分重视客户经理的选拔、培养和激励。银座将客户经理分为见习、初级、中级、高级、资深等五级,一年期员工通过考试选拔客户经理,以后根据业绩、贡献积分、专业知识、技能测试及信贷质量控制的考核决定晋升,客户经理实行"低工资、高奖金"的薪酬原则,客户经理年收入可达三四十万元。如因主观因素发生的不良贷款由客户经理负100%的责任,或其他不同程度的处罚。在银座的企业文化中,客户经理要对不良贷款付出三重代价:名誉、报酬和晋级。而优秀的客户经理可以从这三个方面得到激励。泰隆的做法与银座基本一致。

(4) 最大限度地保持与客户"信息对称"。一是客户信息调查。客户经理要做搜寻潜在客户信息的调查工作,调查内容包括客户的企业和摊位经营状况、产品销售、产品的市场前景、家庭与社会关系、人品和社会信誉、生活习惯、不良嗜好及不良记录等。除了与客户直面沟通外,还从同行、邻居、街道村居、工商管理、司法等部门及时更新客户信息。由于客户经理们对客户的业务、信息掌握全面,贷款安全评估也非常准确。二是"现金流测评"。泰隆把客户的存款流量、存量与贷款的额度、期限、利率进行关联评估,通过对客户的信息调查,根据客户的资金结算、现金流向、流量等指标分析客户的业务往来和经营情况,作为判断客户贷款风险的重要参考因素。客户经理与客户每月经常性地多次上门沟通,既培养与客户的感情沟通,还从日常中了解客户的经营与财务状况。[①]由于客户经理事先掌握客户情况,客户也熟悉贷款手续,因而办理贷款相当便捷,尤其是20万元以下的小额贷款,老客户的贷款办理时间只要5～10分钟,有的客户在上飞机的前1小时,只要带上担保人,都来得及办理贷款。

(5) 建立信贷资金安全的多重保障机制。民营银行的信贷资产安全是建立在它们对借贷资金的多重安全防范制度基础上的。这个防范机制包括"五重门":一是质押与担保制,银座与泰隆不放信用贷款,银座全部贷款的1/3为抵押与质押,2/3为担保;泰隆则有86.1%是保证贷款。二是审、贷分离制,即客户经理行使贷款调查权,20万元的小额贷款还可由客户经理小组长审批;50万元以下的小额贷款由信贷部主任审批,主要审查贷款手续是否符合规定;大额贷款由贷款审查委员会讨论、审定。三是贷后追访制,设立稽查部门专门追踪客户贷款后的经营状况,及时掌握客户的资金使用情况。四是贷款质量责任制,当出现

---

① 客户信息是确保贷款安全的基本前提。台州市商业银行与泰隆商业银行的客户经理们所掌握客户信息的充分与全面程度令国外的金融同行惊讶。浙江泰隆商业银行董事长王钧说:"对客户的了解,喝酒,我们知道他冰箱里放的什么酒;抽烟,我们知道他冰箱里放的什么烟。"这种客户沟通机制导致一些客户对泰隆的客户经理不仅产生了信任、甚至于产生依赖,有的客户有急事时,竟然把临时照看小孩的事也委托给客户经理。这方面的做法对保障金融机构的资金安全起到积极作用。对于这种信息沟通机制,到泰隆商业银行、台州市商业银行考察的欧盟金融专家也感到意外,并给予高度评价。

不良贷款后,如属主观原因所致,小额贷款基本上由客户经理负全责,大额贷款由客户经理负主要责任,相关的各级审批者也相应负责,造成损失将由本着负责人承担自有资产抵偿,这种责任制将迫使客户经理必须尽心尽力防范不良贷款发生。五是催讨机制,包括使用法律等多种手段,并且让客户经理专门催讨。对债务人实行差别化催收,对于生产经营出现暂时困难且信用观念良好的债务人,通常采取"放水养鱼"的办法;对于借款人长期外逃、担保人经济实力较好却拒绝偿还的,就针对担保人展开攻坚战的办法;对于"钉子户"和已核销的贷款,采取"骨头再硬也要啃"的办法。

5.4.4 面向小企业的民营信贷结构与效益

台州路桥区的民营银行的信贷结构具有典型的社区银行的特征,其根植性的运作方式给银行带来了很好的效益。

(1) 存款结构方面,民营银行以中小企业和个体工商户为主。在路桥区,民营银行的存款结构中,超过80%存款来自企业,来自居民的储蓄存款不到20%;而国有银行中,71.3%的居民储蓄都存入国有银行,其中农行高达80.6%,中行也有62%,企业及其他存款仅有28.7%存入国有银行。这一结构特征反映了银行的服务对象与经营方略的差异。这表明,台州路桥区的民营银行对当地的私营小企业和个体工商户产生了很强的适应性和吸引力。

(2) 贷款结构方面,民营银行服务小企业和个体工商户的经营特征也是非常明显。民营银行的贷款对象中,小规模企业和个体工商户的贷款比例达97.66%,其中小额贷款的比重很大,如1999年,单笔金额在30万元以下的贷款资金,"银座"占全部贷款额的46.7%,"泰隆"占47.8%;个人消费贷款的比重很低,仅占2.34%,其中"银座"占1.68%,"泰隆"占3.56%。从贷款期限分析,短期贷款占88.3%、中长期贷款仅占11.7%,中长期贷款主要是政府的基础设施项目贷款。

1993—2005年,"泰隆"累计发放贷款370亿元,有90%以上投放给当地的民营中小企业和个体工商户。2004年末,在"泰隆"有贷款余额的客户有4165户,户均贷款仅65.7万元,其中50万元以下的小额贷款户有3045户,贷款金额合计9.03亿元;50万元到500万元有494户,贷款金额合计11.53亿元;500万元到3000万元有551户,贷款合计19.86亿元。"泰隆"2004年全年累计发放贷款12684笔,金额达97.60亿元,平均每笔贷款的额度为76万元、期限为81.5天。

(3) 在效益方面,2000年,台州路桥区的城信社及国有商业银行的效益均相当不错。全部机构都有盈利,利润均在 500 万元以上,最高的近 3000 万元;人均利润为 3 万～7 万元;除农行外,不良贷款均在 5% 以下,最低为 1%。而且,与 1998 年相比,效益有明显提高。民营银行的利润相当于国有商业银行的 124%;民营银行的人均利润相当于国有商业银行的 111%;民营银行的信贷资产质量远高于国有商业银行。但是,国有商业银行进步很快,2000 年与 1998 年相比,利润由 85.7 万元升至 3109.4 万元,增长 35 倍;人均利润由 0.15 万元升至 4.79 万元,增长 30 倍;不良贷款率(按算术平均数)下降 9.81 个百分点。

台州市商业银行与泰隆商业银行的存款结构和贷款结构十分相似,表明它们有着相仿的业务与客户群,可以看出这两家银行对客户的定位也相似。

5.5 总结性评述

市场导向与政府导向的统一最终使台州民间金融力量成为金融市场"名门正客"。台州地方政府引导台州民营金融力量走"借壳入市"之路,即借助国家的建立合作制金融的政策,走民间资本建立地方股份制金融机构的道路,最终建立现代股份制的商业银行。地方政府"不参股(尽量少参股)、不干预"的态度与国内其他城市商业银行的体制形成鲜明对比,其中台州地方政府的做法得到金融市场的认同。民间股份制的城市信用社在政府的"包容"中不仅以合法的身份获得市场机会、参与市场竞争,具有强烈市场意识的信用社还把台州 10 多万家的中小企业和 30 多万个体工商户锁定为服务主体,这种市场定位不仅让民营金融机构极大受益,还对国有商业银行的经营方向产生直接影响。

台州市政府和金融监管部门的开明、开放对于地方金融机构的成长起到重要的作用。主要表现在:一是能从地方经济发展的实际出发,成功地把金融管理部门强管制低效率的模式转换为有利于地方经济发展的非银行金融机构,最大限度争取到了把台州的非银行机构纳入国家正规银行系统的机会,给民营金融机构争取充分的产权空间和经营机会,允许银座、泰隆以"民营"方式组建、发展,特别是允许泰隆信用社以 100% 的民间资金组建城市商业银行。二是尊重民营银行的产权和自主经营权,地方政府对台州市商业银行、泰隆商业银行的自主经营权、内部管理从不干预,即使在台州市商业银行有 5% 的股份,一直是以股东面孔、而不是政府面孔参与管理。当民营金融机构面临重大困难和突发性事件时,地方政府能够能充分理解、全力支持,确保优质城市信用社发展与经营的持续和稳定发展。

民间股份制城市信用社的良性发展使台州民间的高风险民间借贷和恶性集

资现象大幅度减少,使台州的金融市场运行健康发展有序,连续被评为"金融生态市"。在与台州民营经济共成长的过程中,在台州民间金融力量与地方政府互动式合作中,部分城市信用社从层次较低的民营金融组织个人经营向专业组织经营转变、个人直接借款融资向专业化金融中介服务转变、从体制外的金融经营组织向合法化、规范化和现代化经营组织转变,走过了一条与当地民营经济共同成长的道路,最终发展成为具有现代意义的地方银行,成为全国民营金融业的典型。

6 企业家生成机制与企业成长模式

区域工业化与企业家禀赋的关系,企业家理论是以资本家直接经营企业作为逻辑起点来研究企业成长的动力,文化经济论则关注人文精神对创业者的作用,都没有涉及企业家资源的生成机制。应该认识到,检验企业家能力的标准是创造财富的效率,而企业家的生成机制是市场制度。市场制度的存在决定了企业家组织资源和创造财富的行为,他们创造财富的效率构成为检验企业家能力的标准。现有的企业家理论是以自由市场经济制度为基本前提,把企业家置于交易制度完善、政府有效调控的发展环境中,企业家表现出发现市场、把握机遇、创造财富的能力。许多人认为,企业家资源是稀缺资源,企业家资源稀少是区域发展差距的直接原因。事实上,缺少的不是企业家资源,而是发现企业家资源的市场制度。

6.1 企业家理论及补充论证

企业家(Entrepreneur)这个名词最早是由法国经济学家萨伊(Say)在 1803 年提出来,是指能提高资源利用效率的商业人士。企业家内涵一直是学术界的热点,其一是企业家的职能,即企业家与经营者、资本家的关系,其二是企业家的特质。A. R. J. Turgot(1721—1781)较早把"企业家"和"资本家"区别开来,他认为企业家是组合生产要素的群体,资本家是提供资金的群体。马克思认为企业家是拥有一定资本或"财产"的资本家,企业家的本质是人格化的资本。坎迪隆认为只有具有经营才能的人才能成为企业家,企业家是企业的经营者。

6.1.1　西方经济理论中的企业家能力

就企业家能力而论,西方的企业家理论对"企业家能力"的认识经历了内涵不断叠加的认知过程,主要包括"风险论"、"效率论"、"机遇论"、"创新论"、"洞察力"和"决策力"等。对这些内涵的认知反映了对"企业家"认识不断深化的过程。

"风险论"是坎迪隆(Richard Cantillion)的观点,认为在"风险"和"不确定性"的条件下从事经营行为的人是企业家,奈特(Frank Rnight)认为企业家的内涵就是承担风险,英国经济学家彭罗斯也有类似的观点。"洞察力论"出自马歇尔,他认为企业家是特定禀赋的人力资本,是凭借创新力、洞察力和组织力发现和消除市场的非均衡性,创造机会和效用,给生产指出方向,使生产要素组织化的人。奥地利学派的柯兹纳也说企业家是"具有一般人所不具有的、能够敏锐地发现市场获利机会,具有洞察力的人"。萨伊提出"效率论",认为"把经济资源从生产率较低、产量较小的领域,转到生产率较高、产量更大的领域的人是企业家"。基于经济繁荣和市场交易的不确定性,美国经济学家黑尔斯提出"效率论",认为"所谓企业家,即那些能够抓住经济生活中的机遇,或能够对经济生活中发生的机会作出反应,通过创新为其本人和社会创造更多的价值,从而使整个经济体系发生变化的人"。马歇尔、柯兹纳、奈特、莱本斯坦、舒尔茨等几乎所有的企业家研究者都认可企业家的机会敏感特征。

熊彼特提出"创新论"为研究企业家打开了一个新局面。约瑟夫·熊彼特在《经济发展理论》指出:"企业家是实现创新、进行新组合的人,否则只能是管理者。"创新理论产生后,人们开始区分"企业家"与"经理人",认为从事企业日常管理工作与管理行为的人是"经理人",而那些能够对经济环境做出创造性反应并推进生产增长的人才有资格称为"企业家"。熊彼特还定义了企业家的五种职能,"通过利用一种新发明,或者更一般地利用一种未经试验的技术可能性,来生产新商品或者用新方法生产老商品;通过开辟原料供应新来源或产品的新销路;通过改组工业结构等手段来改良或彻底改革生产模式。"在熊彼特看来,企业家的必备素质是创新。

张维迎认为,企业家的组织资源创造财富的经营能力部分是先天的天赋,而这部分天赋是无法靠后天的因素来弥补和替代的。①例如,在穷人与富人之间,富人拥有财富的数量、占有信息的充分程度、对不确定性机遇的把握能力和承担

---

① 张维迎:《企业家的企业——契约理论》,上海三联书店、上海人民出版社1995年版,第205—241页。

风险的能力都有不可替代的优势,因而富人选择成为企业家几率更高。正因为人与人之间的自然禀赋存在巨大的差异,企业家才会具备独特性和稀缺性的资源特征,也正因为这种独特性和稀缺性,注定了企业家必须进行合作才能组合出创造财富的体系。

企业家资源是经济增长和生产力发展的主要源泉,只有在企业家的积极活动下,生产要素、人力资源、科学技术等各种生产要素才有可能结合,并形成现实的生产力;企业家本质上是一种优质的人力资本,他们敢于承担风险,富有创新精神,具有识别潜在市场机会并把握市场机会的能力,组织资源的领导和决策能力。只有拥有足够数量和质量的企业家资源,一个地区的资源、资本、信息和人力资源才能得到优化配置,提高经济活动的效率,促进经济社会的持续发展。

人们较多地讨论企业家的常态,却很少会注意到企业成长过程的动态。例如,民营企业家都是白手起家,他们是如何赤手空拳成为创业型的企业家?本专题将揭示农民企业家的成长路径。

6.1.2 欠发达条件下的企业家资源

西方现有的企业家理论是以自由经济为基本前提,企业家的创业前提条件是存在有完善的市场制度、有效的政府管理。在这种环境下,企业家特质表现为发现市场、把握机遇、创造财富。同时,人们在以对比的方式分析区域之间的发展差距时,往往把经济落后的原因归结为当地人的观念落后。所谓观念落后的本质就是企业家资源的稀缺,这无异于确认经济状况与观念意识互构成一个封闭式的循环系统,没有外部因素的介入,这个系统将持续存在。问题在于,企业家资源并不是普遍生成的社会资源,民营经济发达地区的企业家资源的丰富程度优于欠发达地区,这是一个不争的事实。值得注意的是,台州民营企业家都是在贫困中成功创业,其成长路径也区别于西方企业家理论对企业家的认知。对于那些市场体系不发达、制度环境不完备条件下企业家生成的条件,更多的解释重点应该放在区域社会系统中是否存在一种市场环境,这种环境能够促进企业家资源的生成与成长。这成为解释企业家资源的稀缺与否的终极原因,进而可以解释区域发展落后的根本原因。

台州民营企业成长的初始环境是:(1)远离中心城市,交通条件极差。新中国成立以来,连接台州对外交通的通道只有两条线路:一是陆地上的104国道;二是海上的海门港与附近城市的近海航线。对外交通主要靠104国道,由于重山隔阻,通行能力非常有限,汽车从台州到杭州300多公里的路程,正常情况下需要10~12个小时,遇雨雪等恶劣天气则通行更加困难。在台州改革开放初期,104 国道上留下了无数个从百姓到省委书记被堵在半路上的故事。海上航行主要经营台州与上海间的客运,这条线路是百姓外出上海等地的航线。由于地处偏远、交通条件差,台州在上级政府权衡中的地位也较低。(2)创业者具有典型的内缘积累和自我增强的草根特征。1980 年代,台州的发展特点是市场化先于工业化发生,市场化道路呈现出"以商启工"的发展路径。在市场化初期,四类人员是主角:一是千辛万苦讨生活的手艺工人,如外出全国各地补鞋、卖眼镜、做豆腐,等等;二是天南海北跑业务的供销员,到各地联系加工业务,回到台州给社队厂加工;三是走街串巷卖杂货的担糖客、卖货郎,他们把外地的废旧金属材料运回台州,为台州的家庭工业户提供原料;四是敲敲打打搞制造的家庭工业户,他们是早期开展工业制造的工业先驱。台州的第一代"农民企业家"原生于这种具有初始形态的民营企业家,他们创建的"原生性"企业有补鞋出身的邱继宝与他的飞跃集团、照相出身的李书福与他的吉利集团、贩销商出身的叶仙玉与他的星星集团、卖眼镜出身的李岳生与他的浙江盈昌眼镜实业有限公司、下乡知青出身的叶善训与他的东方环保实业公司、供销员出身的詹国生与他的玉环冰箱冷凝器配件厂,等等。由此看来,欠发达条件下企业家资源的缺乏本质上是市场制度与市场环境的缺失。

民营企业家群体的成长环境并不是在一个成熟工业化、市场体制完善的社会环境,而是经济体制存在僵化和歧视、物质产品的供给很不充分、全社会居民普遍低收入、社会成员之间存在严格界限、社会对创业者的共识存在偏见的公共环境,理论上这种环境并不是企业家成长的适宜环境。当全部社会成员普遍处于贫困环境的条件下,创业者的创业起点就是白手起家,唯一可以用于解释这种创业活动的理论是社会变迁理论,即穷则思变。然而,浙江温台地区的企业家恰恰就是在这种环境中,从极其贫困的社会成员通过经营活动演变成为拥有不同规模财富的企业家。

通过艰苦创业,把人力资源中的企业家潜质转化为创业的初始积累。民营企业家早期创业艰辛培养了他们顽强拼搏的精神,台州商人早期的"踏遍千山万水、吃尽千辛万苦、想尽千方百计、走进千家万户"就是这种创业精神的体现,这种创业精神也使早期创业者留下了许许多多传奇故事。虽然这种传奇故事在企业成长和企业家成长理论中无法得到理论升华,但却可以替代西方企业成长和企业家成长理论解释中国民营企业成长的一个缺陷,即中国民营企业的初始积累与西方早期工业化的初始积累截然不同,西方工业化的早期积累来自对内"圈地运动"和对外殖民掠夺;而浙江的民营企业的成长毫无例外地来自社会底层普通家庭,在缺少相应的外部条件和社会关系资源的条件下,通过艰苦卓绝的创业和对市场的敏锐判断,把民营企业家人力资源的企业家潜质转换为物质财富和创业资本初始积累。

6.1.3 企业家资源的生成机制

台州的社会环境中存在着一个市场因素的内生性自组织系统。这是一个以市场交换为核心,由创业禀赋、民间信用和交易市场三个因素组成的内生性自组织系统,这一自组织系统是台州企业家资源的生成机制和内生源泉。

(1)创业禀赋。追求财富是人的普遍社会心理特征,求富心理会引导人们开展创业活动,但创业禀赋并不是人的普遍素质,也不是个体特征。创业禀赋是经济活动中的稀缺性要素,当这种要素能够在经济活动中创造财富实现增值,这种创业禀赋就转化为能够创造增值财富的人力资源,可称其为企业家资源。个体创业因为缺少创业经验借鉴,往往导致创业失败的风险,所以个体创业的成功并不具有典型意义。当创业者融入具有类聚性质的创业群体时,创业者可以在创业群体中借鉴他人的经验,减少失败风险,增加成功几率。只有创业者表现为群体性创业并获得成功,才能够说明某些地区具有区域性创业禀赋,具有特定的适应企业家生成与成长的市场环境和人文环境。台州的企业家恰恰表现出了一种群体性成功的区域性特征,这种特征的内涵就是具有协作精神的创业禀赋,这种特征可以从台州的产业集群式发展的状态中表现出来。

(2)民间信用。民间信用包括民间资金的集聚、传递、使用和增值等环节。台州民间普遍具有资产增值意识,在当地社会信任机制影响下,民间常常会把闲散的储蓄通过各种民间金融中介集中到部分投资者、创业者手中实现增值。劳务型创业者在创业之初往往需要小额资金支持,这样民间的资金需求双方就可以在一定的信任关系下建立起资金交易关系。民间的金融中介方有做会、借贷、银背,等等。这种民间信用是由民间资金供给者、民间资金需求者、民间金融市场组成,游离于正规金融机构和金融监管之外的民间资金借贷机制。这种民间信用机制具有柔性经营的特点,对资金的供求双方都具有最简便的交易方式和最低的交易成本,交易过程中的风险控制依赖基于社区关系建立起来的相互了解和认同。这种民间信用具有交易低成本、运行效率高、借贷规模灵活的特点,成为劳务型创业者在创业初始阶段可以依赖的资金市场,台州非常活跃的民间资金市场是当地早期创业者的温床。民间信用制度成为发现企业家禀赋的社会制度。

(3)市场制度。偶然的市场机会可以成就某个具有创业禀赋的个人积累财富,而一个社会的财富积累需要靠有助于创造财富的制度。市场是能够促进资源有效配置实现创造财富的一种选择模式,但市场的作用并不仅仅局限于配置资源,市场的本质是把社会资本、经济资源和人力资源整合成让人们自由进行合作和交换的经济和社会制序,这种制序包括"市场机会"、"资源配置"和"制度环境"三个方面的内容。其中"市场机会"是指由于市场供求结构不均衡引起、潜在于已有的交易市场中的盈利机会,企业家禀赋就是善于发现这种潜在交易机会的敏锐洞察力和组织资源开展生产获取盈利的能力。"资源配置"本质上是制度选择,从理论上讲,任何制度的存在都是为制度内的企业获得利益而设计的;同时,任何的制度设计都必然会有部分经济活动在制度外部进行,资源配置就是让资源在制度内配置、成果让多数人共享。"制度环境"是指社会组织和个人对企业家经营行为和经营收益的影响力和认同度,特别是政府组织对企业家经营行为的限定性制度,直接关系到企业家组织资源、开展经营和收益分配的顺利进行。

"企业家能力"就是发现机会、组织资源实现增值的能力,而检验企业家能力的标准是企业财富的增长。在许多跨地区比较研究中,研究者倾向于将区域发展与企业家资源相联系,认为贫困落后的经济环境不适合企业资源的生成,进而否定落后地区企业家把握和利用市场机会的能力,把经济的不发达简单归结为企业家资源的缺乏和企业家能力的贫乏。[①]在重视转变观念和管理创新的同时,催生企业家资源的市场制度却被忽略。应该认识到,缺少的不是企业家资源,而是发现企业家资源的市场制度,市场制度的优劣决定了企业家能力的发挥。

台州民营企业家的创业经历一般是从劳务型创业、经验型创业到扩张生产规模、培育企业品牌、开展技术创新,许多企业成为行业中具有一定影响力的知名企业。这些民营企业家获得成功的原因是台州民间经济生活中存在着一个民间市场体系,台州民营企业家不仅善于享受这个市场体系,还善于把制度内的资源转移到民间市场体系中,把体制内的资源与民间市场体系融合成创业温床。

6.2　民营企业家的成长道路:飞跃集团与吉利集团

台州民营企业家的创业起点是劳务型创业。在改革开放前后的一个时期内,台州属于贫困地区,经济结构以农业为主,社会财富积累也非常微薄,居民收入普遍较低,收入不足以满足居民的生活需求,许多台州人外出谋生,或从事其他劳务活动以增加收入。其中大部分从事最初级体力劳动。然而,这种普遍贫

---

① 傅允生:《资源配置能力变动与浙江经济增长》,《浙江学刊》2007 年第 6 期。

穷显然属于机会贫穷,乡村农民收入与城镇居民收入之间存在明显的差距,在农村居民普遍低收入的同时,管制体制限制他们使用自然资源,也限制劳动力资源的流动。在没有初始积累、缺乏市场经验、限制进入市场、缺少相关法律保护、市场体系也不具备的条件下,台州人最初选择了劳务型创业。这种初始创业形态能够与当时的专业市场相结合,成为处于普遍低收入条件下的台州人自主创业的逻辑起点。

20 世纪 80 年代中期,台州民营企业进入企业化创业高潮,台州许多的知名企业初创于这一时期。1984 年,国营企业改革启动,大量国营企业因实行承包产生了效益,并开始给职工加工资,这一次加工资使长期停留于 30～50 元之间的工资的基础上增加了 10 多元,农民的收入也在上升。城市居民对家用电器中的"新三件"(电视、冰箱、洗衣机)的购买力、农村居民开始对"老三件"(自行车、手表、缝纫机)的购买力快速提高。台州民营企业家敏锐地发现了这一因改革而产生的市场机会,并集中在这一阶段创造了第一个创办企业的高潮。台州民营企业家创办了大量的与缝纫机、电冰箱相关的生产企业,台州很多产业集群也源于这一时期。这时创业的企业至今依然经营的知名企业有邱继宝 1986 年创办的飞跃集团生产缝纫机、叶仙玉的星星集团生产制冷设备企业,李书福也是这一时期进入冰箱生产行业的。

民营企业家当年外出补鞋行为是谋生而不是创业,补鞋也不是成为企业家的必然过程,但补鞋的经历却成为他们创业的经验积累。台州民营企业家较少受到传统经济体制的约束,善于协作、敢于创新,很好地与现代企业制度和国际市场接轨,如民间自主的专业市场、民办金融机构、民间承包飞机航线、集资入股修建高速公路、城市建设市场化,等等。在他们进入企业化创业的阶段后,他们的创业行为呈现出明显的阶段性特征,先求在市场中立足,再扩张规模培育品牌,进而全力开展研发和技术创新。邱继宝说:"第一个五年拼命赚钱,第二五年扩张规模,第三个五年拼命搞技术创新。"

企业家的成长与国家经济的发展之间是个体与整体的关系。普遍贫困条件下不可能产生平民企业家,也不可能产生民营经济。也就是说,企业家资源的形成与国家经济的发展和人民消费预期的提高是正相关。产业的发展也是这样,在国家经济发展水平和人民收入水平偏低的条件下,产业布局大多处于低端,在国民收入水平偏低的条件下,发展高科技产业是非常困难的。台州早期创业者选择低端产业部门作为创业入口,就体现了这一规律。国家发展经济的导向、产业与市场的开放是企业家成长的必要条件。

6.2.1 邱继宝与飞跃集团

邱继宝,1962年生于浙江省台州市椒江区下陈街道下六份村,兄弟姐妹共8个。当邱继宝还是少年的时候,他的父亲在务农之余也常挑担卖干海货,有微薄收入,但毕竟家庭人口较多,收入不足全家开支。

(1)高中辍学,外出补鞋。1977年,为谋生计,邱继宝读了三天高中就离开校园。他先是借一辆自行车从事"送人"①的生活,把椒江车站下车的旅客送回到乡下,一趟挣3角、4角钱。但用自行车载客只几天,他就被"打办"的工作人员连人带车送到公社,因为自行车载人属于地下运输,要"割尾巴"。此后,他与小他两岁的弟弟一起,随当地补鞋的人外出,开始了他三年的补鞋生涯。②三年中,邱继宝先到杭州、上海,后到东北。1980年,邱继宝带着补鞋的积蓄回到家乡,发现家乡的政策和经济环境有了很大的变化,个体经济已经活跃起来,出现了许多家庭工厂。

(2)学习技术,办厂创业。回乡后的邱继宝在姐夫阮日升的帮助下,先是被安排在建筑队做小工。后来,通过别人的帮助,他到路桥杨叶村一家专门加工缝纫机零件的小厂当了一年多的学徒。在这一年多学徒经历中,他学习并掌握了机械设备的操作技能,技术和设备的重要性给他留下了深刻的印记。1983年,阮日升被聘任为水陡乡工业办公室主任。这一年,邱继宝在他姐夫的帮助下,租下了水陡大队的三间旧房,从路桥买回两台旧仪表车床,在水陡乡创办椒江市水陡电器仪表厂,企业挂靠在乡工业办公室,性质为乡办集体企业,生产喷雾器零件。20世纪80年代初期,当地的家庭工厂基本上加工喷雾器零件,与水陡乡相邻的石柱乡,15个村中有10个村加工喷雾器零件,产品销往河南安阳、河北邯郸、北京宛平等地。但邱继宝经营的喷雾器零件厂的产品销路不太好,企业不太景气。

---

① 20世纪70年代初期的台州各地,特别是南部地区,在车站流行"送人"的业务,与今天车站的摩托车载客的"摩"的类似。从事这种行当的人一般是年轻力壮的人,用旧28寸的自行车,在自行车的后座板上加一块软垫,七八公里的价格为3角至5角钱,可以讨价还价。这些年轻人一般是在车站结伙等客人,结伙的原因,一是人多容易招揽生意、二是人多可以相互注意观察专门打击载客的政府人员出现。被政府人员抓住一般是没收自行车,旧车的时价100多元,在当时是巨大的损失。

② 椒江下陈的水仓头村,"文革"开始后,因为当地两派的武斗很严重,村里管理混乱,村民开始外出补鞋。1967年,生产大队开始在农闲时有组织地安排劳动力分批外出,回乡后交三四元的管理费给大队。一开始,外出补鞋的范围局限于附近地区。1980—1989年间,温岭的泽国、牧屿一带生产补鞋机,当时一台补鞋机的价格是180多元,相当昂贵。水仓头村的村民购买了补鞋机后,开始到全国各地补鞋。补鞋帮中流行一句话:"扁担两头尖,出门针线鞋。"

（3）进入缝纫机行业。在邱继宝生产喷雾器零件的同时，在台州的椒江、黄岩、路桥、玉环一带，出现了许多从事缝纫机零件加工的乡镇企业和家庭企业。由于当时国家正处于改革开放初期，市场上的缝纫机是俏货，台州生产的缝纫机零件大多供给上海的乡镇、街道缝纫机厂。在与水陡乡相邻的下陈乡，有许多家庭工厂从事缝纫机零件加工作坊，缝纫机制造行业形成一定的规模。其中下陈乡办的椒江第一工业缝纫机厂①一度成为台州的知名企业，当地从事缝纫机零件加工的家庭工厂欣欣向荣。1982年，邱继宝的水陡电器仪表厂转产缝纫机配件，产品供给椒江第一工业缝纫机厂配套，也给上海一些街道小缝纫机厂制造简单的配件和机壳铸件，同时开始和兄弟邱继海一起研究制造包缝机整机。借助于阮日升与下陈乡工业办公室工作人员的个人关系，夜间请"一工缝"的技术人员帮助解决技术上问题，掌握了包缝机的产品构造、零件结构和制造程序。在市场上购买了一台简式的包缝机，进行拆解、组装和仿制。1986年10月，水陡电器仪表厂成功试制出第一台包缝机，实现了从制造零部件到制造整机的跨越，走上了以终端产品参与市场竞争的新阶段。同年，邱继宝在水陡乡政府的支持下，以4000元的价格买下原来租借水陡村的办公用房作厂房，水陡电器仪表厂重新注册为"椒江第二工业缝纫机厂"，企业性质为"戴红帽"的乡办集体所有制企业，1987年开始生产缝纫机整机。

（4）培育品牌，积累技术。邱继宝具有非凡的商业智慧和敏锐的市场意识，他很快意识到品牌和技术是经营缝纫机的关键。一方面，他经常利用夜间请"一工缝"的技术人员帮助解决技术问题；另一方面，1986年从上海某县的街道缝纫机厂获得授权许可使用"沪佳"品牌，使用期为2年，以每台支付15元商标使用费的方式贴牌，生产GN系列的包缝机，产品在市场上打开了局面。起先，邱继

---

① 椒江第一工业缝纫机厂前身是1966年成立的社队企业下陈农机厂，1970年转产小型农用水泵，1977年生产各种型号的排气管，1979年试产GN1系列的三线包缝机，1980年开发出新产品GN8系列的三线包缝机，年产量1000台。并于同年重新注册为"椒江第一工业缝纫机厂"，1985年与上海缝纫机四厂进行技术合作，生产GB6平缝机，并以"奔马"作为工业缝纫机的注册商标。1989年，"一工缝"从国外引进生产设备，主产"奔马"牌高速包缝机。1990年"一工缝"有职工245人，固定资产原值262万元，工业产值1217万元，纳税43万元，利润17万元，1992年产值达到4086万元，已经发展成为行业内有一定市场影响力的企业。"一工缝"是下陈缝纫机产业的母体，很多原来在"一工缝"工作的技术人员、管理人员离开"一工缝"自己创办缝纫机厂，如阮小明的"宝石公司"、阮积祥的"杰克公司"、黄正法的"顺发公司"等10多家缝纫机厂。下陈的缝纫机行业后来起来的缝纫机生产企业大多数与"一工缝"有直接关系，少部分有间接关系，极少数与"一工缝"没有关系。由于体制性原因导致资金周转困难，1993年，在当地政府的撮合下，由邱继宝的"二工缝"兼并"一工缝"，时任"一工缝"的总经理一直是邱继宝的好朋友，现任飞跃集团副总经理。

宝用扁担挑着他自己生产的缝纫机,走村串户在农村销售。由于当时这类产品在市场上非常俏销,农村市场无货可供,邱继宝的包缝机在农村的销路较好。

为了寻求技术支持,邱继宝在"一工缝"与上海缝纫机四厂技术合作行为的启发下,想到与上海缝纫机研究所进行技术合作。因为经济地位的不平等,邱继宝试图建立合作关系的道路非常艰难,最后是在门卫的指点下,邱继宝认识了上海缝纫机研究所的一位工程师。这位工程师经常要乘上海到椒江的 403 客轮,转道去温州乐清的缝纫机厂。邱继宝就经常在椒江码头等,终于有一天这位工程师被他等到,邱继宝硬是用自行车将上海工程师拉到工厂,请他对企业进行技术指导。1986 年 11 月,邱继宝与上海缝纫机研究所建立技术合作关系,飞跃公司每年向上海缝纫机研究所提供 35 万元经费,由上海缝纫机研究所派出七八位技术人员来到椒江帮助飞跃公司开发缝纫机新产品。

1988 年,邱继宝与上海缝纫机研究所合作开发的新产品 GN 系列高速包缝机试制成功,标志着邱继宝的事业登上新台阶。随着自主技术产权新产品研发获得成功,他为新产品注册了"飞跃"牌商标,企业也重新注册为"浙江飞跃缝纫机工业公司",同时成立飞跃缝纫机研究所。邱继宝每年从企业的销售收入中提取 3% 作为飞跃品牌的培育推广经费,5% 作为技术研发费用。

1987 年,邱继宝的缝纫机厂有 78 名职工,缝纫机产量 4000 台,利润 14 万元,纳税 6 万元。1989 年,"硬闯"广交会,尝试出口业务。1990 年,有职工 246人,固定资产原值 201 万元,生产缝纫机 25000 台,工业产值 967 万元,纳税 63万元,利润 45 万元,产品有 75% 出口 40 多个国家和地区。1992 年,飞跃公司的工业产值达到 4369 万元,"一工缝"的产值为 4086 万元,飞跃公司已经在椒江缝纫机行业竞争中脱颖而出,与"一工缝"一道成为椒江缝纫机产业集群中的佼佼者。

(5)资产兼并,规模扩张。"一工缝"的成长和成功激发了下陈缝纫机行业的发展。1979 年,"一工缝"试产三线包缝机;1980 年,开发新产品 GN8 系列三线包缝机,并注册"椒江第一工业缝纫机厂",年产量 1000 台。为促进销售,以每台 10 元的价格租用上海街道缝纫机厂的商标,先后有"金陵"、"友谊"。1985 年与上海缝纫机四厂进行技术合作,生产 GB6 平缝机,并注册"奔马"商标。1989年从国外引进生产设备,主产"奔马"牌高速包缝机。1990 年"一工缝"有职工245 人,固定资产原值 262 万元,工业产值 1217 万元,纳税 43 万元,利润 17 万元,1992 年产值达到 4086 万元,产品由上海轻工产品进出口公司代理出口,发展成为当地缝纫机行业的龙头企业,在国内缝纫机行业中也有一定市场影响力。

"一工缝"是下陈缝纫机产业的母体,"一工缝"的成长过程也是一个技术、管理和市场资源不断转化为区域内企业共享的市场资源,特别是很多原来在"一工缝"工作的技术人员、管理人员离开"一工缝"后,利用原先在"一工缝"积累的技术、管理和市场信息,自己创办缝纫机厂,其中不乏成长为优秀企业,如阮小明的"宝石公司"、阮积祥的"杰克公司"、黄正才的"顺发公司"等10多家缝纫机整机厂。下陈的缝纫机企业大多数与"一工缝"有直接或间接关系。

"一工缝"作为真正的乡镇集体企业,在管理体制上存在集体企业的通病,特别是在资金控制、销售管理、发展战略方面存在致命伤。企业的销售渠道和客户资源被转移到个人企业,有些销售人员把订单转给自己的企业或者他人的企业以谋私利,造成公司的订单和业务流失;有些销售人员不把回收的货款及时交给公司财务入账,而是挪作他用,或者借给别人作周转资金,或者挪作自己企业的资金,造成企业资金周转期延长,资金利用率下降;一些销售单位在外面建立销售网点时,利用"一工缝"的产品作为经营网点的铺底资金,打开销售局面后又吸收其他的小厂的产品作为续销货物,而"一工缝"的货款则被长期占用,等等。这些经营管理上的漏洞给"一工缝"的正常经营造成了严重破坏。最后直接给"一工缝"造成致命伤害的是下陈镇政府让"一工缝"上摩托车项目的决策,直接导致"一工缝"资金链断裂。20世纪90年代中期,国内摩托车市场快速成长。1995年,台州的吉利公司进入摩托车行业后,注册了很多小品牌。按照李氏家族当时的经营谋略和发展思路,实施了"多品牌、低价位"的经营策略,利用自己注册的小品牌产品来促使已有的摩托车市场重新洗牌,吉利公司把小品牌租给其他摩托车企业使用,用小品牌、低价格迫使没有竞争力的企业退出市场,最终实现吉利品牌的摩托车在市场的获得支配地位。当时的下陈镇政府注意到摩托车市场处于成长阶段,决定让"一工缝"进入摩托车行业,与吉利公司开展合作,通过向吉利公司采购配件、使用吉利公司提供的小品牌组装摩托车。但是,由于"一工缝"销售管理存在的缺陷,所组装的吉利小品牌摩托车销售不佳,组装的摩托车大量积压,挤占了"一工缝"大量的资金,使"一工缝"在资金上遇到了空前的困难。1997年,国内摩托车市场疲软,资金周转困难使"一工缝"面临生存危机。"一工缝"的经营困境和巨额负债使下陈镇政府也承担着财政负担和行政压力。

鉴于"一工缝"的缝纫机业务基础,特别是"一工缝"的市场影响力、品牌知名度以及技术水平、生产能力、厂房设备在缝纫机行业中还具有相当的竞争优势。在椒江区政府的领导下,下陈镇政府决定让飞跃公司兼并"一工缝"的缝纫机业务。条件是:一是飞跃公司兼并"一工缝"的缝纫机业务部分,接收"一工缝"全部资产和全部员工,如厂房、设备、缝纫机相关的库存商品,企业员工包括领导层在个人愿意的前提下也全部并入飞跃公司,飞跃公司承担"一工缝"所欠下的银行贷款债务。二是"一工缝"原来经营中所发生的应收款、应付款全部剥离出来，不进入飞跃公司，而是单独挂账。在这样的条件下，飞跃公司兼并了与自己一墙之隔的"一工缝"，"一工缝"成为飞跃公司的第五生产区。兼并"一工缝"之后的飞跃公司，获得了原"一工缝"的生产场地、先进设备、技术水平和人力资源，[①]为飞跃公司的进一步发展构造了更加坚实的基础。

（6）拓展海外投资市场。1989年，邱继宝开始试水海外销售。当时的飞跃公司没有自营出口权，产品外销只能通过浙江省、上海市等外经贸部门的专营公司代理出口业务，或由外商订货出口。为了企业发展，邱继宝尝试参加1989年广交会，但当时计划经济的外经贸体制没有给飞跃这样的乡镇小企业参加广交会的机会，邱继宝却因为硬闯广交会留下了一段他个人创业史上的令人同情和敬佩的传奇故事，至今广为传颂。由于硬闯广交会无果，在场外发生了邱继宝委托香港老太太购买香港电话号码簿的另一个传奇故事。通过这本香港黄页，他有幸结识了香港针车有限公司董事长冯文杰先生，与香港的缝纫机经销商建立了联系，并了解到海外缝纫机市场的经营格局。冯先生对飞跃产品的精加工外表、喷漆、光洁度等方面给予了指导，并对"飞跃牌"缝纫机进行了全面的测试和鉴定，并向邱继宝推荐了非洲、拉美市场。1989年，邱继宝踏上了开拓拉美市场的艰难历程，当年获得400台缝纫机共20000美元的订单。到1992年，飞跃缝纫机在拉美、非洲地区的年销售量已达200万美元，飞跃公司大胆地走出国门，开始了产品的国际化，改变产品结构以适应国际市场的需求。

1993年，国家外经贸部批准飞跃公司获得进出口自主经营资格。从1993年开始，出口额逐年增长。1993年680万美元、1994年1542万美元、1995年2000多万美元、1996年2600万美元、1997年2717万美元、1998年3058万美元、1999年3850万美元、2000年6370万美元、2001年7100万美元、2002年1.3亿美元、2003年1.5亿美元、2004年2亿美元、2005年2.3亿美元、2006年3.1亿美元。

1993年飞跃公司在香港注册"香港飞跃缝纫机工业公司"，1994—1998年，飞跃公司的产品通过了一系列国际标准，如ISO9002、欧盟CE、美国UL、TUV、德国GS等标准体系的认证。依托这些认证，1999年，飞跃公司4.7万台缝纫机出口日本，首次进入缝纫机制造强国和发达国家市场。从1989年出口巴西，到

---

① "一工缝"被兼并后，原厂长黄正才自主创业，创办了顺发衣车厂，也从事工业缝纫机制造。副厂长阮纯德进入飞跃公司担任副总经理负责管理生产事务，施伏寿进入飞跃公司担任副总经理负责行政管理事务。

1999 年出口日本,飞跃公司 10 年间实现了从低端市场到高端市场的跨越。

(7)市场风险中的商业智慧。1994 年,飞跃公司在拉美市场的销售局面刚刚打开,墨西哥发生金融危机并很快波及整个拉美地区,飞跃缝纫机在拉美销售跌入低谷。邱继宝立即采取一条措施:对不按合同履行付款的客户,立即停止向这类客户供货;按销售合同催讨应收款,及时回笼资金,减少损失;对不守信用的客户,不再续订供货合同;对已经发出去、客户还没有提走的货物,冻结提货,就地封存。在拉美市场销售日渐下滑的情况下,邱继宝决定以香港为基地,把销售目标转向东南亚市场。飞跃公司在两年时间内成功开拓了东南亚市场的销售市场,并发展了 50 多个国家和地区成为新贸易伙伴。1994 年,实现出口销售 1542 万美元,1995 年出口 2000 多万美元。海外市场多元化成为飞跃公司应对市场风险的成功经验。

刚刚在东南亚市场立足,1996 年底,邱继宝敏锐地注意到东南亚市场出现衰退征兆。1997 年底,东南亚金融危机全面爆发,飞跃公司在东南亚市场面临危机。面对东亚、东南亚国家的货币危机,邱继宝却在这些国家货币贬值中看到了"商机":一是在金融危机中改出口产品为引进技术,对国内企业进行技术改造。利用金融危机中人民币汇率稳定与周边货币贬值的汇率差价,从韩国、日本等国大规模引进先进技术和设备,对飞跃公司实施技术改造。邱继宝一方面收购了日本一家小型工厂,1998 年投资 1.3 亿元从韩国、我国台湾地区引进 100 多台世界先进的数控加工中心,比金融危机前节省资金 7000 多万元,这笔交易不仅使飞跃公司提高了技术,从汇率差中节省了巨额资金,还比国内其他同类企业领先 5 年完成了技术改造,为飞跃公司的产品升级、开拓欧美市场打下了坚实的基础。1999 年,借金融危机影响收购了日本一家小型缝纫机公司,并在日本建立缝纫机研发中心。这次利用境外金融危机引进国外先进技术对国内企业进行技术改造的做法,变被动为主动,充分展示了企业家的经营智慧,也获得国家领导人的高度评价,成为全球化背景下成功应对金融危机的"经典案例"。

二是开拓欧美发达国家市场。在金融危机中,邱继宝意识到发展中国家市场不成熟、市场危机发生率较高,且政局不稳定;而发达国家的市场比较成熟,政局也稳定,决定研发高科技缝纫机开拓发达国家市场,增加规避类似于金融危机之类的市场风险的能力。同时,在危机期间利用新产品替代一些企业因为金融危机而退出的部分发达国家的高端市场。首先是聘用德、意、日等国的缝纫机专家在北京成立缝纫机信息技术开发中心,开发光机电一体化的高新技术产品。1997 年,新开发的"多功能家用缝纫机"进入美国市场。1998 年,成功开发光机电一体化的手提式家用缝纫机,产品顺利进入美国市场。1999 年,4.7 万台光机电一体化的缝纫机首次进入日本市场,结束了中国长期以来一直单向从日本进口缝纫机的历史。2000 年,产品成功进入美国市场。邱继宝在金融危机中进行技术改造,实现了传统缝纫机行业的信息化与智能化,创造了传统产业信息化的成功范例,成为"经典案例"。

(8)总结:技术创新引领飞跃成长。邱继宝是个有浓厚技术情结和科学认知的创业型领导人,他领导的飞跃集团的技术创新道路可以分成三个阶段:第一阶段实现产品的标准化,1986—1995 年,累计投入技改资金 5500 多万元,基本完成企业发展所需的资本和技术积累,实现了企业在市场上立足;第二阶段是实现产品机电一体化,1995 年,飞跃确立自主知识产权战略,在亚洲金融危机期间投资 2 亿多元从美国、韩国、日本引进先进加工设备,在北京、宁波、总部和日本建立技术研发中心,成功开发机电一体化产品,实现产业升级;第三阶段实现产品智能化,2000 年成立了具有国际水平的技术研发中心,自主开发智能化的多功能家用缝纫机、工业机数控系统,与上海大学合作开发基于支持智能化缝纫机创新开发平台,与中国科学院计算机所合作成立中科飞跃数控系统有限公司开发缝纫机智能芯片,在传统制造业的智能化、信息化方面进行积级和有效的探索。

6.2.2 李书福与吉利集团

李书福,1963 年出生于台州路桥的石曲村,当地人有浓厚的经商传统。李书福有四个兄弟(老大李胥芳、老二李胥兵、老三李书福、老四李书通)。

(1)劳务创业与个体经营:照相和提炼废银。1979 年,李氏四兄弟一起在台州路桥做小五金生意。1982 年,李书福从事照相业,一年劳务收入约 2000 元,超过务农收入 10 倍。1983 年,李书福开始办家庭工厂,在胶片废显像液中提取白银,并加工成戒指到全国各地出售,开始有了初始积累。[①]这一时期,李氏兄弟与当地其他台州人一样处于劳务型创业阶段。

(2)家庭企业与股份合作:1984 年,李书福进入制造业,由兄弟、亲戚 8 人一起集资合股创办黄岩县石曲电冰箱配件厂,[②]企业登记为"戴红帽"的乡办集

---

① 20 世纪 80 年代初,在台州路桥,有许多人从事加工仿贵金属戒指的行当,有的用牙膏皮的锡做成仿银戒指,也有用黄铜制成仿黄金戒指。路桥人把这种戒指带到全国各地,最远至新疆、云南等地贩售,成本只有几厘钱,但出售价格可达 5 元、10 元。这种买卖是信息不对称条件下的商业交易。

② 据时任黄岩县委书记孙万鹏回忆,1986 年,石曲乡除李氏兄弟外,还有其他个体加工户也加入股份参与办冰箱厂,合股企业中股金最高出到 5 万元。李氏家族的冰箱厂 1986 年产值 500 万元,利润 60 万元。

体企业,生产冰箱蒸发器供给国营冰箱厂。石曲电冰箱配件厂的成立标志着李氏兄弟开始企业化创业。1986 年初,李书福另外组织资金合股创办黄岩县制冷元件厂试制冰箱成功,企业改名为"黄岩县北极花电冰箱厂",企业性质依然是"戴红帽"的乡办集体企业。李氏兄弟的电冰箱厂经营得非常成功,1988 年,石曲电冰箱配件厂产值 2073 万元、利润 218 万元;北极花冰箱厂产值 2129 万元、利润 175 万元。① 石曲冰箱配件厂当年被评为台州市"明星企业",李书福以北极花冰箱厂厂长的身份被评为"优秀乡镇企业家"。"戴红帽"与股份合作是这一时期台州民营企业的制度特征。

(3) 遭遇管制壁垒。1989 年 6 月,国家整顿经济秩序,实行定点生产制,定点都给了国营企业,乡镇企业被取消生产资格。1988 年,浙江省有 100 多家冰箱零件厂和冰箱厂,经过"定点"整顿后,只剩下"华日冰箱厂"、"杭州电冰箱总厂"等几家国营冰箱企业。台州的电冰箱及制冷行业全部失去经营资格而转产,北极花冰箱厂停产,11 个股东全部退股,领回当年入股的本金、历年应当分配红利及股息共 119 万元,对企业征用土地款、历年银行贷款和减免税优惠等账目进行清算后,把 215 万元固定资产和价值近 200 万元的库存物资全部移交给石曲乡政府。这是李书福创业经历中首资遭遇行政管制壁垒。② 当年台州只有椒江市电冰箱厂获得定点生产资格。③ 这次定点生产政策实施的不同结果对李书福后来的创业观念和政策态度产生了很大的影响,④ 他认识到中央政府的政策是有差别的,地方政府的政策是有弹性的,政府政策是可以讨价还价的。这一年,李书福 26 岁。

(4) 进入装饰材料行业,生产铝塑板材。关闭北极花冰箱厂后,李书福去深

---

① 据严振非总纂的《黄岩县志·工业》记载,1988 年,石曲电冰箱配件厂职工人数 272 人、工业产值 2072 万元、增加值 424 万元、利润 218 万元(利润额在全县国营、集体企业中居第 5 位);北极花冰箱厂职工人数 396 人、工业产值 2130 万元、增加值 515 万元、利润 175 万元(利润额在全县国营、集体企业中居第 7 位)。参见黄岩志编纂委员会:《黄岩县志》上海三联书店 2002 年版,第 281—282 页;台州档案局编:《台州年鉴·乡镇企业》(1988 编印)。

② 1989 年国家进行大规模的治理整顿,对电冰箱行业实行定点生产,这一政策的结果是使台州大量从事电冰箱及配件生产的企业一度停产,受定点生产政策影响的企业纷纷转产;但也有部分企业坚持继续生产,使这个行业在台州得以留存,并获得良好发展。

③ 台州星星集团的叶仙玉 1981 年与朋友一道成立了马铺制冷设备厂,生产冰箱零部件。1986 年,叶仙玉生产的冷凝器、冷冻机配件生意异常火爆,产值达到了 236 万元,并转产电冰箱。1988 年正式成立椒江市电冰箱厂。1989 年,在地方政府和国家行业管理部门帮助下,获得"定点生产"资格。

④ 根据对李书福本人的访谈,他从关停冰箱厂这件事中得到体会,"撑死胆大的、饿死胆小的",遇到阻力时应当坚持住,同时要善于寻求政府力量及高层官员的支持,并追求应有的政治认同。

圳大学学习经济管理,但他发现大学里"不想要的教给一大堆,想要的一点也学不到"。但在深圳学习期间,他发现装饰用的铝塑板项目成本低、价格高,市场空间大。1990 年 5 月,李书福和李胥兵合作成立吉利装潢材料厂,铝塑板试制和销售获得巨大成功,1994 年利润达到 1 亿多元,一直是吉利集团最重要的利润来源。1994 年,黄岩市吉利装潢材料厂改属吉利集团。

（5）进入摩托车行业。1993 年,李书福看到了摩托车行业中的利润空间和投资机会,但国家严格限制摩托车行业的投资,李书福第二次遭遇管制壁垒。1994 年 4 月,李书福组建黄岩市华田摩托车总厂①,研制成功了四冲程踏板式摩托车,但是一直没有得到国家的生产目录。1995 年,吉利公司与国有企业台州临海摩托车厂联合成立"台州鹿城摩托车有限公司",使用"鹿城"商标,吉利"借道"国有企业获得摩托车目录和生产许可证,成功进入摩托车领域。1995 年,吉利公司又与中国最大的摩托车国有企业重庆嘉陵公司合作成立浙江嘉吉摩托车有限公司,在台州生产"嘉吉"牌豪华踏板式摩托车。1999 年,吉利摩托车产销43 万辆,产值 15 亿元,成为台州第二大摩托车生产企业。吉利积累了"借道"创业的经验。

（6）吉利汽车与华普汽车的诞生。1996 年,吉利公司在台州临海征地 800亩,投资 2.5 亿元,建设"汽车城"项目。1997 年建成两条摩托车生产线、一条机车生产线,生产摩托车和小汽车。以装潢材料项目的丰厚利润作依靠,运用向国有企业"借道"合作的经验,李书福进入汽车领域。1997 年 1 月,李氏兄弟走到一起,成立吉利集团有限公司。在集团的汽车业务中,老大李胥芳分管发动机生产、老二李胥兵抓技术开发、老三李书福担任董事长总负责、老四李书通负责摩托车总装厂的经营,把"奔驰"拆解后制造了一辆仿"奔驰"轿车,在台州轰动一时,但这辆仿制轿车没有通过国家有关部门的检测。

为了获得汽车生产目录,1997 年 4 月,吉利公司出资收购四川德阳汽车厂70％股份,成立"四川吉利波音机车制造有限公司",吉利公司以德阳汽车厂的名义申报汽车目录,国家计划委员会批准了德阳汽车厂生产"6"字头目录的汽车,②这就是"吉利·豪情"HQ6360。1998 年,李书福买下德阳汽车厂其余 30％

---

① 据与李氏兄弟有深交、现任吉利集团行政办公室主任的张桂明回忆,之所以叫"华田",是李书福的主意,李书福当时说,日本有"本田",我们就叫"华田"。

② 根据国家对汽车制造的管理政策,依据车型不同,把汽车编成七大类进行管理,生产许可证的目录也分别用阿拉伯数字 1～7 作为目录进行编制,1～7 分别代表:1. 载重车(如卡车);2. 越野汽车(如四轮驱动车);3. 自卸车;4. 牵引头(如运送集装箱的车);5. 专用车(水泥搅拌车、救护车等);6. 客车(大客、中客、小客、微客);7. 轿车。

的股份,把汽车厂搬到浙江台州,在临海成立中国第一家民营汽车制造企业——浙江豪情汽车制造有限公司。1998 年 8 月,吉利公司第一辆汽车——吉利·豪情 HQ6360 下线。

1999 年,吉利在宁波兼并国有宁波拖拉机厂的汽车制造部分,在宁波北仑注册"宁波美日汽车制造有限公司",获得吉利·美日 MR6370 准轿车的生产目录,生产匹配丰田 8A 四缸电喷发动机的吉利·美日家庭轿车。汽车、摩托车和农用车的制造目录在 2001 年之前由国家机械工业局会同公安部管理,2001 年国务院撤销国家机械工业局,由国家经贸委管理汽车、摩托车和农用车制造目录。2001 年初,国家经贸委发文撤销原国家机械工业局对汽车、摩托车和农用车的管理目录,对目录企业进行清理和重新登记,实施更为严格的认证制和公告制,导致一些原来通过绕道获得生产目录的企业有可能再次失去生产资格。

2001 年是中国确认加入 WTO 之年,中国政府关于开放汽车产业的承诺对吉利争取生产资格是一个极为难得的机遇。2001 年 4 月 26 日,李书福决定把浙江豪情汽车制造有限公司与宁波美日汽车制造有限公司合并,成立浙江吉利汽车工业股份有限公司,设立豪情汽车分厂和美日汽车分厂,仍由各自承担以往的生产、技术、质量任务,而两个分厂的对外业务由股份公司统一管理。这种组织架构实现了共享采购、销售、售后网络,在开拓市场、开发新产品方面节约了资金。合并后的企业资产规模增加,对重新获得生产目录有好处。

2001 年 11 月 9 日,在中国即将加入 WTO 的前几天,在国家经贸委颁布的《车辆生产企业及产品公告》(第 6 批)中,吉利 JL6360 轿车终于榜上有名,从 2001 年 11 月 9 日到 12 月 26 日,先后有 JL6360、HQ6360、MR6370、MR7130 四款车获得国家经贸委发布的中国汽车生产企业产品公告,特别是其中"MR7130"的公告,标志着吉利集团正式获得生产三厢轿车的资格,吉利成为中国首家获得轿车生产资格的民营企业。2002 年 3 月,吉利第一款三厢车"优利欧"上市;2003 年 1 月,吉利"美人豹"跑车上市;2005 年 1 月,吉利"自由舰"上市;2006 年 4 月,吉利"金刚"上市;2007 年 5 月,吉利"远景"上市。

吉利集团成功的经营经验集中表现为三个阶段:第一是低价入市取胜。吉利集团的"豪情"、"美日"经济型轿车以最大可能的市场低价迅速占领经济型轿车市场,并迅速形成经济型轿车的批量生产能力,使当时国内由合资企业控制的高高在上、坚如磐石的轿车价格体系瓦解,带动了整个轿车市场价格的下降。从国内轿车市场价格的变化可以看出,垄断的产业和管制下的市场体系并没有给国民带来福利,相反是市场对国内民营企业的开放才真正给国民带来福利,实践的结果让人们开始对"市场换技术"、"进口替代"政策的市场价值产生疑问。第二是技术改造。在不断提高工艺、技术和管理水平的同时,2004年初吉利集团在新车型"自由舰"投产之际,投入5亿元,对原有生产线进行大规模技术改造,在关键工序使用了大批国际先进设备,包括高精冲压设备、全自动底盘传输线等,辅之以SAP软件为基础的ERP系统,大大提高了生产自动化程度,提升和保证了产品品质,提高了吉利集团的市场形象。第三是突破重点关键技术。从2005年开始,吉利集团结合国家"十一五"发展规划,开展实施全面创新战略,目标是缩短与国际先进水平的差距,瞄准重大核心技术实施技术创新战略,在轿车技术领域的重大自主创新项目先后获得成功,如CVVT发动机、轿车自动变速箱、智能电动助力转向系统(EPS)以及号称轿车安全领域"哥德巴赫猜想"的爆胎监测与安全控制系统(BMBS)、油电混合动力、电子平衡动力总成等重大技术创新的成就,标志着吉利汽车已经成为具有自主创新能力、在国内引领技术前沿的现代民营企业。

6.3 民营企业家与企业的生成及其成长路径

台州民营企业家的成长路径是一个从零起点开始的创业成长过程,所有的民营企业家都是出生农民家庭,文化知识和社会阅历非常稀缺,所在家族的社会资源都是农村的成员。他们普遍经历了从劳务型创业到现代企业家的成长过程,其中规模扩张、品牌培育、技术创新和国际市场开拓成为他们的共同路径。他们能够在完全没有财产积累、创业经验积累和社会资源积累的条件下,实现个人成功创业。总结他们的成功经验、分析他们的成长机理,对学术理论、社会实践都是有益的。

6.3.1 初始创业与劳务积累

台州民营企业家普遍经历过平民创业的阶段。创业之初,多数人从个体经营户开始从事经营活动。这种平民创业的特点是从劳务收入或者从事个体工商业的收入形成积累,这种创业路径区别于资本创业。劳务型创业首先要解决的是进入市场的起点和身份问题,而资本创业的路径首先要解决的是市场定位、规模经营和技术进步问题。也就是说,在已经具备资本金的条件下,选择恰当的合作对象、适合的技术创新和对应的竞争目标。而平民的劳务型创业基于机会成本低、投资金额低的初始条件,决定了平民创业往往选择资本、技术、管理门槛都比较低的行业。台州人在创业之初都没有足够的资金,没有掌握独有技术,更没有市场影响力,他们一般选择个体创业,餐饮业、日用消费品业、制造加工业等行业因其进入门槛低、需求空间大而成为台州人初始创业时集中选择的行业，具有明显的劳务创业型特征。

劳务型创业的特点是资金起点低，适合平民创业，也容易遇到广泛的同业竞争；劳务性较强，主要以劳务换取收入，需要创业者艰苦创业；客户群体零散，消费者需求多样化，需要创业者有灵活的经营方式。台州劳务型创业的成功之路正在于创业者以家庭为单位，通过专业市场把他们的产品导入市场，产品能及时适应市场需求并经常推出新产品。台州民营企业家的从商性格构成了台州企业家的资源禀赋，即有强烈的创业冲动，善于发现市场机会和利润空间，克服困难艰苦创业的精神。加上他们身处创业氛围浓厚、创业环境比较充分的台州，成功者能够从零起步，通过自己的艰苦努力和商业智慧在市场竞争中立足，成为台州民营企业家成功创业的一般路径。台州的民营企业家的初始创业形式基本上是劳务型创业，如始于补鞋创业的就有邱继宝、阮小明、阮积祥、陈晓清等几十人，李书福始于照相、王怀义始于贩销纽扣、叶仙玉始于销售百货、叶洋友始于建筑劳务，等等。虽然从事补鞋、贩销等劳务并不必然导致成功创业，但在没有任何初始积累的条件下走上创业道路，只能从自身的劳务收入开始创造积累。这是在特定历史条件下、社会处于贫困时期具有中国特色的资本初始积累道路。

劳务型从业者并不必然成为企业家，但劳务型创业对民营企业家的成长产生了直接的影响。首先，劳务型创业能够获得来自家庭价值观的精神动力。许多劳务型创业者当初是为了增加收入改善家庭生活才离开家乡，外出奔波。家庭成员会在他们辛苦劳动下受益，家庭也为他们的创业提供了最后的支持和归属，因而他们外出创业不仅有寻求收入的目的，还承担着家庭成员共同的期望。这种历史的规定性也决定了以后大多数民营企业具有家族创业的特性，对企业的支持力量集中来自创业家族，企业资产与家族财产之间没有严格的界限，企业的利润或亏损完全由家族成员之间按非市场原则相互转移、共同负担，如杰克公司三兄弟之间早年的创业时的股权分配就集中反映了"企业即家，家即企业"①的特征。其次，劳务型创业使创业者获得创业经验积累并发现市场机会。台州民营企业家早年的劳务型创业是群体性外出，并从事相同的行业。或者从事他

---

① 杰克公司阮氏三兄弟创业组合中，老大阮福德、老二阮积明、老三阮积祥。1985 年三兄弟去东北补鞋，1989 年回家乡后，老大与人合伙经营纺织品生意，三年后失败，留下好几万块钱的债务；老二小生意做得不减不淡。老三经营的缝纫机厂发展势头很好。1995 年，阮氏母亲出面，要求小有成就的老三阮积祥帮助两个处于低谷中的哥哥。老三阮积祥把自己创业积累的百万资产一分为三，以借款的形式分别给了他的两个哥哥各 25％的股份，老三以 50％控股，如亏损由老三承担。2006 年，杰克公司实现工业总产值 11.1 亿元，创利税 1.47 亿元，平均每亩工业用地产值 1520 万元。

们外出创业前拥有相同或相近行业的某些从业技能和实践经验。这样的创业经历使他们的经验技术市场化,能够更好地把自己的劳务技能与市场需要结合起来。第三,劳务型创业因为个体力量薄弱而寻求乡缘群聚,进而形成台州的企业家群聚现象。台州人早年外出创业是集体外出,基本上选择城市,创业群体主要集中在杭州、上海、江苏、北京、广东等发达地区。虽然没有共同投资,也没有合作经营,但却使他们对发现发达地区的市场商机产生了共同的认识,以至于他们在以后的产业化创业路径选择上也极其相似。如缝纫机产业群在创业初期选择进入市场的路径都是先国外市场、后国内市场,进入的国外市场都首选南美市场;在以后的技术创新中都选择在传统缝纫机的智能化和信息化领域。这种民营企业家群体的同质现象是通过单体力量的集聚产生了群体性聚集效应,成为具有区域特色的企业家群体现象,这就使劳务型创业构成了他们的创业之源。[①]

6.3.2　发现市场与组织资源

从劳务型创业到企业化创业是台州民营企业家成长的第二个重要阶段,其中的创业机会来自改革开放政策和实践。由于专业市场和企业家群体的存在,许多台州民营企业家在创业初期并不具有科学分析市场的能力,而是凭借自己在市场中积累的创业经验,特别是从专业市场的信息对市场变化作出判断;或者从创业群体中获得投资信息和市场信息,就可以减少投资项目的盲目性、提高投资创业成功的几率。一旦企业进入高速扩张阶段,他们就会选择投资具有更大市场空间的产品和行业。一个共同的现象是,他们对于高价格产品、市场俏销产品、国家设置壁垒限制生产的产品往往情有独钟,能够看到高价格产品背后的高额利润空间。例如,李书福从新款高价的铝塑板产品中看到这种新型建材的巨大市场空间和利润空间;邱继宝从包缝机市场供不应求的现象决定生产包缝机;黄东方在 1989 年发现一台 1 匹的单冷空调机价格高达 1 万多元,决定进入空调机制造业;李书福从国家对摩托车和汽车产业的限制投资的背后看到了管制壁垒后的巨大利润空间,使他决心进入摩托车、汽车制造业等。企业家能力不仅表现为组织资源开展生产、制造产品创造利润,还表现为扩大生产规模、提高产品和企业在市场中的影响力。

---

① 据杰克公司阮积祥回忆当年在东北林场补鞋的经历时说:"我必须这样走,这样做,大家守在一个市里是赚不到钱的,深山老林场里有更多的破鞋要我去补。终端客户不是等来的,是靠两条腿跑出来的,这一点我倒是在十六七岁时就提前与国际接轨了。"与生俱来的商业头脑使小个子阮积祥在 1985 年时每个月的补鞋收入达到了 1500 元左右,"这相当于当时机关干部工资的 30 倍,财富就是这样积累起来的。"

李书福面对规模经济壁垒很高的汽车制造业，却敢于以几亿元的资金进入汽车市场进行搏杀。李书福认为，在外国首先面对的是市场规模壁垒，而中国汽车业面对的是管制壁垒。中国汽车市场的现状是汽车厂全世界最多，每个工厂平均产量最低，年产几千辆的汽车厂现在还滋润地活着。因为中国的汽车行业首先是行政管理制壁垒，要生产汽车，不是想生产就生产，而是先要到发改委领牌照，才能生产。中央政府管制的汽车许可牌照，会发放给地方政府，但不会发放给非公有制企业。所以各地建很多小汽车厂就是跟地方政府的支持有关，由于地方政府的支持，不管它资金多少，就开始建立汽车厂，以至于小汽车厂遍地开花。资金不够，就搞市场分割，比方说，西安出租车要换就换成长安，北京要换就换成现代。中国汽车行业这种没有经济壁垒的现状，被李书福看准了，只要获得生产许可，他的汽车企业一定能比现有的小规模汽车制造企业活得更好。他说："比我的厂小的汽车厂到处都是，即使有一天竞争激烈了，那么先死的也是它们，而且我还有机会去兼并它们。"存在行政管制壁垒的国家反而会导致行业的规模经济壁垒下降，行政管制壁垒对行业规模壁垒具有替代效应，李书福看穿了这一点，这就是他作为企业家的过人之处。

20世纪80年代以来，大部分台州商人源自洗脚上田的农民，他们不仅善于发现市场机会，还善于组织和运用各种社会资源提高参与市场竞争的能力。他们凭借敏锐的市场洞察力和把握市场机会的能力，组织各种商业资源、政治资源和社会关系协同进入市场而获得成功。其中最为突出的是台州商人们运用最多的民间的"打硬股"商业习俗，即一旦发现市场机会，大家一起合伙办企业，组织资金、分工合作，提高自身的市场竞争力。如玉环县陈屿村的第一家民营企业就是70年代中期由七八个人合伙创办的村办企业；李书福创办冰箱配件厂时，也是李书福四兄弟、其姐夫王施梅、老大李胥芳的小舅子陈有发、李顺清等8人一起筹资70万元，租用5间房，创办黄岩县石曲电冰箱配件厂。在李书福的吉利企业中，就有著名的"老板工程"，让资产多少不等的当地老板带资进入吉利集团的控股企业，由吉利集团建设汽车城项目，以内部为合作关系组织其他企业进入汽车城，对外经济关系以吉利控股集团公司的名义统一采购、销售、投资，共同参与吉利的汽车产业，支撑起了吉利集团庞大的汽车产业。飞跃集团建设飞跃工业城项目，把建设好的标准厂房转让给配套企业办协作厂，增强整机厂与协作厂的经济联系。星星集团建设电子工业园区，以投资新兴产业为发展项目，以电子工业园区为载体，组织其他企业进入电子产业园区合作发展新兴电子产业，为发展星星集团的新兴产业创造载体。除了善于组织商业资源外，他们还善于利用政治资源，民营企业通过"打硬股"组建的企业都登记为集体企业，有的是乡办集体企业,更多的是登记为村办集体企业,以"戴红帽"来规避可能面对的政治管制风险。由于国有、集体企业不与民营企业、私营企业开展经济往来业务,"红帽子"还为民营企业与国有企业建立经济业务关系提供了合法的身份,为民营企业扩大生产规模创造了机会。

民营企业家除了组织国家控制的土地资源、政策资源为企业构建稳定成长的外部环境外,还需要通过市场组织技术资源,企业不但能够获得技术成果,更为重要的是获得技术人才,台州民营企业的成功经验就是对技术和人才的高度重视。民营企业家对产业集群发展的影响不仅表现在企业规模扩张的经济绩效上,还表现在组织外部资源扩大产业链方面产生的直接或间接的作用。民营企业家通过创建地方协作网络和产业链,重新配置地方经济的要素资源,并促进资源、技术与信息在整个地区的流动与传递。地方企业家联盟也成为产业网络的重要组成部分,共同推动产业集群提高技术水平、增强集群的品牌效应,还可能构成对其他区域相关产业优势的替代,进而引发地区市场结构的改变。

6.3.3 家族企业的力量:一个"戴帽"企业改制案例

在民营企业初期创业和成长过程,家族力量是企业不可忽视的动力来源,甚至是企业持续发展的动力,无论哪个企业的发展都离不开家族力量的支持。而且,家族力量对企业发展的积极作用和潜力并没有完全释放。腾达建设股份有限公司从"200元钱、16条扁担、16个家族成员"起步,直到上市前,一直是依靠家族成员支持企业历经艰辛,成为行业中的知名企业。腾达公司的经历是台州民营企业生成、成长、改制、上市的一个典型缩影。这家企业"挂靠集体"—"承包经营"—"摘帽改制"—"家庭控股"—"改制上市"的经历完整无缺地演绎了改革开放以来台州民营企业发展壮大和产权变革的全部过程。

(1)社队企业的"交钱计工"。1972年,原台州黄岩县路桥区的路东、桐屿、民主三个公社联合组建了一支建筑工程施工队,选定年富力强、做事积极、有经营头脑的叶洋友领头成立路东工程队,性质为社队集体企业,但公社和大队没有给工程队提供启动资金。在公社支持下,叶洋友以个人名义向参与组建建筑施工队的每个生产大队借资总共200元,与15位兄弟、亲戚和乡友组织了"路东施工队"。1972年,叶洋友带领施工队在长兴县长广煤矿承接了厂房、宿舍和道路工程的施工业务,价值70多万元。当时工程队的分配模式是"交钱计工",做工像种田一样计工分,工程队赚来的钱要交给公社,工人也不拿工资,而是以在施工队的劳动换取在原籍生产队的工分,但工人可以在生产队领取一点生活费。以叶洋友为例,他每个月可以获得16元到18元不等的生活费,还有50元工资,但工资中的 30 元要交给生产大队"交钱计工",以换取生产队的工分和口粮。由于人民公社严格限制农村劳动力外出,叶洋友的施工队劳力的外出指标受到限制,在起初几年里,工程队经常有业务却招不到工人。1977 年,政策放松了对农村劳动力外出的限制。叶洋友带领的工程队辗转在长兴、德清、嘉兴、湖州、杭州一带造公路、架桥、铺铁路,一年的劳务收入达到 10 多万元,成为社队的一笔巨大收入。

(2)承包经营的"行贿贪污"。1982 年,叶洋友与路东乡政府签订为期 10 年的工程队承包经营合同。根据承包协议,公社先收回工程队的 50 万元资产,以后工程队每年再上交 4% 的产值,余下的归承包人支配。承包后的工程队快速发展到 500 多人,产值突破 1000 万元。1983 年和 1984 年,叶洋友在杭州承接了两项市政工程,一项是投资近 1000 万元的中东河改造工程,另一项是投资数百万元的三堡污水处理厂建设工程。1984 年,上海市政建设部门邀请叶洋友去承接上海洪镇排水和控江排水两项"市长工程",1985 年底工程竣工,污水站排污道试车一次性成功。叶洋友的工程公司从上海两项工程中获得业务收入2000 多万元,他拿出 57 万元作为奖金分给 19 名有贡献的职工。但这一做法引起不少人的嫉妒和怀疑,黄岩县司法部门先后以行贿、偷税罪名将叶洋友收容审查并逮捕,1986 年 9 月以贪污罪一审判处叶洋友有期徒刑 6 年。叶洋友认为企业交足了税、自己也没有贪污,对自己所受到的不公正待遇很不满。1986 年底,台州地区党委、行署从支持改革的角度出发,支持台州地区中级法院作出撤销原黄岩县法院的判决,认为叶洋友不构成贪污罪,判偷逃所得税罪成立,但免于刑事处分。受"行贿事件"影响,有两人退出工程队。1983 年,工程队更名为黄岩建筑工程公司,1989 年,更名为黄岩市政工程公司。1992 年,公司承包合同续延到 1994 年。

(3)"摘帽"改制与公开上市。1993 年,台州开始对挂牌集体企业"摘帽子"。1994 年底至 1995 年 2 月,台州市路桥区体制改革委员会、台州市路桥区乡镇企业局确认"黄岩市政工程公司"属于"戴帽"企业,决定对该公司进行资产评估、产权界定和股份制改造。评估确认公司总资产 17981 万元、负债 16695 万元,所有者权益 1286 万元为法人净资产,加上 12 个月的公司所得账面利润 250 万元,公司共有净资产 1536 万元。公司账面的净资产和利润被确认为改制资产对象,由路桥区政府与黄岩市政工程公司以 1∶3 的比例进行分割。也就是说,公司"摘帽"的代价是公司净资产的 25%,即当时资产现金 384 万元。在此基础上,黄岩市政工程公司进行股份化改造,在公司内部根据工龄、岗位、责任,把公司 1152万元净资产量化到叶洋友等 28 个自然人,27 个股东来自 14 个家庭,以叶洋友家族为核心。

1995年1月,企业重新注册为"台州市市政工程公司"。1995年1月30日,公司上交给当地政府的改制分割款384万元作为公司的"政府欠款"记入公司的"其他应付款"。到1996年11月,公司先后分三次共向政府支付了290万元,余款94万元一直在"政府欠款"账目下"拖欠"着。事实上,腾达公司并非没有支付能力,而是对于这笔款项的支付对象持保留的态度。

1995年8月,经浙江省工商局批准,台州市市政工程公司注册为"腾达市政工程股份有限公司",叶洋友等27位自然人以上述1152万元净资产、1994年的承包奖金1055万元以及承包利润825万元,共3032万元作为注册资本。2001年,公司一位股东去世,该股东的股份由其3个子女继承,公司股东从第一次改制的27人变成29人。2002年4月,为了支持腾达公司公开上市,余下的94万元"政府欠款"由路桥区政府予以免除上缴,①资金转入公司的"资本公积金",改制拖下来的尾巴最后被清理完毕,也为IPO扫清了道路。2002年12月,腾达建设集团股份有限公司公开发行的6000万股A股在上海证券交易所成功上市,成为浙江首家以完全自然人为发起人的IPO民营企业。民营企业转制为现代企业管理制度,向治理结构明晰、管理规范的股份公司制转变,将使民企在经营管理上发生本质的改变。

(4)家族控股的现代企业。在腾达建设股份有限公司上市前,29个自然人股东持股9973.5164万股,占总股本的100%;公开发行6000万A股股票后,29位股东的9973.5164万股占总股本的62.44%。其中叶洋友家庭在上市前持股42.15%;公开发行股票上市后持股27%、增发后为22.79%。这29个股东来自14个家庭,其中包括10对夫妻、5对父子(女)、8位兄弟(妹),其中复杂的家庭关系让外人看得眼花缭乱。

10对夫妻:叶洋友与占彩花共持股12.8%;叶立春与蔡晓彬共持股11.51%;叶小根与王冬琴共持股10.02%;叶林富与徐爽共持股9.24%;叶春方与於秀花共持股9.27%;叶洋增与王菊琴共持股6.89%;徐君明与黄荷玲共持股5.24%;项兆云与林冬兰共持股4.45%;王福东与王菊花共持股3.99%;叶林芳与任平共持股3.4%。

5对父子(女):叶洋友与叶林富共持股16.76%、杨仙彩与杨晖共持股

---

① 2002年4月25日,台州市路桥区财政局以《关于腾达建设集团股份有限公司改制上缴款余额处理的批复》文件(路财发〔2002〕7号),对腾达建设集团股份有限公司改制应上缴路桥区政府的余额款项予以免除,资金记入公司的"资金公积金"。

5.77%、叶世君与叶舒健共持股5.24%、陈华才与陈建共持股4.55%。叶洋友与叶林芳(叶林芳持股3.7%)。

8对兄弟(妹):叶洋友与叶洋增、叶小根为亲兄弟关系;叶林富与叶林芳是兄妹关系;阮建军、阮建红、阮文君兄妹,合并持股5.84%。

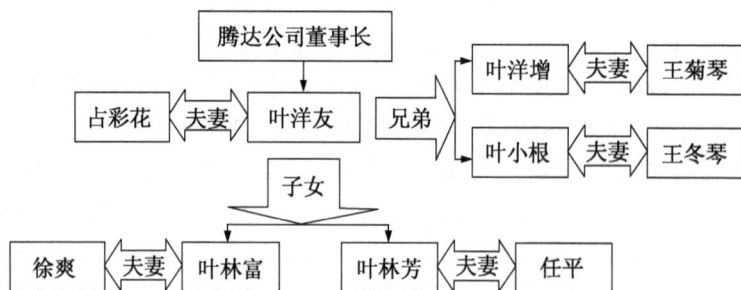

图6-1 腾达建设股份有限公司股东中的叶洋友家族关系

由叶洋友家族的亲兄弟、子女构成的5对夫妻共在腾达建设股份有限公司IPO之前占总股本的42.15%;IPO之后,叶洋友家庭"五对夫妻"股东在腾达建设股份有限公司持股26.99%。29个自然人股东在腾达建设股份有限公司占62.44%的股份。家族成员不仅是企业资产的所有者,也是企业的管理者。腾达公司的股东资产结构实际上把企业改制成了一个家族控股的现代企业。2006年总资产18.9亿元,主营业务收入14亿元,净利润9000万元。

6.3.4 民营企业家的政治追求

对于民营企业家来说,市场上的成功与政治上的成功是同样重要的。民营企业家的政治行为包括争取政治地位以提高社会声望和公众信任,组织政治资源为增添政治价值寻求政治认同和社会认同,谋取要素类资源提高企业发展力和竞争力。在市场化和法制化转型阶段,关于企业家政治追求的学术研究有待深入展开。

在政府严格控制并强力主导经济发展的时代,市场的开放和市场体系的建立依赖于政府对市场的认识,在政府主导经济时代,民间的经济活动受到严格限制和打击。改革开放以后,民营企业的政治行为经历了"争取进入市场的机会——企业获得政策许可——提高个体的政治认同"等不同阶段。特别是1986年12月,中共台州地委、行署提出"把兴办股份企业、个体企业、联户企业作为发展经济的突破口,给予政策优惠,放手发展",这一决定为民间资金大量进入制造业和流通业消除了管制性障碍,企业走上了快速发展的道路。这一时期,台州许多农民在政策的激励下开始创业,并成为知名企业家,如邱继宝的飞跃集团、李书福的吉利集团、叶仙玉的星星集团、林华中的钱江摩托集团,等等。在民营企业快速发展的同时,民营企业家也开始实施企业的政治战略。

企业家政治行为表现为在企业中建立党群组织(或政治组织)作为与党委政府沟通的桥梁。企业的政治组织主要有三种:一是民营企业党组织,台州许多民营企业都建立了党组织,受到党委政府的高度关注,企业也因此会较多地受到媒体关注,不仅可以增强企业在公众中的印象,提高企业的知名度,也使企业塑造政治形象提高政治含金量。二是企业家参与各类社会组织寻求政治资源,如入选各级党代表、人大代表、政协委员、政府顾问等,或参加工商联、共青团、妇女联合会的群众团体,或者参与各种行业协会、研究机构和高等院校组织的活动。20 世纪 80 年代开始,台州就有民营企业家争取加入中国共产党,这有利于企业家取得参与各种社会团体的机会,以获得相对多数的有利于企业发展的社会资源。三是民营企业家参加党委政府组织的社会政治活动,如出资参加新农村建设、捐资助学、结对帮扶、参加慈善事业等,以树立社会的正面形象,提高企业家的政治认同感和社会认同度。

政治因素对于企业发展的影响是企业家政治行为产生的根本原因。市场体系的不完善导致市场机制的不完善,中央政府控制了社会经济发展的主要经济部门和基本资源,特别是直接影响企业发展的土地市场、金融市场、资本市场。政府行为对民营企业的市场行为所产生的直接或间接影响,政治地位的高低决定了企业获得经济资源的多少,使企业在制定发展战略中融入大量的企业家政治行为。政府对企业的干预可以是价格管制、数量控制、调节企业收益分配、干预企业的进入和退出等。政府对稀缺资源的分配有相当强大的控制力和调节力,调节和控制的手段表现为政府对关键资源(如土地等)控制、项目审批、产业政策、微观规制等。政策问题最终是人的执行问题,政府人员对企业实施的监管和规制在执行过程中具有很大的弹性空间,民营企业家与政府良好的关系可以降低执行人员的自由裁量权对企业造成的伤害。当企业经营遇到政策内容不一致、个体决策随意性的困扰时,企业的社会地位、企业家的政治身份及其与官员的个人关系可以帮助企业在错综的政策文件、复杂的人际关系中找出政策上的出路。企业家的政治身份对于企业降低市场壁垒和管制壁垒,获得企业发展所需的资源有重要的作用。

一般来说,政治允许利益群体对政府的政策和行政行为进行讨价还价。企业家为了从政府控制的资源体系中获得更多经营机会,会积极参与政治活动,影响政府政策的制定与执行。当政府的政治目标是发展经济和增加财富时,政府的目标与企业的目标基本一致,政府制定的政策就会倾向于创造财富的企业和企业家的行为。为了实现区域经济的持续增长,台州地方政府先后制定过针对企业规模扩张、品牌培育、技术创新和改制上市的相关政策。这种以经济发展政策为主的政治现象可以说明这样一个问题,即执政党和政府的执政目标与企业的发展目标一致时,那么企业与政府就很容易走到一起。①对于中国目前的企业来说,与政府的良好关系不但可以在办事时顺利便捷地通过审批手续,减少政府官员(尤其是办事员)的寻租行为,减少在政府办事时的成本;还可以获得价格低廉、位置优越的土地,以及政府采购合同和各种政策优惠,从而获得优于竞争对手的租金。在台州这样经济相对发达的地区,处于依靠地位的企业都与政府有良好关系并获得巨大支持。

单纯从成本和收益角度来考察企业的政治行为未必全面,民营企业家除了追求利益外,往往还有追求社会认同感的心态。企业家期望得到政府和社会的认可,诸如代表社会地位的身份(如党代表、人大代表、政协委员或共青团、妇联、工商联等)、代表道德价值的荣誉(捐资助学、慈善事业、修桥铺路、帮助弱势群体等),这种地位和声誉既可以增强供应商、合作者、消费者对企业的信赖,也可以在关键的时候更容易得到政府的支持,这些都增加了企业的竞争优势。在市场经济法律体系不完善的背景下,民营企业家的政治资源客观上对民营企业起到了替代法律保护的作用,但是他们并没有对什么是替代机制做深入的分析,民营企业家的政治地位、社会声望、关系资源具有法律保护的替代作用。

对民营企业来说,整合市场战略和政治战略对企业的发展具有非常重要的作用。在台州民营企业中,许多企业的领导成员中有专门与政府部门打交道的专职人员。这类人员有两个来源:一类是家族企业的核心成员,一般是在两代直系血缘人员安排一个沟通能力较强的成员来集中处理企业与政府关系的相关事务,这些事务包括企业的项目立项、优惠政策、企业党建等事务。二是曾在政府部门担任一定领导职务的退休干部,他们与政府官员保持良好沟通渠道和沟通能力,知名企业或具有一定影响力的民营企业中,都可以找到在政府担任过领导职务的退休干部。与政府沟通能力越强,企业的发展能力也越强,政府行为对企业的生存和发展起着重要作用。

政治战略只是在部分民营企业的战略构成中占有重要地位。事实上,大部分小规模的民营企业没有条件与政府及其官员保持密切的关系,因为官员中地

① 在台州的杰克集团老厂区,进厂区大门后有一对石雕。这对石雕不是一般企业门口看到的石狮,而是一黑一白两只猫,白的那只基座上刻的是"不管白猫黑猫,能捉老鼠就是好猫"这句名言。

位的高低、权力的大小、职位的调换不会使企业的政治策略发生变化,但却会使企业为官员的私人关系的投资增加风险。同时,大部分企业也没有条件和机会与政府官员建立良好的私人关系,一方面是因为政府官员中只有少数人有权力决定资源分配、优惠政策;另一方面,大部分民营企业不可能、也不愿意与政府官员有过多的瓜葛,这类企业甚至不愿意接纳政府频繁的考察,以免吸引政府和公众的注意力。政治是民营企业家把握企业发展的航标。①

6.4 总结性评述

当生产性政治关系和政治性关系同时成为企业家不可回避的经济环境时,企业家的政治行为就成为现实性的问题。企业家的生成机制与成长环境已经不是一个单纯的经济要素问题,而是考察地方政府能否构建企业家生成与成长的环境和制度的政治能力指标。民营企业家能力的发挥将受到经济体制、经济结构和企业家背景因素的影响。改革开放背景下的企业家转型理论并不适用于民营经济主导的区域,转型背景下的国有企业家需要来自管制部门的激励。而台州的民营企业家集创业者和管理者于一身,企业家自身不存在激励问题,而是需要通过市场扩张企业规模,协调政府组织企业资源和社会关系资源。过多的行政手段可以表达政府的政治热情和发展愿望,但未必能够表达企业家的心声和企业发展的需要。可以看到,面对一系列的经济发展和社会问题,企业需要政府高效率的决策,对市场变化作出迅速反应,因此,企业家需要政府深化改革、扩大开放、提高行政效率。政策管制是当前企业家和企业成长的主要障碍,这说明了当前的治理框架还有进一步开放的空间。企业家的需要也就是市场的方向,企业家资源的产生与企业能力的形成首先有赖于自由市场制度,即没有自由的机会就没有企业家。

---

① 正泰集团的南存辉说:"做什么事情都不能脱离当时的政治环境和社会背景,作为一个企业家,政治应该是天。"

7 专业合作的市场绩效和制度绩效

让合资与合作融为一体,这是市场经济中的弱势群体内生的产业组织形式。台州农民以本地特色农业产品为依托,自发组织了上百个农民专业合作社。他们以资金和生产资料参股的形式加入合作社,由合作社统一组织生产和销售。由于较好地实现了生产规模化、管理透明化、利益公平化,众多合作社实实在在地解决了当地农民增产增收的难题。农民家庭小规模经营要走向农业产业化面临着一系列市场进入壁垒。在土地家庭承包制和农产品市场流通体制不变的前提下,台州农民通过自发建立的专业合作经济组织,在一定程度上消减了市场壁垒,并创造性地构建了以"股权+合作"的合作框架,合作社的新型产权结构和治理结构提高了合作经济组织的稳定性和市场绩效,提高了农户在市场中的谈判力,也推进了专业合作模式向农村经济新兴产业领域延伸。

7.1 专业合作的市场绩效

以家庭经营为主体的农业产业化面临两大制约:一是家庭经营的农业生产组织不能满足农产品市场日益扩大的需要,因而迫切需要有效率和竞争力的产业组织突破市场壁垒;二是"小农户与大市场"之间缺乏有效的进入机制,而计划经济时建立的农村产业组织的功能和作用严重弱化,农村产业组织的发展也需要突破制度壁垒。

7.1.1 农产品的市场进入壁垒分析

合作社产生的经济动因是,处于经济活动中弱势地位的小规模生产者和低收入消费者,因为大资本的盘剥而走向联合。在经济全球化的今天,尽管以工商资本为核心的公司制经济占主导地位,并对合作制提出了严峻挑战,但合作经济仍是世界经济发展中一个普遍而长久的命题。国内外实践证明,只要发展市场经济,就会产生弱势群体。只要存在弱势群体,这个群体就必然联合起来,兴办合作社,维护自身的利益。换言之,合作经济组织生存的条件是市场经济和弱势群体的存在。随着市场经济的发展,我国有为数众多的弱势群体——个体农民,以及农业的弱质性,这给农村合作经济的发展提供了广阔的空间。

市场进入壁垒分为结构性壁垒和行为性壁垒。影响农产品市场进入的壁垒主要是结构性壁垒,包括规模壁垒、绝对成本壁垒、必要资本量壁垒和产品差异壁垒,结构性壁垒主要影响农业资源的配置和农产品市场结构。在农业产业化实践中,个体农户面临的结构性壁垒具体表现为四类:一是资本规模壁垒,个体农户生产规模小、产品供给能力弱、价格影响力低、产品差异少,制约了个体农户进入市场;二是技术性壁垒,个体农户生产农产品科技含量低、不能获得完整准确迅捷的市场信息,制约了农户形成市场竞争力;三是管制性制度壁垒,个体农户在产业化过程中面临着管制性的制度障碍,如产业组织的法律地位、国际贸易中的绿色壁垒、农业生产组织的进入门槛等都制约着农户产业组织的成长;四是信任壁垒,个体农户在市场交易中因市场信息极不对称,参与市场谈判能力弱,无法控制交易各方的动态变化,很难建立起对市场的信任,也影响到农户进入市场的信心。

消解壁垒就是提高农村经济组织的市场谈判力,对应性措施是扩大农户的生产规模、改进农户的产业组织、增强产品的差异性、提高技术改进产品等措施。由于个体农户在生产规模、单位成本、产品差异、必要资本量等结构性因素方面受到制约,个体农户仅靠自身无法消解市场的进入壁垒。对农产品市场而言,增强组织力也就是提高农户在市场中的谈判力,有效改善农户在市场中的弱势和被动地位。构建合作经济组织立足于既不改变既有的土地家庭承包制,又要能提高农民进入市场的能力。但现有的"公司+农户"、"订单农业"等模式都不能改变合作各方在关系上的独立性和利益上的对立性,由于缺少合作框架和制度保证,合作方之间不能承担相应的风险,农户与企业不能成为利益一致的共同体。这种合作模式没有使农民成为真正平等的合作方和市场主体,不能有效解决农业发展和农民增收问题。

7.1.2 专业合作对市场进入壁垒的消解

台州农民在探索自主经营和专业化生产中实施"差异化"战略,选择具有地方特色和市场优势的农产品区域性进行规模生产,如优质海产品养殖、特质西兰花、高品质小西瓜、高山蔬菜、优质柑橘等,产品进入市场后反映良好。但由于个体经营的产量小、品质差异大,同时在生产技术、市场信息、销售渠道、作物管理等方面存在无法跨越的组织壁垒。为克服大市场和小生产的矛盾,农户之间开始尝试合作经营。台州洞林果蔬专业合作社成立的直接原因就是"卖果难"问题。

案例 1:浙江临海洞林果蔬专业合作社的技术合作消解价格壁垒

个体农户生产规模小,在市场上没有稳定的业务关系,农产品集中上市往往导致"卖难"问题。1997 年,台州市临海石仓村的村民们自主成立"东洋镇柑橘高品质化栽培示范小组",由技术干部牵头在小范围内开展技术合作。村民们在每月的 8 日、18 日、28 日晚上定期聚在一起喝茶聊天、交流生产技术,并请专家讲课。这种技术合作在当年就产生了意外的效果,1997 年全国出现了空前的柑橘"卖难"现象,台州许多农户的橘子都因无人收购而腐烂废弃,而该小组成员的橘子却以每公斤高于普通橘果 1 元的价格在上海"热卖"。这种草根式的技术合作一直持续了 5 年多,尝到甜头的村民们产生了成立合作组织的愿望。2002 年 3 月,由 5 位村民(2 人管技术,2 人搞管理,1 人管农资)发起成立临海市洞林果蔬合作社,注册资金 30 万元,请技术人员和外聘的果蔬专家到合作社实地指导,在北京、上海、大连、青岛建立销售点,经营柑橘、西瓜、青菜、豆类等农产品,部分产品进入上海大型超市。这是台州自改革开放以来较早的一个农民自主建立的经济合作组织。现有来自 13 个行政村的418 户社员,拥有优质水果基地 4000 亩、蔬菜基地 6000 亩、农产品加工厂房1000 平方米、冷库 900 立方米。销售收入从 1997 年的 41 万元增长到 2004年的 2800 万元。

案例 2:浙江临海上盘西兰花合作社的生产标准消解国际绿色壁垒

外向型农业进入国际市场的主要障碍是绿色壁垒,台州农民的生产守则、操作规程和田间生产的"种植档案"有效消解了绿色壁垒。台州上盘镇农民种植的西兰花主要出口日本。2002 年初,日本对进口西兰花从抽检改为批检,并把检测指标从 6 项增加到 43 项。由于一家一户生产的西兰花质量达不到日本的高标准,导致上盘西兰花出口严重受阻,西兰花的收购价格从每棵 1 元降到 0.2元,农户损失惨重。为应对绿色壁垒,2002 年 6 月,上盘从事西兰花加工的 12个加工企业、10 个运销大户联合当地 834 户种植农户组建"上盘西兰花产业合作社",统一使用农药的品种和用量,制定《西兰花质量安全生产守则》《西兰花标准化生产技术操作规程》，实施田间生产日记制度，建立生产监控体系，①推行标准化绿色生产，有效消解了日本对中国西兰花的第一次绿色技术壁垒。以后几年中，台州西兰花年产量30万吨左右，产值2.8亿元，其中60％主要是通过保鲜后出口到日本等国。2006年5月29日，日本正式实施《食品中农业化学品临时标准》（肯定列表）②，这项标准把进口西兰花检测标准从63项增加到298项，西兰花合作社积极修改种植操作规程，积极应对更高标准的绿色壁垒。

农民专业合作社通过增产促进社员增收，合作社向社员转移收入的主要途径是农户以合同价格向合作社交售产品中的基本收益、农户从合作社的技术和品牌方面投入使农产品提高的附加值部分、农户从合作社提供的服务中降低了农产品进入市场的成本所形成的收益，合作社向社员提供的"二次返利"。台州的箬横西瓜合作社2005年西瓜销售额1亿多元，扣除成本、提取基金后，一般社员纯收入达到七八万元，个别农户达到30万元；旗海海产品专业合作社2005年产品销售收入1454.5万元，利润总额90.2万元（含返还款），其中按社员惠顾额度返还的有75.6万元，社员户均增收3793元；桐峙大红袍果业合作社2006年上半年销售额1800万元，净收入41.6万元，股权社员分红达每股500多元，普通社员人均返利2419元。2007年，又有80多人要求入股。

2005年，台州有523个农民专业合作社，4.5万多社员，带动22万多农户，占全市农户总数的26％。2005年，台州农业遭受5次强台风袭击而损失严重，但全市农民专业合作社依然实现销售22.5亿元，返还社员盈余1.8亿元，社员户均增收7000元，带动农户户均增收1400元；2006年上半年，台州市588个农业专业合作社，4.7万户社员，销售收入11.1亿元，纯收益1.42亿元，返还社员7193万元，带动农户25万户。专业合作成为台州农村提高农户收入的最快的一条途径，这也是台州农村使合作社快速成长的动力。

7.1.3 专业合作社的内部治理模式

台州农民专业合作社的组织结构与运作模式有五类："专业大户＋农户"模

① 2002年底，上盘西兰花合作社发现三名社员违规使用农药。一社员使用了自己购买的含有乐果成分的农药，在第一批产品采收时被抽检出来；另一名在田头使用超标农药时，被植保员当场发现；还有一名社员不按标准施药，并伪造田头用药记录。合作社马上召开社员大会，根据章程规定，决定对三名社员予以除名。这件事在社员当中产生了很大的震动。

② 2005年，日本出台了《食品中农业化学品临时标准》（肯定列表），于2006年5月29日正式实施。这项标准涉及734种农药、兽药和饲料添加剂，5万余条限量标准。这项标准涉及进口西兰花检测项目从63项增加到298项。这项标准的实施将对包括台州西兰花在内的中国农产品出口日本产生极大影响。

式,约占 40%;"公司(农业龙头企业)+农户"模式,约占 30%;"基层供销社+农户"模式,约占 10%;"专业大户+企业+技术服务机构"模式,约占 10%;政府部门牵头的"专业大户+基地农户"模式,约占 10%。台州农民合作社立足专业协作,在不改变生产者的自主生产独立性的前提下,建立了"股权+合作"的组织框架,在社员构成、组织结构、股权结构、利益分配和表决机制等方面逐步形成了平等合作的农民专业合作关系。

(1)以产权为基础的社员平等协作关系。台州农民专业合作社的社员包括自然人农户、农业技术服务机构、专业销售大户、农业龙头企业等,他们是以拥有的合作社股权为基础的合作方,但任何个人和机构所持股份不能超过 20%,农户可以多人联合持股。这种以合作社的股权结构使合作社从一般意义均等合作关系、松散的产品购销关系向紧密、平等的产权关系转变。社员加入合作社,首先认购合作社股金,取得社员资格,与合作社建立产权关系,并与所获取交货权、销售权和产后利润的受益权相联系。建立产权关系后,社员与合作社的关系更加紧密,真正体现了"风险共担、利益共享"的合作原则。

(2)内部协作、分级管理的组织结构。台州市农民专业合作社在内部管理上创造了新的合作社管理模式,实行内部分级管理,使合作社的组织结构逐步从"合作社—社员"这种无中间机构的组织向"合作社—生产小组—社员"具有科层组织的结构转变。社员被分成若干个生产小组,每个小组与合作社的企业成员建立稳定平等的合作关系。

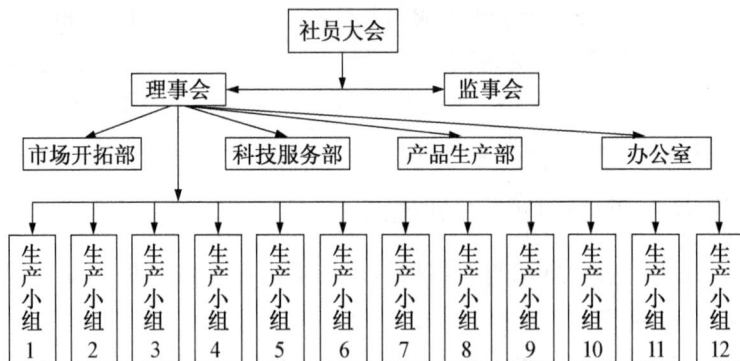

图 7-1 浙江临海涌泉柑橘合作社组织结构图示①

---

① 图中共有 12 个生产小组,每个小组分别由"1 个发起人+若干农户"组成,相互订立合同,以"五统一"(统一土壤化验、统一品种搭配、统一用肥用药、统一栽培标准、统一原料采购)为基础,形成紧密型的合作关系。这种合同关系以相对稳定的合作关系为基础。

（3）股权结构："合作＋股权"＝"惠顾收购＋二次返利"。台州的合作社原先是个人占大股，经过"二次登记"①后，合作社股权分布相对均衡，同时股权数也意味着生产责任，即社员向合作社交售额必须与其所持的股权挂钩，体现"股权＋劳动"的合作模式。相对均衡的股权结构改变了以前社员"合作不合心"的松散局面、股权与生产责任挂钩的做法有效改变了以前合作社约束无力的状况，"股权＋劳动"的合作模式有效提高了合作社的经济绩效，加上政府的扶持政策导向，导致合作社股权逐步分散（见表 7-1），聚合力进一步增强。"二次登记"后，合作社获得了良好的发展。温岭市箬横西瓜合作社 2001 年 7 月成立初期，西瓜种植面积 1600 亩，到 2005 年在国内 5 个省建了 13 个基地、1.3 万亩瓜田，在 20 多个省市 50 多个水果批发市场建立销售网点，销售西瓜 2.6 万吨，返还社员盈余 1050 万元。

表 7-1　台州农民专业合作社"二次登记"前后的股权变化

合作社名称	规范化登记前			规范化登记后		
	大股东数（个）	大股东股权（%）	持股社员（人）	最大股份（%）	生产性股权（%）	持股社员（人）
三门绿石芦笋	3	80	8	6.25	100	150
三门旗海青蟹	2	75	14	18.8	95.84	222
路桥桐屿枇杷	8	100	8	5	90	386
临海涌泉柑橘	5	100	5	6.7	93	132
三门富达果蔬	4	75	152	17.53	85.4	256
三门湫水芋芳	3	65.5	52	20	100	102
玉环洋根文旦	2	76	10	15.7	91.3	220
温岭箬横西瓜	1	17	31	6	95.6	351
临海洞林果蔬	5	70	120	3	87.7	425
三门滨海青椒	1	70	10	20	90	125

资料来源：对各个合作社的调查（2006 年 9 月）。

---

①　"二次登记"：2005 年，台州市为了保护合作社弱势成员的利益，防止部分股东占优势的现象，创造性地提出在平等合作的基础上，合作社进行规范化登记，产权关系与合作关系挂钩，社员既要履行合作社交货合同，也要认购合作社的股金；社员既要履行向合作社交售产品的同时，也可以分配合作社的经营利润。规定单个合作社成员拥有股金最高不能超过 20%，合作社年终分配的利润不低于利润总额的20%，销售类股份不能超过总股本的 20%。

（4）内部建立稳定有序的生产合作关系。在合作社建立之前，加工企业、运销大户和种植农户三者在利益分配上的目标是不一致的。产品畅销时，加工企业与运销大户之间就出现争抢货源、哄抬价格，农户则以次充好等现象；产品滞销时，加工企业和运销大户则抬高标准，农户相互压低价格。同时，在加工企业与运销大户之间也存在争抢客户和销售渠道等恶性竞争问题。组建合作社以后，由合作社控制生产总量、销售价格、种植标准等，合作契约在合作社内部则以合同方式由生产小组来执行。

良好的制度安排产生了显著的市场绩效，在销售农产品时，合作社的供货价格有明显提高、农产品的品质显著改善、农产品品牌的附加值和市场影响力日益增长、农户的收入明显提高。[①] 农民专业合作社从事农产品生产、加工和销售，延长了农业产业链，增进了农村劳动力在农业产业中的价值创造。目前，浙江台州的农民专业合作已经把合作社拓展到农机服务、乡村"农家乐"旅游等新领域，农户参加合作社的要求越来越强烈，成为推动农村产业化和市场化的重要力量，农民专业合作组织的建立和完善是继农村土地家庭承包制之后的又一项农业经营体制的重大变革与创新。

7.2　内生型专业合作制度

在合作社的起步阶段，农民合作组织主要面对四类制度"困境"：一是登记困境，由于合作社的法人地位不明确，也就没有明确的登记依据；二是融资困境，由于合作社没有法人身份，得不到农村信用社等金融机构的支持；三是政策困境，我国农民自己生产的初级农产品自行销售是不用缴纳税收的，而农民通过合作社销售自己的农产品则要按法规纳税，这在一定程度上影响了农民合作社的积极性；四是管理困境，由于没有统一的内部管理制度可以借鉴，合作社普遍存在财务管理不规范、部分合作社出现分配股份化倾向。

7.2.1　探索专业合作的规范化运作制度

台州地方政府在探索农民专业合作实践中，突出对合作主体的身份、合作组织的架构、分配与表决机制、规范化等四大问题进行探索，建立了运作有效的合

---

① 张晓山认为，区域经济的发展水平、农产品的商品化和市场化是浙江台州农民专业合作社的制度设计和组织构架的原因。（见《中国农村经济》2004 年第 11 期）由此而来，合理的制度安排和组织构架也是促进农产品商品化和市场化、农民增收的基本路径。

作机制。

（1）合作社法人注册身份。1997年，台州农民开始组建合作社时，农民拿着农业局发给的同意成立合作社的批准文件到工商部门进行登记时，找不出相应的登记机关：如果属营利组织就要工商局登记，而工商法规中没有登记为"合作社"的依据；如果属非营利组织到民政局进行登记，但合作社又有经营和营利活动。因此，刚开始时，农民专业合作社在法规体系中没有名分，只有以自己制定的章程，开展契约式的、法律不能保障的经营活动。

为解决农民在开展专业合作经营面临的"合法"身份问题，经过一年多的调研，2003年3月，中共台州市委、台州市人民政府颁布《关于发展农民专业合作社的若干意见（试行）》，并在修订基础上，于2004年5月正式颁布《台州市农民专业合作社管理办法（试行）》，对合作社的性质和组建作出规定，并就工商登记、税费优惠、农业信贷和财政扶持等制定具体政策，对合作社给予工商注册登记，确认独立经济法人地位，给合作社定性为"具备法人资格的合作经济组织"，以"个人合伙企业"名义进行登记。

案例3：浙江台州"农友园艺合作社"的三度注册

2002年5月，台州农民Z向农业管理部门申请组建花卉苗木专业合作社，农业局以文件形式批准。由于没有工商注册，合作社像一个行业协会，内部结构十分松散，活动也基本停留于行业协调、自律和相互交流信息。2004年5月《台州市农民专业合作社管理办法（试行）》颁布后，9月，农民Z在工商部门进行注册，工商管理部门给这个"路桥区花卉苗木产业合作社"注册为"个人合伙企业"。2005年5月《浙江省农民专业合作社条例》颁布后，台州市开始对农民专业合作社进行规范化登记。同年9月，"路桥区花卉苗木产业合作社"重新登记为"台州市农友园艺合作社"。

"个人合伙企业"的身份解决了合作社的法人身份，但由于对合作社的定位不准确，给合作社带来了新问题。一是合作社的"个人合伙企业"性质要在法律上承担无限责任，对于参加合作社的社员来说，存在着巨大的责任风险。二是地方政府给当地农民的优惠政策，国税部门对地方政府出台的政策不予认同，[①]认为地方政府和党委的意见不能作为减免税的依据，认为合作社的身份既然是"个

---

① 台州市政府制定的《关于发展农民专业合作社的若干意见（试行）》提出"对农民专业合作社销售的农产品，应视同农民自产自销的农产品，按有关规定，免征增值税"，但台州市的国税部门认为地方政府的意见不能作为国税部门征税减免优惠的依据。因为国税部门属于垂直管理部门，地方政府的政策意见对他们的征税工作没有约束力。

人合伙企业",就应该根据国家相关规定纳税。

(2) 生产者主体的平等合作。台州的合作社组织结构种类繁多,发起人往往是合作社的负责人,负责人持股一般占到 50% 以上,掌握着合作社的主导权,许多社员因对股权设置不合理而对合作社管理和分配不满。在政府的引导下,合作社实施"股权革命",对合作社股权结构进行调整,建立以生产性社员的权益为主体的股权结构。规定在合作社组成时,农民以购买股份的方式加入合作社,按协议向合作社交售产品,农户向合作社的投售量应与所持有的股权比例相一致,合作社按农户的投售量向社员返利。这体现了既有资金合作又有劳动合作的股份合作制特征,也是台州农民非常熟悉也乐于接受的股份合作制。

(3) 利益分配和民主决策。台州的政策创造性地建立以生产者社员为主体的分配和表决机制。根据台州市《农民专业合作社管理办法(试行)》,单个社员认购股金不得超过合作社股金总额的 20%,从事生产的社员认购的股金必须占到合作社股金总额的 2/3 以上,"二次返利"比例不低于可分配利润的 20%,单个社员表决权最多不得超过总票数的 20%。这就限制了合作社股权中的"一股独大"现象,限制了合作社创造的盈余集中向少数人分配,也限制了只有少数人享受政府对合作社的扶持和优惠,使以生产为主的农民真正享受到合作社的好处。

案例 4:浙江三门县旗海海产品专业合作社的股权结构和分配机制

三门县旗海海产品专业合作社成立于 2002 年 4 月,发起人一个人持股占总股本的 50%,县供销社占 25%,其余 14 户社员占 25%,有 125 户社员。2002 年底,合作社的利润以股权为依据进行分配,引起多数社员的不满。在政府部门的指导下,2003 年初,合作社对股权结构进行四项调整:一是规定以专业农户为主体,养殖户的股金占 75% 以上。二是规定单户社员(含法人社员、联合持股社员)持股比例不得超过 20%。实际改造后,生产者社员的持股比例达到 83%,法人社员持股比例减至 1.8%,发起人单个人的持股比例为只有 15.2%。三是规定社员的表决权与产品投售量、股份挂钩,但不得超过总表决权的 20%。四是规定合作社的盈余按社员的投售额分配,对社员产品先验收定级记账,在该批产品的销售金额中减去销售费用、合作社 4% 的服务费后,余额作为结算价款以利润方式大部分返还给社员。

《台州市农民专业合作社管理办法(试行)》中规定,在利益分配机制方面,"二次返利"比例不低于可分配利润的 20%、社员必须向合作社交售与其所持股份相当的农产品,合作社将销售额按比例扣除积累金和服务费用后,按产品投售量返还给社员;在决策机制上,在单个社员表决权不超过 20% 的权限内,表决权与股份比例、农产品投售量直接挂钩。农民从实践中摸索出来的利益与权力约束机制,使台州农民专业合作社真正成为农民自主、生产者主导的合作经济组织。一些外国专家在听取了台州农民专业合作社发展经验介绍后感叹:"我们用了几百年时间才形成今天比较成熟的合作社运行机制,你们用几年时间就走过了我们上百年走过的道路。"

(4)合作社的规范化建设。2004 年 11 月,浙江省颁布了《浙江省农民专业合作社条例》,①这部具有地方法规性质的《条例》出台之后,解决了台州市试行《管理办法》中以比较近似的"个人合伙企业"来给农民专业合作社定身份的问题,使合作社成为有合法正身的经济组织,不再需要用其他名称来替代。台州根据浙江省《条例》,对农民专业合作社进行规范改造,并重新登记。2005 年,台州有 243 个农民专业合作社进行重新登记,其中 119 个成为规范化合作社。

表 7-2　台州市三门县农民专业合作社规范化建设调查表(2005 年)

合作社	组建主体	注册资金	社员户数	最大股份(%)	生产性股份(%)	社员培训	自主产权商标	生产标准	销售额(万元)	"三金"提取(%)			盈余分配占(%)	
										公积	公益	风险	股金额	交易额
A	养殖	51	222	18.8	95.84	5	旗海	5	1108	35	5	10	16.36	83.64
B	养殖	10	33	20	98.5	4	汇丰	1	60.2	10	10	10	40	60
C	种植	5	102	20	100	4	三门湾	1	203	15	5	10	35	65
D	企业	8	150	6.25	100	4	绿石	2	270	15	5	0	20	80
E	自发	46	152	17.53	85.4	5	农韵	2	56	10	10	10	40	60
F	种植	5	102	0.6	100	4	金域红	1	134.5	20	5	5	30	70
G	种植	5.2	158	11.4	84.6	4	丰灿	1	53.4	20	5	5	30	70
H	养殖	14	32	14.28	94	4	三门湾	2	244	25	5	10	35	65

---

①　2003 年,浙江省台州市被国家农业部定为农民专业合作组织试点市,在台州市《农民专业合作社管理办法(试行)》的基础上,浙江省人大把农民专业合作社立法列入 2004 年浙江省人大一类立法计划,组织人员开展调研和起草,召开农民专业合作组织制度建设和立法安排国际研讨会,广泛借鉴国内外的成功做法。2004 年 11 月 11 日,浙江省人大常委会通过《浙江省农民专业合作社条例》,并于 2005 年 1 月 1 日起实施,明确了农民专业合作社的法律地位。

续表

合作社	组建主体	注册资金	社员户数	最大股份（%）	生产性股份（%）	社员培训	自主产权商标	生产标准	销售额(万元)	"三金"提取（%）			盈余分配占（%）	
										公积	公益	风险	股金额	交易额
J	种植	5	101	8.9	80	4	绿海湾	1	355	15	5	10	35	65
K	养殖	5	30	6	91	4		1	300	10	10	10	40	60
L	种植	10	120	4.3	100	5	百瀑谷	1	210	10	5	5	0	100
M	种植	125	215	20	96.8	6	欣禾	2	450	35	5	10	30	70
N	种植	8	125	18.75	90	5	太师峰	1	148.5	30	5	20	40	60

说明：① 组建主体分为运销户、种养殖户、农技部门、企业、供销社、农户自发等种类。② 合作社名称在此隐去，以代号列出。③ 数字单位：注册资金为"万元"，社员户数为"户"，社员培训为"次"，生产标准为"套"，股金额和交易额为"元"。

资料来源：2006 年 5 月到三门县农业局调研获得。

重新登记后，合作社的社员以从事种植、养殖业的生产性社员占绝大多数，单个社员的股份最高在 20% 以下，确保了合作社的生产性和专业性、以合作为前提的"合作＋股权"的合作框架以及达到分配向生产性社员倾斜的目标。

7.2.2 创新专业合作的治理结构

台州地方政府对农民专业合作组织的支持从最初的提供扶持资金、产业信息等方面入手，最终的落脚点是规范制度建设，政府的积极作为给农民增收和农业产业化带来了积极影响。台州的创新实践在国际经济合作史上具有前瞻性。

（1）率先明确合作社的企业法人性质和生产者的主体地位。国际合作社联盟对合作社的定义是"自治联合体"，我国《农业法》认为农民的合作社是"互助性经济组织"，活动原则是"加入自愿、退出自由、民主管理、盈余返还"。经历了 10 多年的农业市场化、产业化的探索，《台州市农民专业合作社管理条例（试行）》认为，"农民专业合作社是指同类农产品的生产经营者，是特殊的企业法人，根据经济参与、共同所有、民主管理、盈余返还的原则，按照约定进行共同生产经营活动的经济组织"。相比之下,台州定义更加准确。台州农民专业合作社体现农业生产者主体,农民必须占有合作社的绝大多数股份,合作社三分之二以上的股份要向生产者配置,且社员认购股金的比例要与生产规模、交货量相一致,充分体现了企业法人的性质和生产的主体地位。

(2)创造性地提出了"股权+合作"的合作社核心框架。台州市在确认土地家庭承包制的前提下,探索以"认购股权+协议合作"为核心制度的新型合作模式,明确农户入社时必须购买股份,社员认购股份的比例要与交货量相一致、与表决权挂钩;同时提出了防止合作社"一股独大"的三个"20%原则"。① 台州在合作社起步时也遵循经典合作制原则中一人一票制的表决方式,但随着合作社产权关系的确立,社员对一人一票制提出了质疑,认为一人一票制不能反映合作社的产权关系。因此,台州市规定农民专业合作社可以结合股权数实行一人多票的表决方式,但单个社员的最高票数不得超过总票数的20%。这种合作模式超越了西方长期以来奉为典范的"罗虚代尔"原则(即一人一票原则),合作社的这种股权设置方式极大调动了发起人与社员两方面积极性,也是台州农民专业合作社几年来获得长足发展的原动力。在西方农业合作专家看来,台州的5年实践已经走完了西方上百年的合作道路。

(3)开拓性地尝试了"社员联合认购股权"这一特殊的股权持有模式。社员对合作社享有所有权。《台州农民专业合作社条例(试行)》规定:社员之间可以自愿联合认购股金,并享受盈余返还的再分配,社员联合认购股金最多不超过股金总额的20%。这种联合认购股金制度意味着那些股权不足一股的部分社员也具有合作社的社员资格,使那些收入水平低、出资能力弱的农民也有机会参加合作经济组织,意味着合作社扩大合作范围、降低合作门槛。股权成为加强和促进合作关系的基础和纽带,"联合持股"是对"合作法则"的演绎和体现,这在国际合作经济史上是一大创造,成为中国特色农业合作的一个典范。

---

① 《台州市农民专业合作社条例(试行)》规定,单个社员认购股金不得超过合作社股金总额的20%,"二次返利"额不低于可分配利润的20%、单个社员表决权最多不得超过总票数的20%。从事生产的社员认购的股金必须占到合作社股金总额的2/3以上,股金比例原则上与交货配额比例相一致,这就限制了合作社股权结构中"一股独大"的现象。这种机制防止政府对合作社的扶持优惠政策让少数人集中受益;按照章程规定提取适量公积金(有的合作社称为风险金)、公益金、奖励金后在年终按股返还;政府扶持、其他组织和个人赠予合作社的资产,不得用于分配。

7.3 专业合作的制度绩效

对合作社的性质问题的认识,在理论上是商品契约与要素契约的认定,在组织上是合作组织与企业法人的认识。制度经济学认为,企业和市场的区别就是要素契约和商品契约的区别。我们在分析农业产业化经营中契约关系的选择时,往往以市场效率为准则和依据,说明商品契约完全有可能在长期内稳定,以至于契约可以长期支配农户的土地和劳动力要素,从而达到与要素契约相同的效果,进而确认合作关系可以演变成股东关系,合作社可以演变成有限公司。由于商品契约的稳定性主要是通过专用性投资和市场需求能够确保契约履行而实现的。由于农业生产过程的特殊性,单纯的要素契约很难在现阶段的农业生产过程中发挥作用。案例分析也证明,商品契约和要素契约具有一定的兼容性和互补性。在一定制度安排条件下,经济主体完全可以通过商品契约支配要素的使用,从而达到要素契约所要达到的目的。

农民的专业合作中有三种关系和一种变迁趋势:经济关系:市场需求与农民专业合作的关系。组织关系:农户与专业合作社的关系和村级集体经济组织与专业合作社的关系。经济组织与政府组织的关系:农民专业合作社与政府制度化的博弈与互补关系。组织形式的变迁:农民专业合作社的企业租赁经营趋势,以及这种趋势下相关制度不适应(如管理、金融、政策等)的问题。

市场需求的拓展与农民合作的关系。农民专业合作经济组织是市场经济关系中弱势群体积极融入市场的自发势力。在区域工业化背景下,乡镇工业的崛起、演进的历史趋势下,工商资本对农业产业的介入是基于资本得利为前提的。以这种关系为基础的专业发展起来的农业产业化模式,往往把强化个体农民的个体劳动者的地位,具体表现为农业产业化过程中出现农民新型合作组织,如"公司+农户"、"农业龙头企业+农户"、"专业能人+农户"等准企业化的演变过程、契约关系等,分析契约稳定性的经济条件,论证在市场经济深化和区域工业化的环境中,农民专业化生产的模式经历的契约对象的变迁。即从要素契约向商品契约演变,商品契约优于要素契约。农民专业合作社在获得地方政府的法规认同以后,专业合作社更加明确了有限公司化倾向(在没有获得地方法规认同前,农民专业合作社的企业化倾向就已经出现了),提出农村经济组织(如村级集体经济组织),特别是农民专业合作社的组织再造的理论命题,政府与农户在组织创新中的博弈关系反映的是经济组织与政治组织的冲突与协调。

从农产品专业化经营中最初出现农户与销售大户间的契约可以发现,农业产业化经营中契约关系的选择,是以稳定的商品生产作为商业契约长期稳定的基础,销售大户为确保合作关系的稳定而步入更高层次的契约关系,并以组织形式的变迁来实现契约关系的发展,即出现了"核心农户+普通农户"的专业合作的雏形,以保证合作契约可以长期支配农户的土地和劳动力要素,从而达到与要素契约相同的效果。商品契约的稳定性主要是通过专用性投资和市场在确保履约方面的作用来实现的。基于农业生产过程中的特殊性,单纯的要素契约很难在现阶段的农业生产过程中发挥作用。案例分析证明,商品契约和要素契约具有一定的兼容性和互补性。在一定制度安排条件下,经济主体完全可以通过商品契约支配要素的使用,从而达到要素契约所要达到的目的。所以,两种契约之间的区分并不是那么重要,契约形式的安排和选择具有多样性和灵活性。

合作社与农户的缔约过程从理论上阐述了农业产业化经营为什么会以不同的契约方式来组织,进而对农业合作组织边界、内部结构、外部关联结构有一个新的理解和把握。案例分析证明,由"专业合作社+农户"到"专业合作社有限公司化"的模式是农民在农业产业化经营中对农村经济组织的一种新探索,也是在初始的生产合作基础上,向契约合作进行改进与提升的过程。而专业合作社的建立及其被地方政府尝试性地认同,并不是农民专业合作社的最高层次。契约的选择和演变是一个不断适应约束条件变化的动态过程,也是一个不断增进效率和稳定契约关系的过程。一种更高层次介入市场交易的"有限公司化的专业合作社"更具有市场主体的特性,它拥有市场激励和组织(管理)效率的双重优势,因而被农民专业合作社所选择。这种趋势是对合作经济组织的一种替代,说明合作组织的合约制度所具有的多样性和互补性,不能被认为某种制度是唯一的或最优的。

区域经济工业化与回归农业、反哺农业。国家宏观经济调控与产业结构调整政策使得当前低层次的乡镇民间工业资本处于寻求出路的状态,结合国家对农业经济结构调整和农业发展政策的倾斜,在浙江省的农村,出现了资金流向农业领域的动向。这里有两个问题值得关注:一是这些原先属于工业领域的资金是在发现了农产品具有更高的比较效益后才流向农业领域的,这既与市场环境有关,也与国家的政策有关,那么,这样的资金流向会不会成为一个长期的和基本的趋势。二是这些资金原先属于工业资金,处于企业经营组织的运用模式,但进入农业领域后,却以合作社的方式运作,这在资金运作的组织化水平是一种倒退还是农业产业化环境的限制所导致的。有待深入研究的问题是作为结构调整主体的民间工业企业在二次创业中如何"回归农业"的路径问题,即乡镇企业投资进行农产品加工与合作社和农户的契约的链接,通过信息、技术、资金、市场四个环节带动农业的结构调整和发展,发挥其比较优势以带动农户进入国内外市场,实现农户生产的升级、增产、增收。

7.4 总结性评述

合作经济史说明,农户建立合作经济组织有助于改变他们在市场竞争中的弱势,增加经济收益,进一步提高农户参与市场交易的能力、知识和技能,提高农民经营在市场经济中的竞争力,进而缩小个体农户与经济发展的差距。我国农民自主建立的专业合作经济组织具有社区的特征,社员的组织往往以传统的村落为组织边界,经营活动一般围绕当地具有地域传统优势的农产品,合作组织为社员的服务包括为合作社的社员提供统一内容、标准化、组织化的服务,如向社员统一供应农业生产资料、统一农产品的收购、统一农产品的加工包装、统一销售价格、统一提供市场信息和技术服务,有的还统一生产标准、统一产品品牌、统一调控价格和调节利益。通过提供统一服务所产生的规模效应,缩短农户产品进入市场的周期,农村合作经济组织可以帮助农民获得比个体经营更高的利润。因此,农民专业合作经济社是农村微观经济组织创新的主体。

从本质上讲,农业产业化需要地方政府的公共服务和制度支持。在农村农业信贷、农业保险、供销体系、技术服务等公共服务缺失情况下,制度支持是当前农民专业合作经济组织成长起来的保证,首先是因为农民顺应了市场化、产业化对农业产业组织的需求,而地方政府提供的制度供给实现了对合作经济组织公共服务缺失负效应的转换和替代。发展农民专业合作组织填补了农村产业组织的缺失,增强了农民参与市场交易的能力和积极性,也促进了政府对合作经济组织提供制度供给和公共服务的探索,有效促进了农业的市场化和产业化。

在一个信息不对称的市场体系中,新兴组织的出现就是对制度缺失环节的替代。在产业发展的市场化进程中,产业组织在市场机制作用下追求规模经济和专业化,同时也追求降低市场风险和较低的交易成本。在具有一定规模的复合交易体中,以契约为基础的集体交易行为替代了人格化交易,限制了交易成本的上升。农民专业合作社的快速发展,体现了农户是通过选择产业组织方式的变革来替代家庭承包制下较高的交易成本。农民专业合作社中的合作契约本身包含了可视的经济利益,这种包含经济利益的契约约束了农民在合作社中的投机行为,提高了合作社内外交易的可靠性。产业组织的形式是劳动者在市场进入壁垒面前的因应性选择,产业组织制度变迁的基本路径就是通过专业化来减少技术创新的成本和其他交易成本,从而增进组织成员在制度变迁中获益。众多的经济事实说明,活跃的经济主体、自主性产业组织是制度变迁和经济增长的关键。

8 市场、政府与制度的总结

　　台州经济发展的历史经验表明,在市场制度的前提下,欠发达地区民间与政府的互动合作的增进式博弈成为实现区域发展的成功道路。当民间力量被授予发展经济的机会并成为发展经济的主体力量时,政府的政策和决策就应当是促进市场中民间力量的成长,补充市场增进民间力量的功能。同时,也应该看到,在民间与政府关系之间,政府干预经济是有为的,也是有限的,"有为"是说政府能够成为推动经济增长的外部动力,"有限"是说政府作为推动经济发展的外部动力不能内部化。因为市场是民间与政府之间关系的主要部分,而政府干预不是民间与政府关系的全部,政府干预的本质是基于市场功能不足条件下的一种外部救济式的道路,过度强调政府干预实际上是对民间力量和市场制度作用的忽视。市场制序的本质就是把民间力量和政府行为整合成为促进增长的经济制序。

8.1　民间力量需要自由和规制

　　台州民间力量的主体性表现为发展过程中的"市场智慧",这不仅表现在不会错过既有的市场机会,还表现在善于发现管制体制背后的市场机会,并发挥敢闯敢干的创业精神冲击管制壁垒,创造了以民间力量为主体的区域经济发展模式。许多人认为"台州内生发展模式"的成长与演变是区域经济的制度创新的阶段性过程。实际上,在"台州内生发展模式"成长与演变过程中,许多经济活动载体在发生之初并不具有创新意义,如被标识为股份合作制的"打硬股"行为、以家庭为单位的作坊式家庭工业、开展社会融资的民间借贷、大量小型工商户的集市式专业市场,等等,都是传统经济领域中低级经济组织的再生。这种现象从发展的角度来看,还不足以纳入制度创新行为的范畴,但它们却有效地成为台州工业化和城市化的起点。

这些低级经济组织之所以能够发生和成长,源于获得了地方政府的行政许可和市场机会。民间力量在社会最底层以机会成本几乎为零、制度机会也几乎为零的条件下,从与集体经济分庭抗礼,持续在集体经济一统天下的格局中不断挤占集体经济的空间,构筑和持续扩大民间经济的成长空间。通过不断地挤压既有制度的刚性约束,形成以民间力量为主体、市场为主导、从多个领域协同共进的发展路径,其最深刻、也最生动的制度变迁是集中在由制造集群、专业市场、民间金融互构而成的顽强且充满活力的市场结构,并由此形成和发展起来的自发性和竞争力的市场主体。这种结构构成了台州自改革开放早期以来的机制比较优势,也就是通常所说的先发优势。在这种优势的推动下,台州地方政府实施的"两户一体"、"两水一加"、"股份合作"、"专业市场"、"块状经济"等不同阶段的中心战略得到民间的积极响应。民间力量"办工厂"、"融民资"、"建市场"、"造公路",使区域经济面貌发生根本变化。到 20 世纪 90 年代中期,以"撤地设市"并异地建市为标志,台州初步实现了工业化和城市化,实现了经济社会发展的"一次飞跃"。台州民营企业的初始投入与预期目标之间有着惊人的一致性:组织生产的初始形态是家庭作坊,发展后的形态是现代企业;初始的人力资源是廉价的、机会成本最低的农业劳动力,发展的结果跨越了制度壁垒的企业家资源;初始投入的生产要素是低于资源价值的可再生的废弃资源,却实现了资源效率与企业利益最大化;虽然技术资源和专家资源奇缺,却可以通过市场实现技术资源的积累,构建企业的市场优势。

这种民间力量的生成与成长构成一个"自我扩展秩序"[①]的市场路径。台州地区的民营企业是民间自发力量,其经济行为的价值取向首先是利益取向,在市场主体所要实现的经济目标与市场预期一致的条件下,市场主体之间是可以开展相互合作的,市场主体之间的合作受到人们普遍遵守的一般性规则的约束和支配,这种一般性规则就是市场制度。在台州市场主体成长初期,地方政府对经济发展过程中的行政行为与市场行为并不一定能作出清晰的理论判断,但在行政行为与市场行为之间进行选择时,政府总是以市场规则引导和规范企业的

---

① 哈耶克认为,"所谓社会的秩序,在本质上便意味着个人的行为是由成功预见所指导的,这亦就是说,人们不仅可以有效使用他们的知识,而且还能够极有信心地预见到他们能从其他人那里获得的合作。"见哈耶克:《自由秩序原理》,邓正来译,生活·读书·新知三联书店 1997 年版,第 21 页。

行为。

8.2 经济制序需要中间规范

从市场竞争和产业演进的角度来看,在一个初级市场化的经济转型过程中,存在大量的市场进入机会和获取厚利的机会。由于在市场化初期,调节市场的机制以不完善的市场机制和自发经济秩序为主,大量的小规模企业可以在信息不透明、竞争不充分的市场环境中获得参与商品生产的机会,通过生产商品获得的厚利形成了初始积累。但随着市场结构的完善和成熟,唾手可得的市场机会和暴利机会将不复存在。大企业在市场竞争中可以通过价格壁垒和规模壁垒确立优势地位,小企业就失去了暴利机会和进入机会,而小企业一旦离开暴利就失去规模扩张的条件,这样,市场机会开始向优势企业集中。台州的民营企业在初始发展阶段,在当时卖方市场主导的市场结构中,小企业就是依赖不完善的市场机制和不充分的竞争环境。在计划价格与市场价格之间巨大的利差面前,有官方背景的人是通过倒卖计划紧缺物资实现暴利,而台州的民营企业大多没有官方背景,他们是通过自主生产和自主交易,把计划体制中各个商业环节分割的利润集中在自己的手中,巨大的价差使企业获得了初始积累,实现了企业的快速成长。市场化初期虽然市场秩序不完善,但这些小企业只要参与商品市场就能获利生存并快速成长。

小企业发展首先是规模扩张。企业规模的成长和扩张必须要有与企业规模扩张相配套的资本市场,没有企业能够始终依靠自我积累实现规模的扩张。但是,小企业基本上没有参与资本市场的机会,导致小规模企业只关注商品市场,不参与要素市场,特别是资本市场。与此同时,国内市场体系又是不完善的市场体系,虽然商品市场实现了充分竞争,要素市场却极不完善,如台州的专业市场在 1995—1996 年的鼎盛时期有近 860 个,但严格管制下的资本市场、技术市场、人才市场、产权市场却难见踪影,更谈不上有效运作。民间的商业融资在法律上属于非法融资,而正规融资却无法解决民营企业对资金的需求。

市场是由民间经济力量自主合作构成的自由交易制序,仅仅只有市场制序是不足以形成一个有效率的市场经济体系的。民间力量参与的自发市场需要一个有足够约束力和规范能力的第三方主体,否则就会导致民间交易的人格化和投机主义。影响市场交易的第三组织包括政府组织和非政府组织。事实上,并不是所有的交易都是在规范的制度内完成的,因此,政府的规制不能规及全部的经济活动,游离在政府规制之外的民间经济活动需要有民间的第三方组织来约束和规范。这种约束机制应该首先从民间经济力量内部产生,尽管这种民间的第三方组织不具有市场取向,却能够创造规范市场交易的规约,只有这种民间第三方自发力量的成长才能够最终促成有序的市场制度的形成。而台州的民营企业中第三方组织不足是台州民营经济中的制度缺陷,当市场经济处于不完全、不规范制度下运行时,这与韦伯、哈耶克的市场至善尽美"自然市场主义"观相去甚远。只有源自民间力量组成的行业协会和经济团体立足于真实的、有利于经济发展和企业成长的立场,才能够参与经济制序的调整和规范。

8.3　政府干预需要尊重市场

各种各样的发展理论都坚定地站在市场主导的立场上,高度肯定市场的地位和作用,甚至误认为浙江民营经济繁荣的密码是"政府无为"。这是一个极其严重的误读。其实,民营企业的发展与政府的关系并不是一成不变的,在肯定政府的存在对地方经济产生积极作用的同时,也要看到,作为行政组织的政府行为和官员意志下的政府行为对经济发展所起到的推动作用是有所区别的。

从实践的历史来看,政府在经济发展过程中所起的作用经历过"必要政府"、"有效政府"和"有为政府"三种类型:第一类型是"必要政府",即最低限度的政府,这种政府的职能仅限于保护产权、维护社会秩序、执行有效契约,从而保证经济活动自由进行,这种政府被视为一个外生变量,没有被纳入经济增长的变量;第二类型是有效政府,即政府以发展经济为理念,通过制定合理的规则来改善市场但不干预市场,为经济发展提供合适的环境,即市场与政府是一种良性互补关系,即如韦伯所说的,"资本主义和官僚主义互相发现对方并亲密地走到了一起"[1];第三类型是有为政府,政府可以在经济发展中找到自己的角色,当经济发展产生对技术、资本的需求超出了民间市场的供给能力,就要依赖政府的力量组织资源,并通过行政力量配置资源,以协调生产领域的市场供求,推动经济增长。[2]

---

[1]　Marx Weber. *Economy and Society*. ed. Guenter Roth and Claus Wittich. New York: Bedminster Press,1968.

[2]　亚历山大·格申克龙(Alexander Gerschenkron)是 20 世纪美国著名经济史学家。他首次明确使用"后发优势"(advantage of backwardness)一词来表述后进国家对先进国家的追赶潜力。他认为,经济落后的程度与国家推进工业化的强度之间存在着正相关关系,工业化启动越晚,政府的作用越突出。见 Alexander Gerschenkron. *Economic Backwardness in Historical Perspective*. Harvard University Press,1962.

显然,台州的政府处于第二种类型。在台州工业化的初始时期,市场中的民间力量受到政府的强势影响,市场中的民间力量还不能与政治影响力平等对话,这是一种非均衡的政治—市场结构。在这种政府主导的市场结构中,企业扩张所需的基本要素都掌控在政府及国有企业的权益范围内,民营企业无法通过正常途径进入这个权益范围内,并获得企业扩张所需的基本要素。这就导致小规模企业走上了一条不归路:不增加要素就不能实现规模扩张——实现规模扩张就要接受政府的"主导",这就是民间企业先有"戴红帽"、后有建立党委的政治行为的由来。

理解"台州内生发展模式"不能简单地从"民间有为、政府无为"的框架去认识,而要从"市场机会与民间能力"、"市场主导与政府推动"、"路径依赖与制度保障"之间构建的民间与政府的增进式、互惠型博弈关系的分析框架去认识,以民间、市场、政府和制度为立足点,以民间力量的成长为主线,讨论台州从一个贫穷落后区域,通过走工业化和城市化的道路,实现了区域转型发展和经济社会的历史性跨越,这个过程与政府的深度参与是密不可分的。这个参与过程既融入了民间企业积极寻求政治资源为企业发展提供条件的过程,也包括了地方政府公共行政推动经济发展的过程。如果仅仅以信息的不公开和交易不透明、民间力量与政府行为之间是"寻租"关系去理解发展型的政府,那么,政府为推动区域发展的公共行政行为在理论上会变得不可认知。

8.4 "台州内生发展模式"余论

"台州内生发展模式"成长有三个表征:民间工业、专业市场和民间金融。这三个表征的具体表现为企业家队伍的成长与企业规模的扩张、草根式民间金融成长为以民间资本为基础的现代股份制商业银行、专业市场职能的自主性转变。台州民营经济的三大现象之间表现出强烈的内生性联系,民间与政府在台州区域发展过程中相互促进的增进式博弈成为台州区域发展和企业家成长的持续动力,民间与政府的协同合作构建的发展制序成为台州现代化的基本经验。

"台州内生发展模式"是否具有典型意义加以推广?台州的发展动力是否可以持续?

首先,"台州内生发展模式"是否具有典型意义。判断一种经济现象是否具有典型意义的依据是考察这种现象是不是具有普遍价值。以"民间主体、市场主导、政府推动、制度保障"为基本内涵的"台州内生发展模式"具有三个方面的普遍价值:一是台州工业化的初始条件并没有特定的前提和特别的优势,台州工业化活动的启动,民间经济主体的成长并不具备特别的优势,如空间区位、要素禀赋、制度优势等方面的优势地位或优越条件。二是台州工业化和市场化的发展动力来自台州民间的企业家精神和台州企业之间强大的协作能力。看一种经济现象是否具有持续的发展动力,如内生性制度生成能力、人力资源生成能力、适应市场变化的能力、构建新型资源的能力等等。三是台州企业的成长路径具有持续的特质,即企业的生成、成长与演变的动力是来自企业内部动力,而不是企业外部的非市场因素;企业的生成与成长促进了一个有效增进交易的市场机制和产业升级路径的形成;企业的成长与政治因素和政府行为之间构成了呼应、互利的关系。台州经济的成长不是一种经验式的、可以再现发展路径的发展模式,而是具有内在特定经验的区域发展现象,这种发展现象既不可能被异地复制,也不可能再重新演绎。

其次,"台州内生发展模式"是否具有持续发展能力。判断一个区域发展是否具有持续发展能力的依据是考察这个区域有没有合作制序和创新动力,即民间力量、市场制度与政府行为组成的合作制序是不是具有持续创新的活力。从企业的角度来考察,主要看市场主体的四种能力:一是能不能与当地的资源结构有效结合,或者说,能不能充分地把当地的有效资源利用起来;二是能不能根据市场需求结构的变化及时调整企业的创新产品的技术设计和营销模式,以适应不断变化的市场需要;三是能不能有效实现适应产业结构的变化,适应产业结构升级的趋势,适时调整企业的资本结构、人力资源结构和管理模式的变革;四是在经济增长和市场繁荣的条件下,能不能引发新兴产业和开发新产品。台州的市场主体在这四个方面的能力比较完善,企业也很有活力。但是,台州的市场结构存在一定的缺陷,对台州以外的资金和人才构成市场壁垒。这种壁垒是对外部要素参与台州发展利益分配产生抵制,反映了台州的市场体系结构还处于动态变化之中,所以对"台州内生发展模式"的前景还有待进一步观察和研究。

互惠式经济关系与生产性政治关系成为主导台州民营经济发展的基本逻辑。在民营经济发展过程中,企业未必需要民主,但政府一定给了自由。因为市场的自由和有序,台州因此实现了超常规的高速发展。如果仅仅从经济指标上来考察台州经济现象、借鉴台州经验、模仿台州的具体做法,就难免出现东施效颦的尴尬、邯郸学步的结局。台州是带有浓厚自发色彩的区域经济发展案例,总结和分析这种现象的特征和超越当地经验之上的普遍意义,找到这种经济现象的逻辑起点和驱动力量,才是研究"台州内生发展模式"的精髓所在。

结　论 ···

　　台州民营经济内生发展模式的基本经验是：在市场引导下，企业、市场、政府之间构建良性合作关系，民间主体的互惠式经济关系和地方政府生产性政治关系成为主导台州民营经济发展的基本机制，"企业主体—市场主导—政府推动—制度规范"构成的经济发展制序，企业与政府成为互动发展的统一体。所谓市场经济秩序，是指市场运行有序与政府职能明晰的统一，不仅包括政府或者第三方对企业主体地位的确认和对市场秩序的规范，也包括市场促进企业与政府之间建立有效的合作秩序。只有在市场经济体系完善和运行有序的前提下，政府才能真正实现职能转变。

　　实证研究显示：（1）区域经济发展不是通过建立单一的部门能够实现的，一个有活力的经济体应该是由多个部门组成的，并在多个部门之间建立互惠式经济关系，这种经济关系的建立是促进区域经济结构转型的动力。开放市场的意义就在于能够不断引入关联产业促进主导产业部门的发展，完善主导产业部门的上游、下游的协作和分工，使市场始终充满活力。（2）市场不仅具有发现价格、配置资源、促进竞争的功能，还具有促进地方政府与企业建立生产性政治关系，规范市场秩序和增进市场活力并不矛盾。市场体系是由分散的决策主体组成的，市场秩序也会因为市场主体的分散性而出现"锁定"，这就需要外部力量对市场秩序进行疏导，使之有序，这个力量来源就是政府。（3）资源禀赋、区域优势和企业家资源只有在市场制度下才能体现为创造财富的要素，台州地处沿海，"沿海地区"的经济优势在于发展海上贸易，这种优势在台州经济发展的初始阶段并不构成比较优势。区域发展理论中若干似是而非的观点，如比较优势就是竞争力，政府无为才是有治，市场只有自由才会有活力,台州的经验证明这种理论认知并不具有普遍价值。(4)本书也对企业家资源问题进行了深层次的探讨,认为区域经济的发展差异不在于区域自然禀赋、区位优势的差异,区域发展中的企业家资源的形成和创业行为并不来自天赋,而是适应企业家创业的互惠式经济关系,即区域发展中并不缺少企业家资源,而是缺少培育企业家的制度。(5)市场风险包括市场不确定因素和非市场因素,克服市场不确定因素风险依赖于市场体系的完善和企业家应对风险的能力,纠正非市场因素风险的力量是政府资源与国家信用,经济发展不仅来自国民的良好市场预期和企业家的创造禀赋,也来自国家强大和政府能力对市场和国民带来的信心。

　　理论研究表明,经济增长与制度变迁的互动关系是经济演化中的逻辑过程,也是经济发展从传统向现代转变的历史过程。在经济发展转型过程中,国家规制与市场机制、政府干预与企业自由是始终交织在一起、对经济增长与发展过程中争夺主导权的制约性力量。政府管理经济的宏观管制行为包含比较强烈的扩张——目标的主观性行为与企业自主适应市场进行的投入——增长的投机性行为相结合,构成了经济领域中的博弈关系。经济史理论可以归纳、展望国家与市场、政府与企业之间发展关系的阶段性特征和方向性路径。在现实经济生活当中,因为经济主体和经济活动的多样性与复杂性,导致国家与市场、政府与企业之间的多种机制在同一时间截面同台现身,客观上使国家和政府在经济生活中的角色定位显得模糊。从历史与制度的视角分析政府行为促进经济增长的内涵时,经济增长不仅表现为资源、资本、技术和劳动力等生产要素投入的市场绩效,也表现为与政府制度环境直接互动的制度绩效。在制度框架中,由于政府规制的存在,经济体系及运行机制必须在这一规制中建立和运作,政府的制度安排所创造的制度环境的作用无疑是极为重要的,因而经济制度和经济政策对经济增长就显得非常重要。台州内生发展模式中的经济发展逻辑就是地方政府与地方经济组织之间的制度供求关系,企业对制度的需求通过地方政府的制度供给表现出来,并构成地方经济发展动力来源,从而使政府的制度创新呈现出市场化的特征。

参考文献
Bibliography

一、论著部分

[1] 邓小平.邓小平文选(第1卷).北京:人民出版社,1989.

[2] 邓小平.邓小平文选(第2卷).北京:人民出版社,1994.

[3] 邓小平.邓小平文选(第3卷).北京:人民出版社,1993.

[4] 中共中央文献研究室.邓小平年谱(上、下).北京:中央文献出版社,2004.

[5] 马克斯·韦伯.经济通史.姚曾廙译.上海:上海三联书店,2006.

[6] 约翰·希克斯.经济史理论.厉以平译.北京:商务印书馆,1987.

[7] 道格拉斯·C·诺斯,罗伯特·托马斯.西方世界的兴起.厉以平,蔡磊译.北京:华夏出版社,1999.

[8] 杰克·J·弗罗门.经济演化——探究新制度经济学的理论基础.李振明,刘社建,齐柳明译.北京:经济科学出版社,2003.

[9] 曹荣湘.走出囚徒困境——社会资本与制度分析.吴士余译.上海:上海三联书店,2003.

[10] 奥利弗·E·威廉姆森.资本主义经济制度——论企业签约与市场签约.段毅才,王伟译.北京:商务印书馆,2002.

[11] 马克斯·韦伯.经济行动与社会团体.康乐,简惠美译.桂林:广西师范大学出版社,2004.

[12] 弗里德利希·冯·哈耶克.自由秩序原理(上、下).邓正来译.北京:生活·读书·新知三联书店,1997.

[13] V·奥斯特罗姆,D·芬尼,H·皮希特.制度分析的发展与反

思——问题与抉择.王诚等译.北京：商务印书馆,1992.

[14] 杰拉尔德.M.梅尔,詹姆斯·E.劳赫主编.经济发展的前沿问题.黄仁伟,吴雪明等译.上海：上海人民出版社,2004.

[15] 伊迪丝·彭罗思.企业成长理论.赵晓译.上海：上海三联书店,上海人民出版社,2007.

[16] 菲利普·阿吉翁,彼得·霍依特.内生增长理论.陶然,倪彬华,汪柏林等译.北京：北京大学出版社,2004.

[17] 丹尼尔·F·斯普皮伯.市场的微观结构——中间层组织与厂商理论.张军译.北京：中国人民大学出版社,2004.

[18] 思拉恩·埃格特森.经济行为与制度.吴经邦译.北京：商务印书馆,2004.

[19] 托马斯·海贝斯.作为战略群体的企业家——中国私营企业家的社会与政治功能研究.吴志成等译.北京：中央编译出版社,2003.

[20] 道格拉斯·C·诺斯.经济史中的结构与变迁.陈郁译.上海：上海三联书店,1994.

[21] 黄宗智.长江三角洲小农家庭与乡村发展.北京：中华书局,2000.

[22] 黄宗智.华北的小农经济与社会变迁.北京：中华书局,1986.

[23] 唐·埃思里奇.应用经济学研究方法论.朱钢译.北京：经济科学出版社,1998.

[24] 威廉·罗雪尔.历史方法的国民经济学讲义大纲.朱绍文译.北京：商务印书馆,1981.

[25] 科林·费希尔等.博士研究生毕业论文研究与写作.徐海乐,钱萌译.北京：经济管理出版社,2005.

[26] 钱颖一.现代经济学与中国经济改革.北京：中国人民大学出版社,2003.

[27] 张军.企业家精神、金融制度与制度创新.上海：上海人民出版社,2001.

[28] 韦森.社会秩序的经济分析导论.上海：上海三联书店,2001.

[29] 厉以宁.厉以宁九十年代文选.北京：北京大学出版社,1998.

[30] 张维迎.企业的企业家——契约理论.上海：上海人民出版社,1995.

[31] 史晋川.浙江省改革开放研究的回顾与展望.杭州：浙江大学出版社,2007.

[32] 周长城.经济社会学.北京：中国人民大学出版社,2003.

[33] 高尚全.中国经济制度的创新.北京：人民出版社,1993.

[34] 周其仁.产权与制度变迁——中国改革的经验研究.北京：社会科学文献出版社,2002.

[35] 史晋川,金祥荣,赵伟,罗卫东.制度变迁与经济发展：温州模式研究.杭州：

浙江大学出版社,2002.

[36] 史晋川,汪炜,钱滔.民营经济与制度变迁:台州现象研究.杭州:浙江大学出版社,2004.

[37] 梁琦.产业集聚论.北京:商务印书馆,2004.

[38] 张永生.厂商规模无关论.北京:中国人民大学出版社,2003.

[39] 杨宏儒.工业组织与经济增长的理论研究.北京:生活·读书·新知三联书店,1994.

[40] 杨其静.企业家的企业理论.北京:中国人民大学出版社,2005.

[41] 李政.企业成长的机理.北京:经济科学出版社,2005.

[42] 贾生华,疏礼兵.产业演进、协同创新与民营企业持续成长:理论研究与浙江经验.杭州:浙江大学出版社,2007.

[43] 秦海.制度、演化与路径依赖.北京:中国财政经济出版社,2004.

[44] 朱琴芬.新制度经济学.上海:华东师范大学出版社,2006.

[45] 张敦福.区域发展模式的社会学分析.天津:天津人民出版社,2002.

[46] 朱华晟.浙江产业群——产业网络、成长轨迹与发展动力.杭州:浙江大学出版社,2003.

[47] 徐旭初.中国农民专业合作经济组织的制度分析.北京:经济科学出版社,2005.

[48] 卓勇良.挑战沼泽——浙江制度变迁与经验发展.北京:中国社会科学出版社,2004.

[49] 郑勇军,袁亚春,林承亮.解读"市场大省"——浙江专业市场现象分析研究.杭州:浙江大学出版社,2002.

[50] 陈志平,余国扬.专业市场经济学.北京:中国经济出版社,2006.

[51] 石忆邵.中国农村集市的理论与实践.西安:陕西人民出版社,1995.

[52] 陈立旭.从传统到现代——浙江模式的文化社会学阐释.北京:中国社会科学出版社,2007.

[53] 方民生.浙江制度变迁与发展轨迹.杭州:浙江人民出版社,2000.

[54] 陈凌,曹正汉.制度与能力:中国民营企业20年成长解释.上海:上海人民出版社,2007.

[55] 马俊海,郑海平,谭福河.工业结构,工业竞争力与民营科技企业发展,北京:科学出版社,2004.

[56] 艾仁智.中国地方性银行产权制度变革研究——从自组织理论的视角进行探析.北京:中国经济出版社,2006.

［57］韩玲慧.经济发展中的银行体系.北京：中国经济出版社,2006.

［58］史晋川,黄燕君,何嗣江,严军.中小金融机构与中小企业发展研究.杭州：浙江大学出版社,2003.

［59］何自云.商业银行的边界：经济功能与制度成本.北京：中国金融出版社,2003.

［60］杨建文,等.产业经济学.上海：学林出版社,2004.

［61］金碚等.竞争力经济学.广州：广东经济出版社,2003.

［62］徐国兴.市场进入壁垒理论.北京：中国经济出版社,2007.

［63］王红玲.当代西方政府经济理论的演变与借鉴.北京：中央编译出版社,2003.

［64］余逊达,张国清,徐仁辉,余致力.民营经济与政府管理.杭州：浙江大学出版社,2006.

［65］林双林,王振中,尹尊声.民营经济与中国发展.北京：北京大学出版社,2006.

［66］吴承明.中国的现代化：市场与社会.北京：生活·读书·新知三联书店,2001.

［67］梁治平.清代习惯法：社会与国家.北京：中国政法大学出版社,1996.

［68］萧国亮.中国社会经济史研究——独特的"食货"之路.北京：北京大学出版社,2005.

［69］吴松弟.中国百年经济拼图：港口城市及其腹地与中国现代化.济南：山东画报出版社,2006.

［70］何俊志.结构、历史与行为——历史制度主义对政治科学的重构.上海：复旦大学出版社,2004.

［71］孙荣,许洁.政府经济学.上海：复旦大学出版社,2006.

［72］林毅夫.再论制度、技术与中国农业发展.北京：北京大学出版社,2000.

［73］张晓山,等.联结农户与市场.北京：中国社会科学出版社,2002.

［74］黄祖辉,等.农业与农村发展的制度透视：理论评述与应用分析.北京：中国农业出版社,2002.

［75］郭红东,郭占恒,等.农业产业化与农村现代化.北京：中国社会科学出版社,2002.

［76］徐旭初.中国农村专业合作经济组织的制度分析.北京：经济科学出版社,2005.

［77］阿夫纳·格雷夫.经济历史与博弈论概览.吴敬琏.比较(第2辑).北京：中

信出版社,2002 年.

[78] 热若尔·罗兰.转型与经济学——政治、市场和企业.吴敬琏.比较(第 3 辑).北京:中信出版社,2002 年.

二、中文学术期刊论文

[79] 汪征鲁.中国马克思主义以人为本价值观的崛起——兼论中国共产党价值观的三次转换.福建师范大学学报(哲社版),2005(3).

[80] 赵世勇.政府机会主义与民营企业成长——中国转型期民营企业成长的政治经济学分析.河北经贸大学学报,2007(3).

[81] 王珺,姚海林,赵祥.社会资本结构与民营企业成长.中国工业经济,2003(9).

[82] 邓宏图.历史唯物主义经济学分析方法的重廷——主流经济学的范式危机与范式转换.天津社会科学,2004(5).

[83] 邓宏图.马克思"三论"与制度变迁.陕西师范大学学报(哲社版),2006(9).

[84] 邓宏图.转轨时期中国制度变迁的演进论解释——以民营经济的演化过程为例.中国社会科学,2004(5).

[85] 孙早,鲁政委.从政府到企业:关于中国民营企业研究文献的综述.经济研究,2003(4).

[86] 李新春,王裙,丘海雄,张书军.企业家精神、企业家能力与企业成长——企业家理论与企业成长国际研讨会综述.经济研究,2002(1).

[87] 韦森.习俗的本质与生发机制探源.中国社会科学,2000(5).

[88] 刘志彪.以产业活动原则规范市场与完善宏观管理.中国社会科学,1995(4).

[89] 张雄.习俗与市场.中国社会科学,1996(5).

[90] 卢峰,姚洋.金融压抑下的法治、金融发展和经济增长.中国社会科学,2004(1).

[91] 周业安,冯兴元,赵毅坚.地方政府竞争与市场秩序的重构.中国社会科学,2004(1).

[92] 史晋川.制度变迁与经济发展:"浙江模式"研究.浙江社会科学,2005(5).

[93] 韦森.哈耶克式自发制度生成论的博弈论诠释——评肖特的《社会制度的经济理论》.中国社会科学,2003(6).

[94] 张杰.民营经济的金融困境与融资次序.经济研究,2000(4).

[95] 徐良平.金融与经济关系研究的功能方法:一个分析框架.经济发展评论,2002(1).

[96] 金祥荣,朱希伟.专业化产业区的起源与演化——一个历史与理论的视角与考察.经济研究,2002(8).

[97] 张建君,张志学.中国民营企业家的政治战略.管理世界,2005(7).

[98] 鲁传一,李子奈.企业家精神与经济增长理论.清华大学学报(哲社版),2000(3).

[99] 胡旭阳.民营企业家的政治身份与民营企业的融资便利——以浙江省民营百强企业为例.管理世界,2006(5).

[100] 匡家在.1978年以来的农村金融体制改革:政策演变与路径分析.中国经济史研究,2007(1).

[101] 韩毅.经验归纳方法、历史主义传统与制度经济史研究.中国经济史研究,2007(2).

[102] 吴承明.谈谈经济史研究方法问题.中国经济史研究,2005(1).

[103] 吴承明.经济史:历史观与方法论.中国经济史研究,2001(3).

[104] 吴承明.要从社会整体性发展来考察中国社会近代化进程.北京商学院学报,1998(5).

[105] 吴承明.经济史学的理论与方法.中国经济史研究,1999(1).

[106] 蔡辉明,黄毅,张晓华.随机性金融挤兑的合约分析——泰隆城市信用社的案例.浙江社会科学,2005(6).

[107] 张晓山.促进以农产品生产专业户为主体的合作社的发展.中国农村经济,2004(11).

[108] 曹利群,周立群.对"公司＋农户"的理论研究.中国农村观察,2005(3).

[109] 杜吟棠.农业产业化经营和农民组织创新对农民收入的影响.中国农村观察,2005(3).

三、英文参考文献

[110] Avner Greif. *Self-enforcing Political System and Economic Growth:Late Medieval Genoa*. Analytic Narrative. Princeton University Press, 1998:23—63

[111] Avner Greif. Economic History and Game Theory. In: *Handbook of Game Theory*, vol. Ⅲ. Robert J. Aumann & Sergiu Hart,(ed.)

Amsterdam: North Holland, 2000

[112] Avner Greif & David Laitin. A Theory of Endogenous Institutional Change. *The American Political Science Review*, 2004,98: 14—48

[113] Peter Evans. Government Action, Social Capital and Development: Reviewing the Evidence on Synergy. In: *State-Society Synergy: Government and Social Capital in Development*, Peter Evans, (ed.) 1997: 178—209

[114] Bill Slee. *The socio-economic evaluation of the impact of forestry on rural development: a regional level analysis*. In: Forest Policy and Economics (8), Slee, B., (ed.) 2006: 542—544

[115] Christopher Ray. Endogenous Socio-Economic Development and Trustful Relationships: Partnerships, Social Capital and Individual Agency. *Sociologia Ruralis*, 2002,40(2): 163—171

[116] Sabine Muhlinghaus & Samuel Walty. Endogenous Development in Swiss Mountain Communities. Mountain Research and Development 2001,21(3): 236—242

[117] Nolan,P. & F. R. Dong,(ed.) *Market Forces in China: Competition and Small Business—The Wenzhou Debate*. London, UK: Zed Books,1989

[118] Redding,S. Gordon. *The Spirit of Chinese Capitalism*. New York: Waiter de Guyter, 1993

[119] Redding,S. Gordon. Weak Organizations and Chinese Family Business Network. In: *Business Networking and Economic Development in East and Southeast Asia*. Gary Hamilton,(ed.) Hongkong,1991: 3—10

[120] Nirupam Bajpai. *Regional Economic Policies, Geography, and Growth Episodes in China's Coastal Provinces: Lessons for the State of Gujarat*. CGSD Working Paper No. 10, Center on Globalization and Sustainable Development, February, 2004

[121] Toshiki Kanamori & Zhijun Zhao. *Private Sector Development in the People's Republic of China*. Presented at the 2004 LAEBA Annual Conference, Beijing, People's Republic of China, December 3—4,2004

[122] Marly Cavalcanti, Roberta de Castro Souza, Michelle Ong Yu. *The Emergence and Growth of Markets and Industries. China Clusters and*

Development. Paper to be presented at the DRUID Summer Conference 2006 on Knowledge，Innovation and Competitiveness：Dynamics of Firms，Networks，Regions and Institutions，Copenhagen，Denmark，June 18—20,2006

[123] Joseph Fewsmith. Taizhou Area Explores Ways to Improve Local Governance. *China Leadership Monitor*，No. 15，2005

[124] Tomoo Marukawa. *The Geography and History of Industrial Clusters in Zhejiang Province*，*China*. Institute of Social Science，University of Tokyo，November 2006

[125] Michele Bagella，Leonardo Beechetti & Silnona Saechi. The Positive Link between Geographical Agglomeration and Export Intensity：the Engine of Italian Endogenous Growth. *The Competitive Advantage of Industrial Districts*. Germany Physica-Verlag，Herdelberg 2000：107

四、资料部分

[126] 陈绍闻.经济大辞典·中国经济史.上海：上海辞书出版社,1993.

[127] [宋]陈耆卿.赤城志.PDF 影印.

[128] 喻长霖撰.台州府志(民国).PDF 影印.

[129] [明]太平县志.PDF 影印.

[130] 项士元.海门镇志稿(清末民初).椒江地方志办公室编印,1993.

[131] 杨晨.路桥镇志(清末民初)(原稿存台州市路桥区档案馆)复印,2007.

[132] 中华人民共和国杭州海关.近代浙江通商口岸经济社会概况——浙海关、瓯海关、杭州关贸易报告集成.杭州：浙江人民出版社,2002.

[133] 陈大斌.推动力——台州民营经济快速崛起的观察与思考.北京：人民出版社,2004.

[134] 金陈宋.海门港史.北京：人民交通出版社,1995.

[135] 陈剑,戴星翼.发展道路的选择.北京：中国人口出版社,1995.

[136] 陈剑,戴星翼.台州,后来居上.北京：经济日报出版社,1996.

[137] 陈广建,屈彦皆.走向辉煌.天津：南开大学出版社,1997.

[138] 台州市乡镇企业局.台州乡镇企业改革开放 20 年.1999 年编印.

[139] 台州市档案局.台州年鉴.台州市档案局编印(1983—2006 年).

[140] 台州市统计局.台州统计年鉴.台州统计局编印(1990—1995 年).

［141］台州市统计局.台州统计年鉴.北京：中国统计出版社,(1997—2007 年).

［142］台州市统计局.台州在奋进(1949—1990 年).北京：中国统计出版社,1994.

［143］台州地区统计局.台州地区统计局台州工业经济效益(1992 年普查)综合评价.1993.

［144］台州市经济普查办公室.台州市经济普查资料(2004 年).2006.

［145］玉环县统计局.玉环统计年鉴(1991—2005).

［146］台州地区地方志编纂委员会.台州地区志.杭州：浙江人民出版社,1995.

［147］椒江市志编纂委员会.椒江市志.杭州：浙江人民出版社,1998.

［148］黄岩志编纂委员会.黄岩志.北京：中华书局,2002.

［149］临海市志编纂委员会.临海县志.杭州：浙江人民出版社,1989.

［150］温岭县志编纂委员会.温岭县志.杭州：浙江人民出版社,1992.

［151］玉环县编史修志委员会.玉环县志.北京：汉语大词典出版社,1994.

［152］天台县志编纂委员会.天台县志.北京：汉语大词典出版社,1994.

［153］三门县志编纂委员会.三门县志.杭州：浙江人民出版社,1992.

［154］仙居县志编纂委员会.仙居县志.杭州：浙江人民出版社,1987.

［155］泽国镇志编纂领导小组.泽国镇志.北京：中华书局,1999.

［156］临海市档案局编.临海五十年(1949—1999 年).

［157］台州市政协文史资料委员会.台州文史资料(第 4 辑、第 8 辑).

［158］台州市椒江区政协文史资料委员会.椒江文史资料(第 1—6 辑).

［159］张少秋.东港之路.杭州：浙江大学出版社,1994.

［160］前南京国民政府司法行政部编.民事习惯调查报告录(上、下).胡旭晟,夏新华,李交发点校.北京：中国政法大学出版社,2000.

P 后 记
ostscript ···

  本书是在我博士学位论文的基础上修改而成的。论文于 2006 年 9 月开始构思，最后落笔提交是在 2008 年 4 月，此时福州长安山已是柳绿燕飞，春意盎然。站在南安楼阳台上，窗前南方特有的烟雨新绿和高大清幽的百年香樟触手可及，葱郁的香樟在空气中飘逸着淡雅而沁人的清香。提交论文后，身上牵附的压力顷刻间烟消云散，身心感到无比轻松。该说感谢了！

  首先感谢九千里山河、八万里海疆哺育的 560 万台州人民，他们在改革开放政策指引下，踏上了创造美好生活和幸福未来的天路历程。在 30 年的如歌岁月里，他们靠自己的勤劳智慧创造的台州民营经济发展模式，成为中国改革开放华章中不可或缺的一个音符，也激励着我探其奥秘。他们的卓越创造凝结着台州人山的硬气、海的灵气，成为本文写作的不竭源泉和动力。

  衷心感谢福建师范大学为我提供学习机会，并有幸分享其百年荣耀。尤其要感谢 3 年来指导和帮助我研习学业的老师们。我的导师温锐教授为本文的选题和研究框架费心尽力，他宽容的学术风格和活跃的学术思维更为我提供了自由和充满想象力的研究空间。感谢汪征鲁教授，他理论功力深厚、学术逻辑缜密，为本文提出了重要的修改意见。同时，也要感谢黄国盛教授对本文写作的支持。

  特别感谢浙江大学社会科学学部主任史晋川教授。2002 年，我有幸在史老师的指导下研究台州民营经济。自那时起，我与史老师结下师生情缘。史老师一直关心我的研究工作，并给我许多的指导。他对民营经济的学术洞察和理论判断成为本文的学术源泉，他的求真作风和人格魅力成为我工作和学习的楷模。

　　非常感谢中共台州市委党校及我的同事们。10 多年来,我受惠于党校这个观察和研究台州的平台,尤其是历任的包国强校长、郝秀华校长、林冠平校长给予的支持与鼓励,以及曹永义副校长、张中东和金建等同事对我的支持和帮助。他们或为我提供资料,或为我讲述当年我不曾经历的历史事件,或为我的写作出主意想办法。也非常感谢为我提供数据和资料的人们。

　　真诚感谢福建师范大学的同窗席晓丽博士、马国华博士、沈文峰博士、董丽云博士、刘义程博士和浙江大学的钱涛博士几年来对我的支持和帮助。席晓丽、董丽云帮我的论文提炼主题,润色文字,对本文的写作提供了很大的帮助。每一个人的名字我都会深深铭记,因为你们,我在南安楼的学习和生活充满快乐。

　　深深感谢我的家人。父母盛年之时因人间的不可抗力而历尽坎坷,却始终不改对知识的虔诚和追求,在他们年华迟暮之时,子女们终于可以让他们释怀,只是相望远方而不能侧侍左右。感谢我的太太为我排除了可能占用我时间的琐务。也要谢谢孩子们给我带来快乐,我总是缺席她们的节假日,令人宽慰的是她们的心智成就了她们的成长,她们的未来是台州的未来,研究台州民营经济就是为台州未来服务的。从这个意义说,本文是写给女儿周淑阳和她们这一代人的。

　　经济学的生命力和吸引力在于人们行为选择的实践性和不确定性。多年来,我亲眼目睹了台州民营经济历经的风雨和起伏。人们对台州民营经济寄托诸多的梦想,虽然这些梦想没有及时兑现,但我认为,台州民营经济的魅力不在于去满足人们的梦想,而在于沿着自己的轨迹步伐坚定地迈向远方。感谢浙江大学出版社吴伟伟编辑为本书出版付出的大量心血。鉴于台州民营经济内涵丰富和持续发展,本书的浅薄将无法回避,但我还是愿意抛砖为后来者垫脚。

周　霖

2009 年 7 月 15 日